孟买春秋

台湾太太乐活印度

乔伊斯　著

中国青年出版社

各界好评如潮

乔伊斯带着身为记者的敏锐和台湾人的热情来到孟买，透过她生动的笔，书中的王公贵族和市井小民娓娓道出属于今日印度的百样生活，也让听故事的人，走了一趟印度之旅。

——David Schlesinger　路透社前全球总编辑

许多年前我们有三毛的《撒哈拉的故事》，现在有乔伊斯的《孟买春秋》，不仅是台湾女生在海外生活的故事，更是理解一座城市与一个国家，最生动且深刻的方式。

——工头坚　"欣旅游"网站总编辑

好奇而非猎奇，解析而不责难，眼光锐利但心态宽容。一个台湾女子难得的机缘，能长时间且深入地生活在印度这个幻丽莫测的古国，用风趣流畅的文笔书写出一般观光游客看不到的风味人情、春花秋叶。

——李黎　作家

乔伊斯用她敏锐的观察力、善感及乐于助人的心，把她住在印度四年的经验，用极具感染力的文字，与去过或是没去过印度的读者分享她的《孟买春秋》。且听乔伊斯娓娓道来她与伊斯兰王子伊格保的邂逅，还有更多动人的喜怒哀乐。

——袁韵璧　辅大外语学院副院长

旅行是生活的延伸，而生活更是旅行最佳的观景窗。作者有机会客居印度孟买这座超级大城市近距离观察，绝对是趟感官惊艳之旅，生花妙笔更让人体验异文化的理所不当然。

——马继康　第三世界旅行家

乔伊斯的文字太有画面了，仿佛书里藏了镜头，带领读者穿梭印度市街、豪门院邸、雨季中的书店、板球俱乐部的青草地……她毫不吝啬地把你绝不会知道的孟买都写进这妙趣横生的春秋传记，令我忆起印度之旅啼笑皆非却难以自拔的时光。

——张瑞夫　《生活在他处》作者

长达四年的孟买之行是旅者的极高待遇，乔伊斯写的是生活在其中的"我们"，而非旅行至别处的"他们"，是给亲人朋友的家书春秋，而非指证历历的战国罪状，不可思议之余也一起跳起了华丽的印度歌舞。

——船桥彰　《印度以下，风景以上。》作者

《孟买春秋》是所有游人旅印前必读的生活圣经，乔伊斯以恢宏的国际观、诙谐的笔调，深切观察日常生活中的大小事，带领读者神游印度；她的故事带出印度真正面貌，不可思议的、可笑的、可悲的、可叹的，随着书中文字转折，让你身历其境。

——卢秉承　孟买台商会会长

孟买就像宝莱坞电影里的画面一样精彩，当时二十八岁的我，站在维多利亚火车站里，吵闹的声音、颜色移动的线条、人群肩并肩摩擦出的温度，比呆坐在戏院看宝莱坞电影还宝莱坞。作者的文字，仿佛会把读者绑架回真实的孟买。很多人害怕去印度，但我们真正要害怕的是，去完印度后，回到自己的家乡只能过着平淡无奇的生活。

——蓝白拖　背包台客作家

《孟买春秋》的文章，是让我两眼发亮的新发现！曾经是路透社记者的作者，写在她身边流动的人们与事物，看似日常的小记录，但如果从生活文化来看，却让我们看到丰富有趣的印度；我更喜欢的是，这些文字里面"温柔的人味"！

——魏淑贞　玉山社出版公司总编辑

序

　　《孟买春秋》是离开孟买之后在雍和宫旁交道口北二条的四合院里完成的，出版之际我们已经离开北京，随着菲尔的工作再度搬回印度，住在南印的科技大城班加罗尔。

　　在台湾出版《孟买春秋》近两年后的今天，简体版即将问世，菲尔和我已经离开印度，这回不会再回去了。

　　一年前菲尔从工作了三十四年的路透社退休，对我而言住过两回的印度算是一个完美的句点吧？有一本无心插柳却再真实不过的《孟买春秋》，还有更多难以言喻的情感。

　　离开印度后我们开始在欧洲和亚洲之间穿梭，如今我坐在租了一个月的金边民宿公寓顶楼，盯着计算机为简体版的《孟买春秋》写序，湿热的柬埔寨让人头脑混沌，无法定心思考的我看见楼下传统市场的车水马龙，听见没有铺柏油的路边的卡拉 OK 震天响，闻到现宰生鲜鱼肉的腥味，还有漫天飞舞的苍蝇小虫。

　　因为菲尔退休，我们把整个家装在四十尺的货柜里，从班加罗尔漂洋过海运到普罗旺斯，忙得焦头烂额后接着到处访友旅行，然后再到南法等待货柜安顿新家，几乎整整一年不曾好好想起印度，偶尔想起也总如浮光掠影稍纵即逝，顶多与朋友在晚餐桌上重复说着说过数十遍的印度故事。酒足饭饱，印度再度成为千头万绪中一根小小的线头。

此时在四十摄氏度高温的柬埔寨看着出版后不曾再读一次的《孟买春秋》，刹那间孟买随着这根小小的线头被拉了出来，将我带回一样湿热混乱五味杂陈的印度。

金边和孟买一样基础设施落后，路边到处可以看见垃圾尘土飞扬，夜晚我们搭三轮车外出觅食，蛇行穿越昏黄灯光下的大街小巷，路边摊卫生条件甚差却挤满了当地人，汗流浃背吃着他们的人间美味。我和菲尔在三轮车上不停告诉对方：这是孟买啊！

对印度我有难以解释的情绪，若是再有机会，我可以完全不须考虑立刻搬回去，但在报章上读到离谱的政经情势和野蛮的社会案件时，又让我恨得牙痒痒的，庆幸自己已经离开，眼不见为净。

曾有人不以为然地说我喜爱印度，只不过是来自优越感罢了，可以凡事高高在上看人论事。乍听之下自觉几分委屈，然而的确是坐着说话脚不酸啊！就世俗眼光来看，我活在比印度市井小民优渥数百倍的环境里，我比许多中产阶级受更好的教育，我的世界里没有男尊女卑的歧视，我不必担心层出不穷令人发指的轮暴案。我是比较优越的，相信多数读者也是。

而这外在无法改变的优越，和我对印度的情感无关。我无法解释，只希望在这本书中可以略窥一二。

因为《孟买春秋》的关系，陆续看了一些中文版关于印度的书籍，两岸皆有，多半是旅游的经验，读着别人不同于自己的印度，感到自己何其幸运，能够在这个神秘国度前后生活六年。而在孟买和班加罗尔之间，能在北京住了三年多。对比体验两个文明古国，更是另一种难得的际遇。

住在印度时，不时感觉到印度人对中国的好奇，还有几分在我看来几乎是因为落后自卑而造成的敌意；而住在北京时，提及曾经住在印度，朋友评论闲聊时免不了几分外在物质优越造成的蔑视，也有不少对印度军力的戒心。在两地都住过的我，感觉这两个全世界人口最多的国度存在着十分微妙的关系，时而彼此用望远镜在安全距离外看戏般张望，时而也会把对方放在显微镜下反复检视。

但都仅仅是人之常情罢了，我常常这样想，重要的是不要以先入为主的偏见去认识了解，那就够了。

因为人口相当，加上两个国家在经济成长上都不容小觑，常有人拿印度和中国做比较。就硬设备而言，有时我十分悲观地想，印度就算再给她五十年也赶不上中国啊！但印度因为宗教信仰文化延伸出来的另一种境界，除了物质上，是不是无论如何就一定会是中国的手下败将呢？

如果《孟买春秋》简体版可以让认识或是不认识印度的新读者放下望远镜或是显微镜，泡杯茶安静坐下来用平常心看孟买的生活大小事，掀开印度面纱的一角或是许多角，不存任何成见看印度，是我对此次出版的最大期待。

二〇一五年六月
柬埔寨金边

乔伊斯说

每个人在生命的某个阶段，都有一部春秋正在上演，我的春秋在孟买。

十分幸运在台湾长大，离开后跟着菲尔的工作，毫无准备进驻人口再过几年就要赶上中国的印度，多数女人穿着纱丽或是传统长衫，多数男人一定上唇蓄胡眉心点了朱砂痣，人人开口说话便要摇头晃脑。

空气中弥漫着香料咖喱和垃圾汗臭混合的气味，凡事少了逻辑多了混沌的印度。

在人口和台湾相当的孟买，因为只有两人生活，简单安稳无虞，我得以在每天七手八脚和印度的不可思议奋战之余，停下脚步深呼吸一口气去看见贫穷脏乱背后的另一种美好；也得以即便凡事毫无逻辑匪夷所思，还是试着用在台湾耳濡目染的待人之道，去掀开这个神秘古国的多变面纱，去体会她千年传统下和故乡一样的敦厚善良。

《孟买春秋》大部分是在离开印度之后完成的，离开了有距离，凡事看得更清楚，但又似乎因此在我和印度之间升起一抹淡淡的薰香，若有似无把一切变得浪漫。健忘如我，孟买在我脑海中却从未褪色模糊，当年凡事种种分毫未忘。

当初信手拈来记录自己印度生活的文字最后成书，在修订落笔前未曾打稿的几十篇文章过程中，重新住了一回孟买。校对时我时而忘情微笑时而热泪盈眶，仿佛还在那个喧嚣混乱五味杂陈的城市里，可以听见看见尼尔生、爱尔卡、亚莎、伊格保王子、吉米大爷、门房冈古……

　　如果《孟买春秋》能让听故事的人用稍稍不同的角度心态去看印度，或是任何我们陌生的国度，那会是我无心插柳最开心的事。

菲尔大爷说 (乔伊斯忠实翻译)

当我们搭上离开孟买的飞机前往香港去办理我进入中国工作的记者签证时，我必须承认四年南亚记者生涯以来，第一次觉得松了一口气。

采访孟买恐怖攻击手肘感染后开刀的缝线还在，和海关周旋搬家报关的繁文缛节犹如噩梦般不肯离去，甚至到了机场还要被苍蝇般的苦力不停纠缠。在飞机起飞那一刻，如果人间有天堂，我们一定是在往天堂的路上。

但千万不要误会，我爱印度，以前是现在是以后也是，只不过印度不仅让你筋疲力尽，还有股魔力颠覆你对许多事物的看法，甚至改变你的性格。

我目睹乔伊斯从一个既温柔又善解人意的台湾女子，在窗帘店无法按时交货还胆敢嬉皮笑脸罗织谎言时，转眼化身为一尾让人退避三舍的响尾蛇。数不清多少次乔伊斯因为印度的食古不化提高音量，我在眼见店员身陷台湾龙卷风还要结结巴巴辩解之际，连忙逃到店门外避风头。身为一个英国人，我对这些店员寄予无限同情。

我最喜欢的一句印度口头禅"不然呢？"（What to do？）。在无能为力的情况之下用来表示"没办法"不打紧，还常被拿来当成任何一件事的挡箭牌，外加无所谓地耸耸肩。正当乔伊斯被一件天方夜谭般的事气得七孔生烟时，不知死活的印度人轻描淡写说出"不然呢？"，还要摇头晃脑加上一句"太太，放轻松"（No tension, madam.），于是她的愤怒和沮丧瞬间再创新高，我再度逃离现场。

不可思议的是，尽管天天没完没了应付令她抓狂的人事物，乔伊斯却毫无保留地爱上了印度，她身边三教九流的印度人说也奇怪，挨骂还愿意跟她成为莫逆。

我常被问及为什么喜欢印度，我的回答是每天在工作上或是生活中，都会面临一两个甚至更多没经历过的状况，或是狂喜，或是惊恐，或是愤怒，或是哀伤，或是沮丧，但无论如何绝对不是一成不变，没有一刻让人感到无聊。

令人屏息的不仅仅是这个文化古国的大和多元，还有难以想象的贫穷和流浪街头的小乞丐，而就在你为他们感到万分悲伤的时候，一无所有的春秋百姓所展现出的无比的韧性以及单纯直接的快乐，又让你会心一笑。印度的色彩味道还有混乱，无时无刻不挑战你的感官情绪，让你随之起伏。

我曾告诉乔伊斯，在印度的日子就像上学，当时再怎么恨得牙痒痒的一切，事过境迁，留下的只有美好的部分，即使不美也不恨了，就像这本书里我们一起经历过的故事一样，一辈子忘不了。

目录

第七部　孟买的普罗旺斯

第八部　尾声

后记

欧式的温德米尔大楼。

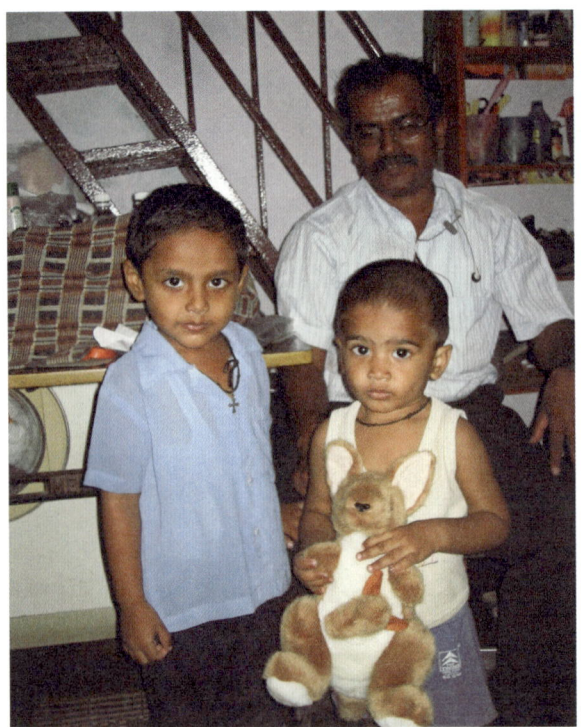

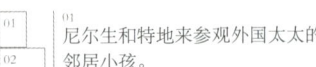

01
尼尔生和特地来参观外国太太的
邻居小孩。

02
尼尔生的太太和儿子。

01
爱尔卡（左）和亚莎。

02
亚莎拼错字的蓝果丽，还附赠猫一只。

03
正在拜象神的爱尔卡。

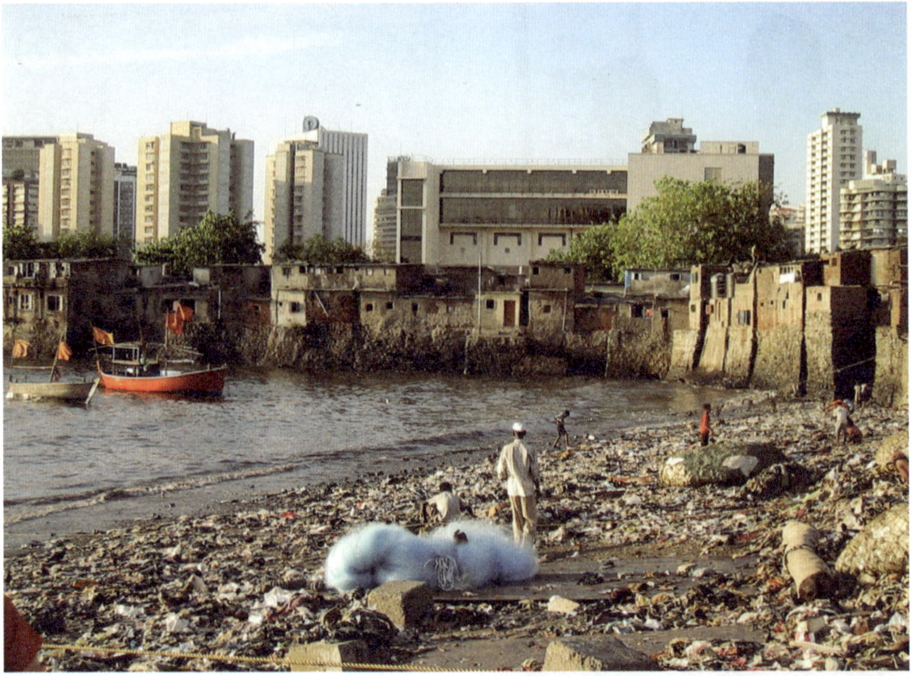

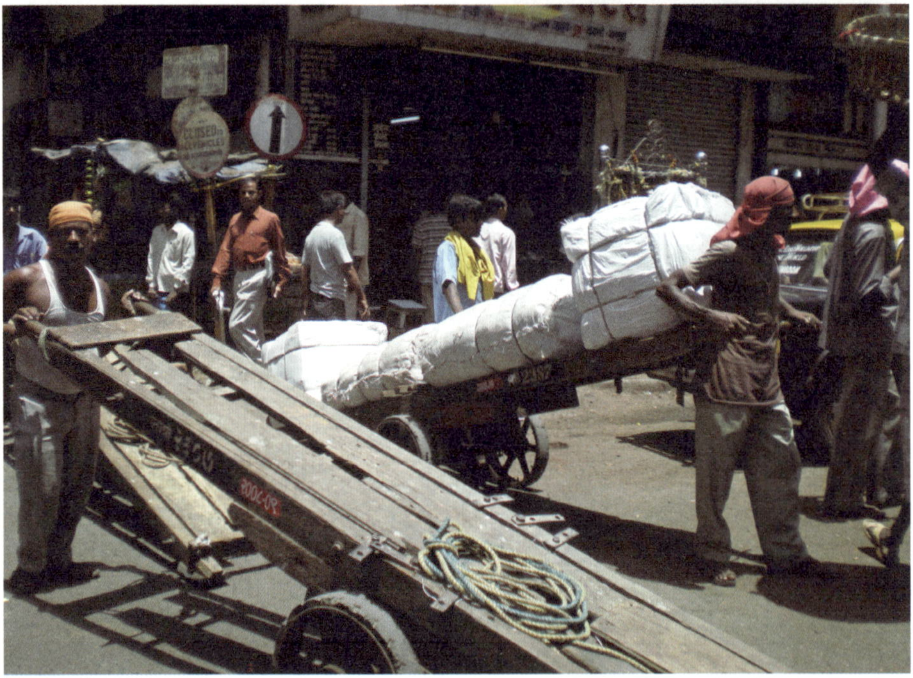

<table>
<tr><td>01</td><td rowspan="2">03</td></tr>
<tr><td>02</td></tr>
</table>

01
孟买随处可见和高楼形成对比的垃圾堆。

02
孟买充满了全国各地来此寻梦的各式劳工。

03
贫民窟里的孩子天真无邪。

孟买街景：苦力、小贩、上班族。

路边卖水果的摊贩好奇地盯着路上的外国人。

中上人家的结婚礼车。

金碧辉煌的钻石富商婚礼。

01
冈古只要面对镜头
就满脸严肃。

02
板球俱乐部的新年
餐会。

03
每天在板球场上的
午茶时间。

第一部　安顿

从悉尼到孟买

离开悉尼前往孟买那天是个万里无云的好天气。

车子经过悉尼海港大桥时，心底微微抽了一下，真的要离开这个美丽的城市了。坐落在湛蓝海水中的悉尼歌剧院在南半球夏日艳阳下闪闪发亮，看着海湾里的点点帆影，仿佛只是去旅行而不是离开。

我们住的湾景公寓在悉尼港北边，有个梦幻的地名叫薰衣草湾，落地窗外是一览无遗的悉尼歌剧院和悉尼大桥。我漫步于干干净净的悉尼港边，菲尔搭渡轮去上班。

吃的是从农民市场买来的最新鲜的蔬果海鲜，喝的是直接从水龙头流出来的水，呼吸的是新鲜空气，面对的是干净到连鲸鱼也游进来的蓝色港湾。我们租露营车在澳洲和新西兰各处小旅行，和朋友健行野餐喝咖啡逛美术馆，看戏品尝葡萄酒听爵士乐团。

低调安静，悠闲自在，一尘不染的第一世界。

在我四十岁生日那天，也就是我们在悉尼住了三年以后，菲尔接受了路透社南亚总编辑的新工作，负责印度、巴基斯坦、阿富汗、尼泊尔、斯里兰卡和其他南亚小国。孟买是我们的新家。

朋友笑说菲尔已经做过全路透社最好的工作，住在港边的顶尖公寓，该是受苦的时候了。甚至开玩笑：你犯了什么大错，路透社把你从悉尼下放到孟买？接着担心地问：乔伊斯愿意吗？

我愿意吗？台北土生土长的我，大学毕业进入路透社，接着外派新加坡，认识了从伦敦外派新加坡的菲尔。我的生活只有台北、新加坡和悉尼，是毫无波折的玫瑰色。菲尔虽说多年来周游列国，一样也是四平八稳。

外派记者怎能错过印度？乱七八糟、不可思议、充满挑战的印度！

离开悉尼，我们在新加坡停留了几天，继续前往孟买，一个人口近两千万的城市，其中一大半是从印度各地涌进商业首都的逐梦者。再过不久，孟买的人口就要赶上台湾的两千三百万，只是大部分的人还是住在没有卫浴设备、没有自来水的亚洲最大的贫民窟里。

我试着想象台湾大部分人住在没有厕所的铁皮屋里，在每天限定的几小时中，提着水桶站在路旁给水站排队接水，却无法勾勒画面。

机长宣布即将降落孟买，窗外净是铁皮、塑料布和石棉瓦搭的贫民窟。在降落那一刻，我几乎以为飞机会冲进绵延不尽的贫民窟里。这时脑海里忽然浮现离开悉尼时的画面，飞机起飞后沿着澳洲东岸往北飞，风景如画，和明信片一样的海岸线。

一出孟买机场，一大群吆喝的搬运工、出租车司机蜂拥而上，好不容易杀出重围，上了旅馆派来的车，一路上看到的只是更多的贫民窟，还有连贫民窟也住不起的人。头上没有一片屋顶，这些人干脆就躺在路边的垃圾堆旁，用一块布盖住脸，倒头就睡，大概是要避免经过车辆卷起的尘土。有研究报告指出，孟买空气污染的程度相当于平均每天抽两包半的烟。令我不解的是，为什么这些人不选一个比较安静，或是离垃圾堆远一点的地方睡觉？也许孟买没有这样的地方？

车子一停在交通稍稍繁忙的路口，马上有衣不蔽体的小乞丐，要不就是瘦若枯骨的女人，抱着营养不良的婴儿来敲车窗要钱。转头不去看他们，却避免不了一阵鼻酸。我虽未曾环游世界，倒也去过不少地方，孟买恐怕是我到目前为止见过最穷的地方了。而她为印度带来绝大多数的税收，是印度最进步富有的城市。

无处不在的街头乞丐，将是我们接下来几年每天必须面对的景象。一种莫名的恐惧顿时油然而生。

泰姬惠灵顿是孟买数一数二的长期商务旅馆，我们在这里等海运的家具从悉尼抵达，然后搬进公司安排好的公寓。一进旅馆大门，穿着制服的服务生列队问好，其中一人小跑步到电梯口替我们按钮上楼。

两房一厅的商务公寓里，每个房间有一个大型液晶电视，无线键盘遥控上网和娱乐系统。厨具从冰箱、烤箱、洗碗机到刀叉，不是从意大利就是德国进口的。这是印度，不是台北、伦敦、新加坡或是悉尼。

我一下没法适应过来：从机场到旅馆一个小时车程中，见到的除了极端穷困的春秋百姓，别无其他。一个小时之后，我们回到先进的西方世界。而在这个不真实的世界大门外几步路远的地方，乞丐就睡在满是垃圾的人行道上。

在印度的第一晚，混乱拥挤、满地垃圾，空气中混杂着咖喱和垃圾味的孟买，我们两人都失眠了。

招兵买马

搬进新家前我们开始找司机佣人。

对于来自台北和伦敦的我和菲尔而言，全职仆人是殖民地时代留下来的恶习，但在搭了几次看似吃了药的司机开的肮脏无比、令人作呕的出租车之后，我们决定让殖民时代的恶习继续下去。加上即将搬进的新家大得吓人，我虽非金枝玉叶，却也不愿整日与孟买的灰尘作战，于是开始招兵买马。

不少印度朋友对司机佣人完全冷漠，除了交代事情，并无交集。这些雇主眼中的下人对一切也看似习以为常，无声无息地被交代，再无声无息办事退下。即使有些雇主对佣人还算客气，一来一往其中的主仆阶级奥妙，却也不言而喻。

一位朋友说，千万不要找伊斯兰教徒，否则每天固定时间要祷告，急着出门也得等司机跟安拉沟通完毕。另一位朋友说不要找印度教，宗教假日太多，习俗禁忌更多，还不能让他去买牛肉！至于基督教，也有朋友有意见：每次开车经过教堂，我那笃信基督教的司机一边开车一边在胸前画十字，再亲一下画过十字的手。惊！

老鸟总是要告诉初来乍到的菜鸟一些过来人的经验。我的心得是，这宛如街上不绝于耳的喇叭声的贴心建议，终究只是让惊魂未定的新住民在孟买的喧闹混沌之中，更加迷茫。

英国朋友卡罗琳的司机劳伦斯给了几个司机的履历，其中尼尔生是劳伦斯的好朋友，前任德国雇主不久前结束在印度的铁道工程，目前为印度人家开车。不过他希望能够找到外国雇主，因为薪资即使没有多一倍，最起码也比印度人家多上百分之五十。

菲尔认为留着八字胡的尼尔生在履历上的黑白照片看起来有点吓人，不过他历任的德国老板在推荐信中对他的工作表现赞誉有加，我立刻打电话面试。

年纪介于菲尔和我之间的尼尔生身材短小精悍，戴着一副眼镜，一见面我就对这个满脸笑容，来自南印度的虔诚基督教徒有了好感。闲聊得知他年轻时从泰米尔纳度州家乡来孟买，从餐厅洗碗的小弟到有钱印度人家的男仆，什么事都做过。

后来司机朋友教他开车，考上驾照后，靠着简单的英语基础，在旅游公司找到替外国观光客开车的工作。也由于这个缘故，他开始为这个到印度来做工程的德国顾问公司代表开车，一做就是十二年。

在严格的德国雇主训练之下，尼尔生英语流利，应对进退也十分得体，特别在谈话之际不卑不亢，没有印度仆人常有的畏缩。和他在市内开车绕了一圈，确定他在经过教堂时不会放开方向盘在胸前画十字后，决定试用。除了他的态度和开车技巧，另一个雇用他的重要原因是烟酒不沾的尼尔生有一子一女在上中学，他的人生目标是送两个子女上大学。

我问他在旅游公司的经验。"太太，我以前帮过一个意大利来的导演开了几个月的车，他来印度拍电影。"那是在德国雇主之前，十多年了，现在尚且令人胆战心惊的孟买，当时肯定让欧洲人抓狂吧？

"帮导演开车好玩吗？""啊，那位意大利导演像是疯了一样，有时好几天不睡觉，胡子也不刮衣服也不换，脏兮兮的！""你带他去拍片，还有呢？""导演先生不会说英语，我也不懂意大利语，不过没问题，他很会画图，要做什么就画图，画了西红柿我带他去超市，拉拉头发我带他去剪头发。"

我忍住笑："下个星期一开始上班吧！"

接下来是佣人，上百坪（一坪约合 3.3 平方米）的新家需要两个佣人。听来离谱但是在尘土漫天的孟买，一天不掸灰尘擦地板就可以在任何表面上写字，所以需要一个会做饭的管家和一个专职清扫的女佣，增加印度就业人口。

搬到印度前几个月，我先到孟买探个究竟，在菲尔前任同事家中，也就是我们即将入住的温德米尔公寓里，遇见临时来帮忙的亚莎。亚莎从八岁起就在有钱的印度人家里帮佣，一个英文字也不认识的她天资聪颖，从主人家孩子身上学了流利的英语口语，难得的是竟然没有太重的印度腔。

亚莎没有真正在外国人家长期帮佣的经验，最近一年靠着她流利的英语只在外国人家里临时帮忙。我看她话不多，总是笑笑的，于是留下亚莎的电话。

搬到孟买之后，我打电话给住在贫民窟里的亚莎，她说目前在印度人家帮佣，不过一直在等我的电话。我告诉她家具抵达的日期，到温德米尔来报到吧。

哪里去找管家兼厨子呢？外国朋友千交代万嘱咐要小心选择，一定要有可靠的推荐信，确定人选后送到诊所健检确定没生病，等等。至此我已经对招募失去兴趣，直接问了旅馆每天来打扫的小弟，让他帮我留意。

隔了几天，身穿全白纱丽，满脸微笑的爱尔卡来按旅馆门铃："太太，您要找女佣兼厨子是吗？"我看着她美丽的脸孔，一下愣住了。要不是她有几分富态，根本是我眼中的宝莱坞女星！回过神来请她进来坐下来谈了几分钟，她和尼尔生一般落落大方，英语流利毫不畏缩。我心里已经决定喜欢这个人了。

爱尔卡长期在南孟买的海军基地、五星级旅馆和珠宝商家中帮佣，甚至曾经跟着富商雇主在东京和迪拜工作了五年。去年丈夫生病无法工作后，爱尔卡回到孟买，开始在我们暂居的商务公寓里为长期的印度住客帮佣。是的，许多印度人即使住旅馆有人打扫铺床，还是得有佣人。

"你的证件呢？"爱尔卡递上身份证和护照，果真有东京和迪拜的签证。我问她除了印度咖喱之外还会做什么菜，她答道会做意大利面和墨西哥卷饼。哈，墨西哥饼和孟买人每天必吃的薄饼还真像！"薄饼可以卷起来，饼厚一点可以做比萨，要撒上干酪。"她说。

"我很喜欢做菜，太太，我在东京工作的时候，有一种日本调味料很好用，中国菜也用吗？"味素？虽说早已过时没人用，知道味素和墨西哥饼的爱尔卡是见过世面的印度人啊！她接着递上一封以前工作过旅馆写的推荐信，说她打扫房间时拾金不昧，获得奖励……就是她了！

全员到齐之后，爱尔卡和亚莎发现她们是同住在新家温德米尔对面贫民窟里有点头之交的邻居，因缘际会，竟然同时在十分钟远的人家找到工作。

至于再想起女佣健检这回事时，已经是她们开始工作几个星期后了，我发现这两人吃得比我还多，力气比我还大，中午小憩比我夜间睡眠还香甜，绝对比我还健康！

就这样多年来除了每周来三小时的钟点女佣之外只有两个人的家，到了孟买平白无故多了三个人，而且从早到晚伺候着！招兵买马完成，不可思议的印度，就要从孟买展开了。

尼尔生的家

第一次去尼尔生家是在送菲尔去机场后回家的路上。

菲尔进了机场车才掉头，尼尔生说："太太，我家离这儿很近，您要不要来看看？"我心想反正也没事，于是欣然答应。尼尔生先预告："我家只有一个停车位这么大，不过是自己买的。"言语之间颇为骄傲。

尼尔生有足够的理由感到骄傲，凭着他一个人开车养活一家四口，两个孩子白天上学晚上补习，还可以在一半以上人口住在贫民窟的孟买郊区买房子，的确十分不容易。

尼尔生先打电话告知太太："老板娘要来了！"然后照例不停介绍沿途的建筑。尼尔生对建筑十分有兴趣，喜欢对路旁建筑物发表意见。靠近他家时，尼尔生有点语无伦次地兴奋起来。

"太太，这个骑脚踏车的是我表哥，他在印刷厂上班。"他按了两下喇叭，表哥回过头来，尼尔生摇下车窗，用印度话很快地介绍我。表哥连忙举起右手向我致意，我想聊几句却无计可施。我唯一懂的印度话是"够了"，买菜时很有用，因为菜贩老是想卖多一点给我。

再经过卖香料的小铺，尼尔生指着门外的老人："太太，那是我叔叔，他每天来这家店和老板聊天。"我们在店门口停了下来，和叔叔握手之后继续上路。"太太，我的教堂很近，要不要看看？"我不仅要认识尼尔生的远亲近邻，还要认识他的教友！

在教堂铁门外，尼尔生按了两下喇叭，门房出来打开大门，我们先和门房打招呼，接着进到住在教堂旁牧师的家。胖胖的牧师热情地握着我的手："尼尔生是很好的基督徒，每个星期天礼拜后总是留下来帮忙。"在一旁的尼尔生不好意思地笑了："太太，参观教堂！"在简陋的教堂里，我又被介绍给正在祷告的几个教友。

印度许多信奉基督教或是天主教的人来自底层，因为长期受到印度教种姓制度的压抑，于是改信基督教，其中又以来自南部的印度人居多。提供穷人物资救济也是基督教在印度传教的方式之一，所以在相对贫困的地区比较容易见到教堂。

离开教堂继续往尼尔生的家前进，不久之后我们在一家杂货铺前停了下来。尼尔生保证："老板是我的朋友，车子停在这儿很安全！"下车后路旁的人全围了上来盯着我们，尼尔生摇头晃脑向他认识的邻居介绍我，他们一边规律地左右摇晃着脑袋，一边东摸摸西摸摸在台北不足为奇的三菱汽车。这辆半旧的车在尼尔生三轮车比比皆是的街坊中引起了一阵不小的骚动，因为开车的是他们的朋友尼尔生！对街的小贩因为无法过来听尼尔生解说太太来自何方要去哪里，只得在远处窃窃私语。

我仿佛进入了另一个世界。上一回有外国人开着一辆日本汽车来到这个小村庄，是多久以前的事？而台湾人，不知是不是后无来者，应该是前无古人吧？

才转进巷口，一个十多岁的长发女孩手里拿着一瓶可乐站在转角处迎接我们，她是尼尔生的女儿史薇蒂。史薇蒂落落大方，操着流利的英语和我打招呼，对我们谨守主仆礼仪的尼尔生似乎不在意女儿没有称呼我太太而是直呼我的名字。也许因为他知道他受教育的子女将来不会和他一样是仆人？想到这里，一阵莫名的快乐涌上心头。

　　一路走向尼尔生的家只有短短几十米，我们却停了好几回和邻居打招呼，我渐渐意识到我的拜访对尼尔生而言是多么重大的事。事后一位在国外住了许久的印度朋友告诉我，住在百坪豪宅的我愿意跟着司机到他鸽子笼般大的房子去看一看，而他住的地区又是外国人根本不会到的地方，尼尔生肯定认为我十分看得起他，才会十分骄傲地四处向人介绍。

　　进了尼尔生的家，楼下是客厅兼卧房，有一张单人床，一台尼尔生前德国老板离开时留下的旧冰箱，一张小桌子，一架尼尔生太太偶尔给人修改衣服用来贴补家用的缝纫机，一台电视和一个书架。

　　尼尔生拖出一张计算机椅给我，多半也是德国人留下来的。然后拿出杯子，用一块布擦了擦之后倒了一杯可乐给我，一杯给史薇蒂，自己则是倒了一杯水。

　　史薇蒂打开电视，专注地看着一群舞者配合着印度特有的蜿蜒唱腔，跳着对我们而言过时的舞步。因为我和菲尔都是记者，尼尔生立刻把电视转到英国国家广播电视，我十分尴尬地说不必看新闻，尼尔生却坚持说看英语新闻对史薇蒂有帮助。

　　这时一阵阵食物的香味从楼上飘下来："你太太在做饭吗？""是的，太太，我太太为您准备了我家乡口味的南印度料理。"

　　不顾尼尔生一再说楼上又热又油腻，我从窄窄的铁梯上了二楼，这个同样是一个车位大小的空间是厨房兼另外一个卧房。尼尔生不谙英语的太太满头大汗站在小炉子前，一见到我马上满脸笑容用她油腻腻的手拉着我不放。炉子旁的小台面上摆了好几道手续繁复的印度菜，很显然她已经花了一整个下午准备招待我。

　　如果我在机场告诉尼尔生我不能到他家，他的太太不是白准备了吗？或者是他担心我会拒绝他的邀请，所以干脆先准备，再用最不经意的方式问我，以免被拒绝后尴尬？我何德何能，能让他们如此慎重欢迎？

接着尼尔生的儿子夫利克生回来了，十七岁的他不像妹妹不怕生，打了招呼之后只是默默坐在楼梯阶梯上。不多时我们在楼下的客厅兼卧室里，享受女主人花了好几个小时准备的菜肴。我和史薇蒂坐在单人床上，尼尔生坐在计算机椅上，至于他的太太和夫利克生则是坐在楼梯上。

邻居的孩子探头看外国人，尼尔生向他们招手，两个小男孩怯生生地进来，尼尔生拿出我不久前送给史薇蒂的袋鼠布偶，他们还是一言不发。我恐怕是他们见到的第一个外国人吧？接着史薇蒂住在附近的同学也都闻风赶来，叽叽喳喳在门外叫她。史薇蒂从房子里用印度话跟她们喊话，接着她们就像晋见女皇一般，轮番进来。

以下这段对话在接下来的半个小时之内重复了七八次："晚安，太太，你好吗？""我很好，谢谢，你呢？""我很好，谢谢，再见。"几个大方一点的女孩会继续告诉我她们的名字，大多数则是打完招呼就一溜烟跑了，然后换下一个人进来。晚饭后史薇蒂带着我到附近逛逛，经过她朋友的家我们就得进去打招呼，先前的对话再度重复。

离开尼尔生的家后我感到十分愧疚，现在尼尔生开车送我回家，然后从孟买最南端搭公交车到维多利亚火车站，再搭一个小时的火车回家。下了火车，他必须再步行二十多分钟。我告诉他实在不好意思让他这么麻烦，不过尼尔生唯一关心的是我是不是喜欢他太太做的菜。

"好吃极了！"向来不喜欢咖喱的我说，"我过了一个十分开心的晚上，谢谢你！"尼尔生开心地笑了："非常好，太太，非常好。"他眼镜下的眼睛笑成了一条缝。

第二天，我一上车尼尔生立刻告诉我："太太，谢谢您昨天到我家来，我太太非常非常高兴，我的儿子和女儿也很高兴，邻居们都说您看起来好亲切！"我的眼睛热了：对我来说不足挂齿的一件小事，对尼尔生的家人而言，却是多么值得高兴的大事！

接下来的几个月内我又到了尼尔生家几次，不过他的邀请模式已经改变。他不再使用问句："太太，现在我们到我家去，我太太准备了我家乡特有的小蛋糕，您只要进来坐五分钟，五分钟吃完我们很快就回您家去……"

爱尔卡和象神

爱尔卡每天早上九点开始工作，进门第一件事是先洗手洗脸。最重要的原因，或者我该说唯一的原因是，在对客厅一角的象神进行膜拜之前，她要求自己必须十分干净。

爱尔卡拿着刚在路口买的小花圈——今天是用鲜橘色金盏菊和大红杜鹃花串成的——走到端坐在一沓摄影书上的象神前跪了下来。接着她小心翼翼地把花圈挂在象神的脖子上，在象神的额头点了橘红相间的朱砂痣，燃了两炷香后闭上眼睛念念有词，用香在象神四周绕了几圈，最后把一炷香插在香炉里。

接着她从昨天的花圈上选了一朵还新鲜的金盏菊，走到阳台上把这朵花和另一炷香插在一盆印度人视为神圣的植物旁，拜了拜，然后开始她一天的工作。

每天早晨我看着爱尔卡毕恭毕敬地例行拜神过程，总觉得毫无障碍的一天就要展开，因为象神是印度教里可以排除万难之神！而沾了象神的光，每天爱尔卡总是干干净净开始工作。

象神戈纳夏是印度众神中最有影响力之一的毁灭之神湿婆的儿子。关于戈纳夏象首人身的传说有好几个版本，流传最广的说法是湿婆神某次出远门后，太太帕华蒂产下一子戈纳夏。一天，帕华蒂洗澡前交代儿子看住浴室大门，不要让闲杂人等接近。此时不明就里的湿婆神正好返家，见到一名陌生男子站在妻子的浴室外面，醋性大发，一刀砍下戈纳夏的脑袋。

事后由于帕华蒂痛不欲生，湿婆神被告知只要往北走，砍下见到的第一个生物的头接在戈纳夏脖子上，孩子就能复活。湿婆神遵照指示往北走，不久之后看见一头正在睡觉的小象，于是马上砍下他的脑袋回去接在儿子的脖子上，戈纳就这么复活了过来！不过人身上却接着一个可爱的小象头。

象神对印度教徒而言，是所有可以想到的吉祥象征：成功、智能、知识和财富。不同于一般传统印象里庄严肃穆的神像，象神的造型不胜枚举，有的静坐，有的卧睡，有的手舞足蹈。颜色更是变化万千：七彩、荧光、鲜紫、粉红、橙黄。我常常觉得象神根本是印度人最爱的玩具，而不像是个神，不过这也显示了印度人童心未泯的特性。

话说我们海运的家具刚刚抵达新家之际，上百件箱子等待开封，那时爱尔卡和亚莎刚刚开始工作，凡事小心翼翼，不敢开口多说半句话，成天埋头帮我开箱整理。几天后我打开装有象神木雕的箱子，不能决定要把它摆在哪里，于是随手放在地上。

过了几天，爱尔卡怯生生地指着坐在地上的象神问我："太太，您在哪儿买的？"我心里窃喜："新加坡买的，你看我们搬到印度来是命中注定的事！"她欲言又止："您知不知道这是我们印度人的神？""当然！"听我回答，她现在有了一点勇气："那么，您是不是可以不要让它坐在地上？"

当下尴尬极了，连忙问她放在哪里好呢？爱尔卡如释重负："只要不是在地上就行了。"于是我赶紧把小茶几上的所有东西堆在地上，至此，象神总算在悉尼几年席地而坐的悲惨岁月之后，像样地坐在桌子上。

爱尔卡每天用一块谁也不许碰的布给象神掸灰尘，每个星期把象神恭恭敬敬放在水龙头下冲个凉。比起每天提着水桶在接水站排队等水的大部分印度人而言，我家的象神真是幸运极了！

接下来几个星期之内，象神不停地搬家，最后坐落在一大沓的摄影书上，爱尔卡应该是认为坐在书上风水很好，因为至今象神还没换位子。又过了没多久，爱尔卡和亚莎与我已经是无话不谈，不过我所谓的无话不谈照我印度邻居的说法则是，她们已经和我没大没小了。

一天，爱尔卡对我说："太太，我知道您和先生都不是印度教，不过如果您不介意的话，我是不是可以每天带花和香来拜象神？如果我每天在我们家做的第一件事是在象神面前祷告，一定会给我们家带来好运的。"

我听了不禁莞尔，她说"我们家"，而不是"您的房子"，可见她真把这里当成是自己的家呢！我很高兴她这么说，毕竟她在这里的时间多过在她自己家的时间。

从此，我给爱尔卡的家用账本里多了花和香两项支出。

她每天来工作前路过巷口卖拜拜用的花摊，就买一串色彩鲜艳的花，天天有不同的设计组合，遇到印度节庆时，象神的花圈更是花哨。菲尔说我们的象神几年后肯定不愿意离开印度，因为跟了我们之后从来没过过好日子，一直到爱尔卡的出现，它的命运才有了转机。

搬家开箱的过程延续了好几个月，有一天爱尔卡兴师问罪地走进书房，手上拿着的也是来自新加坡印有象神图样的小杂志架："太太，我不认为您应该把这个杂志架放在浴室里！从今天开始，我要把它放到厨房的书架旁。"然后她停下来看着我，等着我回答。我害怕地赶紧出声："太好了，我才正在想应该放在哪儿好呢！""谢谢您，太太！"爱尔卡很满意地左右摇动脑袋："您要喝奶茶吗？我现在就去煮。"

再过不久，我买了两块印有象神图案的方形瓷砖，找了木匠订了两个简单的小茶几。瓷砖就嵌在桌面上，充满印度风味。这下子爱尔卡应该不会有话说了吧？这两个漂漂亮亮的茶几可是摆在客厅最醒目的地方呢！更实用的是不在大得像撞球间的餐厅里吃饭的我们，现在有了两张大小合适的单人电视餐桌！

茶几送来那天，同是印度教，但是由于先前雇主的关系，偶尔也向耶稣基督祷告的亚莎把茶几擦得一干二净。"这两个茶几真好看。"亚莎说。"爱尔卡会不会不高兴呢？"我问她。"太——太——"亚莎拉长了尾音，这是她不赞同我时的声调，"象神就像是耶稣基督一样，活在人们的心中，什么形式有什么关系呢？"

爱尔卡闻声从厨房出来，打量了新茶几后很有威严地问我："太太，您打算用这个桌子来做什么呢？"我很担心地望着她："哦，就是放在客厅里，好不好看？""是的，这两个瓷砖上的象神很漂亮，不过您知道吧，这两个桌子除了书、报纸和花之外，千万别放吃的东西，尤其不可以把脚放在桌上……"

从此，我们过着完完全全被尼尔生、爱尔卡和亚莎控制的日子。

亚莎学英文

初次在孟买见到亚莎时我们还住在悉尼，她在菲尔前任同事家中临时帮忙，觉得她英语口语非常好，不太说话。于是留了她的电话，搬到孟买之后就找了她。

从小在印度人家中帮佣的她十分懂得察言观色，话不多是因为明白在外国人家临时帮忙最好不要造次，到了温德米尔一眼看穿我们这两个外国人原来是铁石其外软柿其内之后，亚莎原形毕露，简直就是个无法关机的收音机。

从小在基督教雇主家工作，没上过学的亚莎英语口语流利，不过不要说英语，亚莎就连印度文也看不懂。信奉印度教的她偶尔也会向上帝祷告，布置圣诞树时义不容辞。

二十出头的亚莎说离了婚，自由恋爱结婚的丈夫有了外遇，根据亚莎的说法是她把他给休了。是真是假不知道，亚莎现在独自住在温德米尔对面的贫民窟里，妈妈和弟弟住在另一个贫民窟，嫁人的姐姐已经守寡，和婆婆住在另一个贫民窟。

这些信息都是她一边擦窗户、地板或是打蜡铜器时，絮絮叨叨说给同时也在现场的我听的。我也许在看报也许手边做着什么事，究竟有没有在听有没有反应，她一点也不在乎。

起初我谨遵印度朋友的教诲：太太有耳无口，能不知道最好不知道，知道了也别接话，省得日后和佣人纠缠不清！但很快我就忘了朋友的忠言，知道太多佣人的事了！

亚莎老喜欢从我待着的房间开始打扫，见缝插针一有机会开口就发表她的看法。一日，她全身探出窗外擦玻璃，我不经意抬头大吃一惊："亚莎，快进来！"她隔着玻璃从窗户外看着我："做什么呀，太太？"我心想，危险啊，难不成要你进来喝茶？"快进来，跌下去怎么办？"

亚莎用她在对我所作所为不赞成时拉长的声调说："太——太——，谁家的佣人不这样擦窗户？一点也不危险！"很显然，她一点也没有进屋的意愿。我开始晓以大义："万一你没抓紧跌下去怎么办？"她哈哈大笑："您为什么那么紧张？"像是要对我洗脑似的再度重复，"一点也不危险的！"我回她："掉下去会死人的，这就是为什么！"

爱尔卡听见我开口也来了，用印度话斥责了亚莎几句。亚莎心不甘情不愿地回到窗户另一边。爱尔卡一转身她马上说："太太，人总是会死的，您为什么要这么担心？"给她这么一说我无言以对，她继续阐述她的人生哲理："每个人迟早都要死的，担心也没用，窗户还是要擦不是吗？"仿佛是我没道理似的。我下了最后通牒："我不管你怎么想，总之就是不准爬到窗户外擦玻璃。"

一日，我问亚莎："想学英文吗？你看爱尔卡会读会写，会照着英文食谱做菜，看收据付钱，可以挣比较多钱。"她想也不想摇摇头："我赚的钱已经够了，我还可以照顾我妈妈和弟弟，不必再赚更多的钱，我朋友给印度太太工作只赚我一半的钱。"

我听得瞠目结舌，难不成亚莎得到哪位灵修大师开释，不怕死也不要钱？这还是在孟买第一回听见有人不要赚更多的钱！我苦口婆心劝了老半天，她终于同意每天花几分钟学认字。

不屈不挠的台湾人买来一本英文字母习字本，从ＡＢＣ开始，亚莎聪明伶俐，不多时就把二十六个字母学完记牢。这时问题来了，爱尔卡渐渐在言谈之间显出不悦："亚莎嘴甜，很明显太太对亚莎偏心！"

已经住孟买十年的朋友凯伊听我谈及此事频频摇头："千万不要卷入佣人的战争。"我买来一本爱尔卡觊觎已久的印度食谱送给她带回家，得意扬扬觉得自己不着痕迹化解了一场纷争。凯伊闻言为之气结："你这个台湾人，没救了。"

不久，我意外发现温德米尔后面的小教堂外挂了幅横布条："免费教英文。"太好了，这下我不必麻烦自己，爱尔卡也不会吃味太太每天下午教亚莎英文！在印度，教英文是基督教在印度教和伊斯兰教夹缝中传教的方式之一，我立刻进去问个究竟。和我谈话的英文老师万分狐疑："太太，您的英文很好，不必学的。"我解释之后她才恍然大悟我也很清楚自己不必学英文。呼！

她告诉我多数来学英文的是只受印度文教育的上班族，不过也有一个初级班给完全不识字的文盲。我一听龙心大悦，马上拿出皮夹数钱放进捐献箱，算是亚莎的学费！英文老师感激涕零，告诉我上帝一定会与我同在。我则是暗念阿弥陀佛，下次回台北一定要到三峡祖师庙捐个香火钱。

从此亚莎每周两次，下午三点到四点到教堂学英文。刚开始她十分排斥，因为她的英语口语和老师交谈完全没有问题，居然还得跟连早安也不会说的人一起从头学起。但渐渐地她开始期待去上课了，因为她是班上的第一名！她偶尔拿着小记事本来问我："太太，祝你生日快乐怎么写？我的同学过生日，我要做张卡片送她！"

朋友卡罗琳怀孕时，我找了几个朋友来家里为即将出生的宝宝庆祝。亚莎来问："太太，宝宝怎么写？"一笔一笔教她写下四个字母。过了几天又来了："太太，欢迎怎么写？"卡罗琳抵达温德米尔大门时，拿出相机左照右照写着"欢迎宝宝"的彩色粉末画成的蓝果丽（rangoli）图案，要传回英国给家人看！

接着亚莎的英文就应用在家里有客人来的时候，而且字体愈来愈工整。来印度出差在温德米尔多住一两天的同事，总是和卡罗琳一样又惊又喜地发现客房地上有个写着他们名字的蓝果丽。朋友尼克和琳娜来时，尼克的名字拼错了，不过加赠小猫一只，上头还写了英文，怕客人认不得那是一头猫！

爱尔卡想当然心里不是滋味，这会儿不只太太，连来家里的客人也比较喜欢亚莎！于是在亚莎到教堂去上英文课时，开始有意无意抱怨亚莎得了便宜还卖乖，每个星期少工作两个小时，又不是过年过节也要经常花一个小时画蓝果丽。

结果就是爱尔卡每个星期有两天可以晚一个小时来上班，以示公平。

亚莎学英文一直持续到她结婚以后。我发现该去上课的时间她还在厨房里东摸西摸，问她怎么了，她编了个理由我也没放在心上。几次之后她终于承认："太太，我先生叫我不要学了，他说我这么大一个人和小孩子一样还在念书，很可笑。"

印度女人，尤其是处于社会底层的女人，遵循中国古代的三从四德有过之而无不及。亚莎单身时我是她的衣食父母，可以强迫她在上班时间去学英文。现在她结婚了，虽然我还是她的经济来源，虽然学英文还是在上班时间，她的丈夫却从结婚那一刻开始，就拥有绝对的权力告诉她什么事该怎么做。

我很清楚自己在这件事里的角色，于是不再多说，由她去了。为了不让自己因此愤世嫉俗，再度胸无大志坚信此事成就聊胜于无，亚莎至少学了二十六个字母和好多单词。

亚莎学英文，就此落幕。

你住孟买？危险吗？

关于孟买，亲朋好友最常问的就是"很脏吧？""是啊，很脏。""危险吗？"我想也不想："不会啊！"这个答案总是换来不可置信的眼光。

印度的确有许多不安全的地方，比方说东北的比哈省，那里毫无法律可言，掳人勒索层出不穷，当地人倒也习以为常，连被绑架后需要的赎金都可以分期付款。还有首都新德里，不仅仅是什么都怕的外国人，即使是印度人也说只要天黑了绝对不可以单独走在路上，尤其是妇女。但是，哪个国家没有危险的地方？

所以也许听来奇怪，但是走在孟买，的的确确是比在伦敦或是纽约街头都要觉得安全，我有我的逻辑。

孟买人口超过两千万，平均每平方公里人口远超过两万人，但是实际数目比这多得多，因为许多从各地来孟买讨生活的盲流，根本没有向当地政府登记，所以走在路上随时随地都有一群人在身旁。加上发展中国家特有的现象，路人非常容易因为一件小事放下一切立刻成群聚集，不肯离去。

虽然从未被骚扰或是被抢，但我深信只要我高声一喊，立刻会有上百的路人围上来，因为连在街上买个东西，偶尔都会有一群人上前，毫不掩饰看着我挑水果掏钱付钱。起初被盯着看的确觉得有点害怕，但是久了我觉得他们除了好奇，完全没有恶意。当然这只是我个人的逻辑，但我认识的朋友中，也从来没听说过有人曾经经历过任何程度的危险状况。

只有一次，路透社同事丽娜在一次聚会中迟到了，到了之后说了这个不可思议的手机被劫经过。丽娜在出租车内靠窗坐着，就像孟买任何一辆出租车一样，这辆当然没有冷气。车窗坏了，反正天气热不会有人要关窗，所以就任它坏着。丽娜的新手机就这么放在她腿上的手提电脑上，她两手忙着调整随身碟，并没有拿着手机。

由于堵车严重，出租车就这么陷在车阵里动弹不得，忽然之间一只手伸了进来把手机拿走了！丽娜放声大叫，司机立刻停车，路人一拥而上，抢手机的一溜烟不知去向。

此时一群路人七嘴八舌开始责怪无辜的司机，怪他没有保护好乘客，怪他没有抓到抢匪，造成更严重的交通阻塞。丽娜赶紧自己承认："是我自己不好，把一个全新的手机就这么放着，也难怪会引人犯罪。"她好说歹说，总算说服这群事不关己的路人她自己也有责任，完完全全不是司机的错。

丽娜觉得自己有错我是同意的，我常想如果爱尔卡和亚莎看见我们家里有成捆的现金放在桌上时会做何感想，她们得赚几年？如果有一天她们的生活真的陷入绝境，走投无路了，会不会一念之差拿了一走了之呢？我相信她们不会，因为她们在贫民窟里算是中上人家，但是换了别人呢？

我们请一回客喝掉的红白酒，远远超过她们一个月的薪水，而我们只是印度有钱人眼中的小老百姓，印度的贫富差距不是我们可以想象的。因此我十分反对有些人故意把现金珠宝放在显眼的地方试探佣人是否诚实，我认为这是极为不公平的做法，尤其在印度。

我们安慰了一会儿丽娜，吃吃喝喝忘了这回事。此时另一个同事阿米尔的电话响了，他拿起手机一看：是丽娜打来的！于是就像电影上看到的画面一样，阿米尔做了个手势要大家别出声，接起电话："找哪位？"所有人的头全都靠在阿米尔电话旁了。对方说："我也不知道，不过我们找到这个手机了，最后一个电话是你的号码，所以我们就打给你了。"

丽娜接过电话，说了一阵，把话筒捂住小声说："要约哪里？他要马上把手机还我。"顿时所有男同事的骑士精神外加宝莱坞幻觉全出来了，七嘴八舌约定到孟买地标维多利亚车站旁的麦当劳见面。

挂了电话，丽娜、阿米尔和另外两个男同事出发，三人扮成路人甲乙丙，跟在丽娜身边进入麦当劳：那里人多嘛，比较不危险！出发前还有模有样演练了一阵要站在哪里，怎么打手势，如何保护丽娜。

过了半小时四人带着丽娜的手机回来了！原来在丽娜遇劫大叫、现场一片混乱之际，几个路过的大学生顾不得加入责骂司机的行列，拔腿就去追这个抢手机的人。学生年轻力壮，而这个抢手机的只是个帮人送货打零工、衣着褴褛的中年人，走在路上看见丽娜的手机就这么不设防地摆在眼前，一时起了贪念伸手就拿。看他害怕得直哆嗦的样子，应该不是个惯犯，三个大学生训斥他一顿后，拿回手机就让他走了。

对这件事我有几个看法：第一，如果在孟买真的很不幸遇上抢东西的，他们应该只是要东西，不至于会对人身安全造成威胁。第二，在许多人过着极端穷困生活的印度，把贵重的东西不设防放在他们面前，是件极为残酷的事，所以如果在这种情况下被抢，粗心的物主必须负大部分的责任。第三，搭出租车时务必坐在后座正中央，除了防止第三只手伸进车窗里探囊取物，还可以避免小乞丐在等红灯时伸手进来拉着你要钱。

最后，宝莱坞电影深植人心，无所不在。

在两千万人口里找回手机是如何不容易的事，而再过一阵子发生的事，就让我更坚信我的理念：孟买人心善良，不危险的！

派驻在巴基斯坦的英国同事赛门和他的印度籍太太凡妲娜和女儿泰瑞卡到孟买来探望家人。赛门是菲尔的多年好友，一早就来温德米尔，英国茶一杯接一杯，两人之前在伦敦共事，各自经历不同国家之后再在南亚相遇，更是有说不完的话题。凡妲娜和泰瑞卡则是到了傍晚才从她父亲的住处搭火车到南孟买来和我们吃晚饭。

尼尔生从车站接来凡妲娜母女二人，因为许久未见，我们一见面聊个不停，忽然间凡妲娜脸色大变："我把我的手提包放在火车上了！"因为忙着看好四岁活蹦乱跳的泰瑞卡下火车，她糊里糊涂就把手提包忘了在车厢内的架子上了，加上有尼尔生接，她也没注意到钱包不在身边。手提包里的东西只有几样，钱也不多，不过有一条项链凡妲娜不愿在人多的火车上戴着碍事，就放进了皮包，不值钱但是一条有纪念价值的项链。

我的第一个念头是算了吧，孟买每天六七百万人搭火车，由于承载量极高，靠站时间常常只有短短几秒钟，上下车的人一批换过一批。凡妲娜来的时间正好是下班高峰期间，我不相信这个手提包可以找回来。但是曾经是印度最大报《印度时报》记者的凡妲娜可不这么想，于是我也义不容辞跟着她前往维多利亚火车站报案。

车站里黑压压一片人，不过老孟买凡妲娜很快找到了门路，进了这个没有门，人声鼎沸的办公室，都是来找东西的！这下我更觉得没希望了，我要是警察才懒得理你们！凡妲娜很有耐心地在轮到她的时候，详细叙述她搭的是几点几分从哪里到哪里的火车，她坐在妇女专用车厢的哪个位子，手提包放在头顶的架子上。当然这些都是以印度话进行的，我站在一旁鸭子听雷但是也可以猜得出大概，因为两人对话十分有动感，比手画脚，声调抑扬顿挫，到后来几乎是吵架一般。在凡妲娜留了她的手机号码之后，我们才离开对我而言人多得像是过年的维多利亚车站回家。

当晚我们吃过晚饭坐在阳台上聊天，凡妲娜的电话响了："太太，有人把您的手提包送回来了，您提到里面的东西一样也没少。现在太晚了，请您明天一大早来领吧。"怎么可能？我的脑海里浮现出印度火车上、火车站里拥挤的情形，不敢相信这个手提包会原封不动被送回火车站的失物招领处。

这就是印度了，每天都有令人不可置信的事情发生，令人惊讶也好，令人抓狂也罢，从来没有一刻钟让我感到日子平淡无趣。每每就在我觉得这件事太奇怪了，不可能会有更奇怪的事发生时，接着就会再有一件令我啧啧称奇的新鲜事，仿佛一直躲在暗处等我，再出其不意跳出来让我心惊不已。我喜欢新加坡的井然有序，凡事有效率，喜欢悉尼的风景如画和无与伦比的生活质量，但是对孟买，却有无法解释的另一种情愫，是新加坡或是悉尼都比不上的。

危险吗？一点也不！

第二部　上流社会

温德米尔大楼

我们住的温德米尔大楼（Windmere）位于孟买半岛最南端的海军基地入口，虽然对街就是住着好几万人、孟买数一数二的大贫民窟，这栋住着社会名流、名字再英式不过的温德米尔却是孟买小有名气的建筑，因为温德米尔是"上流社会"。

对孟买人而言财富固然重要，社会地位以及背景更重要。温德米尔楼主是印度顶尖建筑集团，集团的两个女儿住在六楼和七楼。六楼的女儿嫁给印度无人不知的塔塔集团次子，标准的上层社会联姻。七楼的女儿长居伦敦，每年回来一个月，回来前一个月清洁工作里里外外，没日没夜。

其他十户人家一到五楼每层两户。除了珠宝商、银行家、名牌集团，最令人瞩目的要算是三楼两个印度独立前的皇室家庭：伊斯兰王子伊格保和印度公主。不过我至今尚未有幸见到深居简出的印度公主，一次经过时刚好有人送东西到门口，我贼头贼脑看见极端豪华的玄关。看我鬼鬼祟祟，公主的佣人很快地把门关了起来。

这是新家，客厅应该可以放得下两三套沙发吧？四个卧室全是套房，每个房间摆上两张双人床还绰绰有余。餐厅，绝对可以摆个乒乓球桌和两排椅子。佣人房也是套房，有张单人床和一个小柜子。

　　我和菲尔像是刘姥姥进大观园，走迷宫似的忘了究竟看了几个房间。不久，菲尔拉我到厨房站在一排有灯号的仪表板前，要我仔细看着。他出了厨房不多时铃声大作，三号灯亮了：佣人铃！在厨房的佣人一听到铃声就得飞奔到主人呼叫的房间里，看看主人有什么需要。

　　尼尔生说佣人铃在有钱人家是极平常的装备："不过有些主人不喜欢铃声，只留着灯号。""然后呢？""佣人必须随时看着灯号，一亮了就得赶快跑去问主人要什么。"尼尔生一本正经地说。

　　知道我对印度有钱人家奢华的程度充满好奇，尼尔生隔一段时间就来汇报。"太太，五楼那个单身先生昨天又买了一辆车，现在他有四辆车，温德米尔一共有四十辆。"我张口结舌："所以，其他十一户人家有三十九辆？"尼尔生继续报告他成日在楼下和其他司机喝茶闲聊来的情报："是的，太太，印度公主一家三口有四辆车，伊斯兰王子一家三口有三辆……"

　　我打断尼尔生："那我们最穷，只有一辆车。"尼尔生摇头晃脑深感同意："六楼一个先生一个太太三个孩子有五个司机。"我叹了一口气："我们的佣人也不够，对吗？"尼尔生笑了起来："是的，太太，五楼单身的先生有五个仆人，您和先生只有爱尔卡和亚莎，而且她们早早就回家了。"他停了一下接着说，"而且我也早早就回家了，别的司机即使没事，也得等到下班才可以离开。"这下子轮到我笑了："那么你想给谁工作呢？""当然是您和先生！"他想也不想地回答。

　　一天，在楼下大厅遇见邻居太太，说实话我到现在还搞不清楚到底她住在哪一楼，因为只顾着欣赏她们令人咋舌的豪华纱丽钻石首饰，就忘了个别长相。

　　她十分亲切地握着我的手："一切都好吧？喜欢孟买吗？有什么需要的就随时来敲我的门。"我真心地谢谢她，告诉她我很喜欢孟买，然后说："什么时候我们聚一聚……"我很满意自己至今已经可以把这句应酬话朗朗上口，就像所有的印度有钱人一样，哈！

邻居说："哦，当然当然，不过要在雨季过后了。"雨季过后？为期三个月的雨季下个星期才开始呢！她继续说，"雨季前热得不像话，我们刚从瑞士回来，住了三个星期，实在太短了。过几天我们去美国两个月。你们呢？上哪儿去躲雨？你刚到，不知道这雨季有多烦人……"

我们的第一个雨季完完全全在孟买度过。

这是孟买上层社会，过着让我难以想象的豪华生活。我不能判断我的邻居，因为我们从未深谈，但是在一些其他场合我的确遇见过住在金钱和社会阶级吹出的泡沫里的上流人士，他们挥金如土，无视周遭连立锥之地也没有的同胞，甚至大声反驳外界认为印度穷苦的看法："我们和任何西方人一样喝法国红酒，抽古巴雪茄，开进口轿车，我们哪里比别人穷？"

过了一阵子，我和楼下九十岁的伊斯兰王子伊格保交了朋友，他就像是一部活历史，和他谈话宛如走进时光隧道。有一天他打电话给我："一切都好吗？""很好，谢谢，您呢？""老样子，我的腿痛又犯了，过几天我们聚聚。""当然当然！"我说。伊格保继续："昨天我出去散步时看见你的厨子正要回家，那时候还不到下午五点。"

"是啊，爱尔卡的工作五点结束。""她做晚饭吗？""是啊！"我说，心想他葫芦里到底卖什么药。伊格保缓缓地教育我似的说："那么你得留她到你们吃完饭，给你们上菜，洗了碗之后再回家，没有道理让她在晚上八点以前离开！别忘了她是你的仆人。"

这时候我忽然发现我们这两个不按印度常理出牌的外国人，可能已经引起邻居的侧目了。印度家庭的佣人司机每天从早到晚工作，一直到主人就寝为止，有些就睡在走廊地板的一角。每天提早回家的爱尔卡、亚莎和尼尔生肯定给在其他印度家庭工作的仆人带来最坏的示范！

隔了没几天，我又被教训了一顿。

一楼邻居邀请我们到他家开的五十人酒会后，我们回请他们来吃晚饭。年近六十的达斯瓦尼夫妇十分西化，每天一早夫妇两人各开一辆车到各自的俱乐部去运动，有司机也要偶尔自己开车才能显得国际化。时间定了之后，达斯瓦尼太太先送来一张印有他们名字地址的精致卡片："谢谢你们的邀请！"晚餐当天早上亚莎拿着一个小盆栽和一张卡片走进书房："太太，一楼的佣人送来的。"我打开卡片一看："非常期待和你们共进晚餐！"

当晚我做了几道中国菜，晚餐进行得十分顺利，达斯瓦尼先生健谈风趣，对孟买上流社会如数家珍，一一道来，我们没一个认识。我很惊讶他人脉广阔。他喝一口约翰走路黑牌，很感慨地说："孟买社会就这么小，最多就两百个人。"

达斯瓦尼太太见我厨房餐厅里里外外跑，奇怪地问我："你不愿意让佣人上菜吗？""她们已经回家了。"我说。达斯瓦尼太太一脸惊慌："什么？你的意思是今晚一整晚你的家里没有仆人？"我当下决定要编故事已经太晚，咬了牙承认："是的。"看达斯瓦尼太太一脸严肃，我赶紧补充，"如果有很多客人，我会让她们留下来帮忙。"又担心她要认为自己不受重视，继续补充，"爱尔卡才开始学做中国菜，我担心味道不好，所以自己来。"

坐在我对面的达斯瓦尼先生开始摇头晃脑。印度人摇头晃脑并非表示可否，多数时候代表"我听到你说什么了"，但我很清楚达斯瓦尼先生现在的意思是"我不赞成"。

"你第一次住在印度，可能不明白，必须对佣人严格一些，"他皱着眉头告诉我这个不懂事的外国人，"否则他们是不会认真工作的。绝对不能太好说话，她们的工作是帮你打理家里，怎么可以在客人来的时候回家？"我在一旁很害怕地接受教训。

达斯瓦尼太太也在一旁摇头晃脑："你这么里里外外跑来跑去，我看着都腿酸。"坐在另一头的菲尔也对着我大摇其头，他的眼神告诉我坚决反对。我赶紧转移话题，否则这个比我更不懂事的英国人，恐怕要和客人来场大辩论了。

给达斯瓦尼先生再倒一杯约翰走路黑牌之后，他似乎忘了佣人的事，继续一一数着我们不认识的孟买名流。

就这么我们和邻居打招呼，应酬式地重复什么时候聚聚，问候他们最近一次和下一次的国外旅游，没有再听见邻居的抱怨。

一天，亚莎回家前忘了丢垃圾，我提着一袋垃圾就下楼了。说来惭愧，入住温德米尔一段时间，知道垃圾房在大楼后面，却从来没倒过垃圾。尼尔生锁好车往大门走去准备回家，远远看见我，以为我又要出门："太太，去哪儿？""亚莎忘了，我去扔垃圾。"

尼尔生闻言脸色大变，一个箭步抢过垃圾袋："我去。""不，尼尔生，我自己去。"他怎么也不肯把垃圾袋还给我："太太，那里太脏，您不要去。"说完快步走开，一边回过头来："太太，快点上楼去，明天见！"

这就是我们住的上流社会：丢垃圾是不合身份的，尼尔生肯定是这样认为的。

我的伊斯兰王子伊格保

初次见到伊斯兰王子伊格保是在菲尔前任同事的欢送会上，地点就在温德米尔，当时我们还住在悉尼，我先到孟买熟悉环境，再回悉尼搬家。

年事已高的伊格保坐在客厅一张有扶手的沙发上，背后好几个靠垫让他能坐得舒服，他的拐杖就随手放在地上，在三五成群、拿着高脚酒杯站着聊天的客人中，显得有些格格不入。知道我即将成为温德米尔他楼上的新邻居时，伊格保握着我的手："真是太好了，非常欢迎你来到孟买，来了以后有任何问题，不要考虑，随时拿起电话找我，要不就差遣你的仆人下楼来告诉我！"

这是我从风景如画的悉尼到孟买的第四天，在见到满街衣不蔽体的小乞丐和在垃圾堆里捡破烂的"贱民"之后，被介绍给这辈子认识的第一位王室贵族，竟然是个旧西装肩上布满头皮屑的糟老头！此时手被他几乎像是风干蛇皮的手紧紧握着，心里有点害怕。伊格保的英语十分流利，没有太多的印度腔调，言谈之间隐隐透露他的教养，还有一股威严。

伊格保不能久坐加上重听，在人多的聚会中与人交谈十分困难，不一会儿他的仆人就来把他搀扶下楼回家了。现在想来可笑。但是当时我迫不及待冲进洗手间，把被他握过的双手洗了又洗。看着他给我的名片：Iqbal Mohammad Khan，Nawab of Palanpur。这些印度人真的是的，给个名片还得麻烦我上网查！

Nawab 一词源自古老的乌尔杜语，是阿拉伯世界波斯语的借用词，原意是副手，因为印度伊斯兰教统治者认为应该称自己是上帝的副手，才不会亵渎上帝。我的翻译是：土皇帝。在英国殖民时期，印度伊斯兰教统治者（Nawab）和印度教统治者（Maharaja），分别治理他们独立的邦国（Princely States），臣服于当时的英国主子，一直到一九四七年印度脱离殖民独立为止。

当时这些邦国主权独立，各自定义定法律发行货币，级别则以礼炮多寡而定，从三响到二十一响，伊格保父亲统治的普兰普尔邦有十三响礼炮。一九四七独立后邦国制度不再，但是伊格保的父亲深受人民爱戴，于是他甚至还在独立后的一九五七年加冕继承王位，至今还是被尊称为 Nawab。普兰普尔是印度绝大多数钻石商的发源地，伊格保在许多场合中依旧享有非常崇高的地位。

关于普兰普尔的事都是后来才渐渐知道的，当时只想：真的吗？印度土皇帝一大堆，谁都可以说自己是王室后代！搬进了温德米尔，伊格保经常电话问候："一切都还好吗？有什么需要一定告诉我，你千万别忘了我是你们在孟买最好的朋友。"于是这个最好的朋友让我们在阶级至上的孟买，不必找推荐人就进入了印度人人称羡的板球俱乐部。

行动不便的伊格保知道我们的一举一动，因为仆人司机就是他的耳目。他完全知道菲尔何时出差，总是打电话来嘘寒问暖，交代我别让佣人提早回家。在温德米尔大厅遇见伊格保的仆人时，他们毕恭毕敬向我问好，伊斯兰王子的新女朋友！

我想伊格保肯定比较怀念王储时代，因为当了皇帝以后，印度已经改朝换代，不好玩了！我喜欢王子的称号，因为那还是带了一点浪漫的幻想，而且伊格保是名副其实的王子！

一日，伊格保邀我到他家喝茶，我带了一盒饼干依约下楼。他的公寓大致与我们的相当，偌大的客厅摆满了欧式家具，还有一张盖满整间客厅还稍嫌太大的丝质地毯，虽然家具都很旧了，还是不服输地在这张皇宫地毯上透露当年的辉煌历史。

仆人引我进入客厅，由于伊格保眼睛怕光，薄纱窗帘隐约挡住午后的太阳，天花板下的大吊扇似有似无缓慢转着，伊格保背对阳台坐在阴影中的沙发上，整个人只是一个黑影，颤颤巍巍想起身，令人有时空错乱的感觉。我赶紧上前握住他满是斑驳皮屑的手，要他别站起来。

坐定后伊格保指着桌上一张放大的半身像："这是我太太，她已经去世很多年了。"我等着他继续说话，他却望着照片不发一语，时间仿佛静止了，我动也不敢动，眼角余光偷偷四处打量。伊格保太太相片旁边还有一张伊格保年轻时穿着海军军服的照片，阿富汗后裔的他穿上军装帅气英挺。墙上有好几张穿着皇室服装的全身肖像，应该是他的父亲和祖父吧。

伊格保回过神来，拿起身边的小铜铃摇了两下，一个打赤脚肩上披了一条毛巾的男仆出现在厨房门口看着伊格保。伊格保对他点头示意，男仆退下。不一会儿，托盘端上两个玫瑰花图案的欧式骨瓷茶杯，成套的茶壶、小牛奶杯、糖罐、滤茶叶的银质漏斗、一小碟饼干、两杯水、两条折叠整齐的小方巾，然后无声无息地退下了。我想的是加了各式香料，用牛奶熬煮热腾腾的印度奶茶，再来一盘油腻腻的印度小点心，怎么出来的是无聊的英式红茶加饼干？

我们一边喝茶，一边闲聊。伊格保从路透社的工作问候到菲尔在英国的爸爸哥哥，我在台北的妈妈妹妹弟弟和在美国的哥哥，加上每天早早就回家的爱尔卡和亚莎有没有努力工作，一个也不放过。我不期望自己在九十岁时有这样的记性条理，可是就是现在我也比不上他呀！

　　接着讨论世界局势，那一阵子印度和巴基斯坦两个宿敌又有冲突，伊格保很感慨地说："当初就不该把印度和巴基斯坦分开的，我在莫柏顿爵士（Lord Mountbatten）总督府最后一次的聚会就表示了我的看法，现在我还是这么认为，这真是个错误的决定！"我不敢问却心存怀疑：真的吗？英国在印度最后一任的殖民总督？当晚向菲尔巨细靡遗报告我和伊斯兰王子的喝茶过程，比起我的半信半疑，菲尔信多于疑："下次要他拿些相片给你看！"

　　除了不喜欢见面和离开时必须握着伊格保皲巴巴的手之外，我倒是很喜欢和他喝茶聊天，他言谈风趣，有许多我极感兴趣又无法证实的陈年往事，于是从此我和我的伊斯兰王子展开了一段菲尔口中的异国黄昏恋。

　　就这么在无数印度盛夏的午后，温德米尔天花板下久未上油的大吊扇单调地嘎嘎作响，窗外芒果树间的蝉鸣掺杂街上刺耳的喇叭声此起彼伏，伊斯兰王子伊格保带着我搭上他缓缓开启的时光列车，我肩上绚烂夺目的纱丽在风里飘呀飘，飘过孟买的贫民窟垃圾堆，飘过满街的小乞丐，飘过路上不穿鞋打板球的青少年，霎时尘埃落定，周遭一切都变得干净美丽了，然后我进入大半个世纪之前伊格保的印度……

　　一日，我问伊格保要看相片，他于是叫仆人拿出几张英国女王伊丽莎白二世和菲利普亲王访问印度时的发黄相片，其中有一张走在他们后面一排礼官最左边的就是伊格保！还有一张伊格保站在菲利普亲王的正后方！这下有图有真相了，伊格保这个年纪肯定不会照片合成的！

　　原来印度独立之后，熟悉王室礼仪、仪表翩翩的伊格保被指派为印度总统的五名礼官之一，专职在重要的仪式中接待到印度来访的王公贵族。这种礼官三军统帅各有三名，总统则有五名。我不敢相信照片里的人就是我眼前这个一点也不起眼的糟老头！他看我眼珠子都快要掉下来了，十分得意："过两天我让我的仆人找找，我接待的可不只有王室，艾森豪威尔总统来的时候，印度总统也是指派我接待的。"我赶紧再约下回喝茶的时间。

菲尔眼中伊格保是绝顶聪明的，知道我喜欢听这些往事，所以每次只拿两张照片出来，这样我就会常去找他喝茶。

伊格保不良于行，他说是年轻时打网球打得过火，如今关节都坏了。自从不再怀疑伊格保的王室血统后，我发现从他的言谈之中可以听出蛛丝马迹，当时的印度，什么人可以打网球？伊格保腿不犯疼时，就请我们到他的各个俱乐部去吃饭，即使在我们同是会员的板球俱乐部我们也无法付钱："你们去试试看，跟我在一起的时候谁付得了钱？在孟买没有人不知道我是谁！"

和伊格保熟悉之后我开始和他胡说八道天南地北，他自然而然把见面时的握手升级为西式的亲吻脸颊。我抱怨不喜欢，菲尔觉得不可思议："你光想他给你说故事不必回报吗？认了吧！"不过我虽不喜欢却也不是太介意，我很清楚伊格保想抓住人生最后一程，好好回味年轻时和王公贵族交往时的西方礼仪，至于我只是一介平民，一点也不重要。

美国同事琳蒂刚刚搬到孟买，我安排她认识伊格保。这已经是我例行的工作了：介绍所有路透社本地外地加上来出差的同事认识伊格保。伊格保喜欢认识朋友，尤其是可以谈论时事的记者，更尤其是女记者，如果是年轻的女记者，那就更好了！菲尔常笑我是伊格保另类的皮条客，但我一点也不在意，朋友更不在意，伊格保可是个讨人喜欢的伊斯兰王子呢！

我们相约到板球俱乐部吃晚饭，席间相谈甚欢，我看着琳蒂在伊格保每说一个故事后不可置信的脸，当初我也是这样吧？这时印度串烤上来了，我随口问："伊格保，你这辈子吃过最好吃的肉是什么肉？"伊格保擦了擦他沾满豆泥的手："让我想想，你知道我们伊斯兰教徒是不吃猪肉的，所以我只能拿猪肉以外的肉类来比较……"

我心想：我们能吃的就这么几种肉，是要做科学分析吗？看他陷入沉思我也不再逼问，话题转向最近孟买郊区花豹咬死路人的事，孟买人见怪不怪，但是对外国人而言，这可是件骇人听闻的稀奇事！

我们开始讨论为何在人口爆炸的孟买，居然会有野生花豹出没，各自大放厥词提出凭空捏造的荒谬理论，忽然之间伊格保伸出去拿印度面饼的手在半空中停了下来，宣布大事般很清楚地说："孔雀。"我也停下来了："花豹跟孔雀有什么关系？"伊格保拿了一块面饼："你不是问我什么肉最好吃吗？孔雀肉最好吃。"

这会儿除了琳蒂，连被伊格保的故事吓过好几跳的我也再度吃惊："怎么吃？"伊格保熟练地单手撕下一小块面饼沾上咖喱往嘴里送，接着仿佛在跟一个乡下来的无知村姑解释一般："怎么吃都行，就是煮来吃，做咖喱，做串烤，我认为串烤的滋味最好，孔雀的肉质真是鲜嫩啊！"

来自得州的琳蒂刚刚抵达孟买，还没有习惯印度的奇人异事，看她的样子几乎要吐了。在动物园里、故事书明信片上、旅游探险频道中花枝招展的孔雀？因为很清楚我们三人绝对没有尝过孔雀肉，伊格保接着不停叙述孔雀肉如何如何美味，挑选孔雀的要领，腌渍烹煮的秘方，佐以何种酱料配菜。琳蒂脸上表情渐渐开始不自在，菲尔和我则是在一旁拼命忍住笑，伊格保一开始说这些往事，是无论如何也停不了的。

我赶紧转移话题："伊格保，北边国家公园花豹出来咬死人的事好可怕，你见过花豹吗？"伊格保擦擦嘴："当然。我太太最喜欢的活动就是猎花豹。"这下琳蒂几乎要昏倒了："你说猎什么？"伊格保一分钟前被我引开的讲古兴致立刻再度被挑起："花豹啊！"

"你知道，我太太当时跟你们一样是个小姐呢，我可不想让她太辛苦，所以我安排手下多放几只羊在花豹出没的地方。我们在一旁等着，很快花豹就出现了，然后我太太可以很容易地射杀花豹，有一次最高纪录我们一口气猎到了十三只花豹……"我想起伊格保给我看过一张普兰普尔皇宫晚宴的照片，墙上挂的是虎皮还是花豹皮？回家得把我翻拍的相片拿出来好好看清楚。

伊格保继续："我太太刚刚开始猎花豹时太紧张了，那是在我们结婚不久之后，改天下楼来我找些结婚时的照片给你瞧瞧。"在伊格保的注视下我赶紧点头答应。他接着说："我太太看见花豹居然立刻往旁边一头羊身上开枪，不过她一点也不害怕，后来就进步多了。可是我还是得交代多放几只羊来引诱花豹，不然她猎不到花豹，光是射羊有什么意思。"

爱护动物的琳蒂很有礼貌地放下刀叉，一直到晚餐结束离开板球俱乐部之前，她没有再动过桌上的任何食物。

已经给伊格保开了快二十年车的司机拉维花了五分钟把站也站不稳的伊格保扶上车，放好拐杖后他费劲地摇下车窗不停挥手道别，仿佛我们住在离他十万八千里的遥远地方。我们也不停挥手，目送他的车子开出板球俱乐部的车道，消失在孟买喧嚣的车阵中。菲尔转身看我："现在你不说他是糟老头了吧？"

当然不是，他是我的伊斯兰王子！

钻石婚礼

搬到印度两年，一直耳闻印度婚礼如何如何豪华，却没能身历其境，谁叫我们唯一认识的钻石商邻居儿女都还在上中学！一日大学同学丽塔来信，丽塔在钻石公司担任高级主管，美国总公司印度老板娶媳妇，邀请她到孟买参加婚礼。我左思右想，决定到楼下伊格保王子家走一趟。

找伊格保是有原因的，因为殖民时期他父亲统治的普兰普尔邦是耆那教的主要集散地，也是大多数印度钻石贸易商祖先的发源地。虽然独立后王室制度已不存在，但普兰普尔邦在伊格保父亲治理之下民生富裕，加上伊格保毕竟是王储，独立后还登上王位，至今还受到来自普兰普尔的人民敬爱，多数钻石商家里的大小庆典伊格保一定是座上宾。

隔了几天我提了一盒伊格保爱吃的甜食，进了他家照例先把双方家人问候一遍，国际情势讨论一回，再缅怀一下数十年前的王室生活点滴，接着我漫不经心提起丽塔即将前来孟买参加钻石老板儿子的婚礼。伊格保盯着我缓缓说道："想去是吗？"我大吃一惊，老先生虽说齿摇发秃，毕竟阅人无数，一眼就识破我的诡计！我只能尴尬回答："大型印度婚礼一定很有意思。"伊格保问了丽塔老板姓什么之后就转移话题，我也不好意思再继续。

几天后门铃响了，亚莎应门后给我一张请帖："伊格保王子差人送来的。"我接过来一看，是张印刷极度精致的结婚请帖，上头写着：史密斯先生夫人！我立刻写信给丽塔："跟你一起去参加婚礼啦。"不一会儿丽塔回信："唉，同姓，但不是我老板。"

这时伊格保的电话到了："收到请帖了吗？""真是谢谢，不过这是和我同学老板同姓的人家，不是我同学要去的婚礼。"伊格保说："是吗？不过我估计会有三千人参加这个婚礼，你不是要看大型婚礼吗？"我不好再说什么，赶紧再度道谢。

菲尔回家后无法置信："你怎么能去向伊格保要不认识人家的结婚邀请？更糟的是还要错人家！"但这千载难逢的好机会，我是绝对不会放弃的，于是英国人只好放下传统的矜持，被我逼上梁山一起去参加婚礼。

婚礼在孟买跑马场举行，宾客几千人，个个有车有司机，于是附近原来就容易堵塞的交通顿时陷入瘫痪，而我们破破烂烂、偶尔还有蟑螂出没的小车在铺着红地毯的车道上更显得格格不入。

进了会场，放眼望去男男女女个个珠光宝气，一串串的钻石项链手镯，纱丽上绣着金葱银花，让人目不暇接。我很高兴没人认识我们，就这样我们在吊满圣诞灯饰的宫殿式建筑和牌楼间穿梭，不时发出刘姥姥进大观园的赞叹。

远远地看见行动不便的伊格保坐在舞台正前方中央的椅子上，身旁站了一排等着向他致意的来宾。他们一一走向伊格保，然后弯下腰触摸伊格保的脚，这是印度人看见长者必行的大礼。至此我方才认清看似糟老头的伊格保原来地位如此之崇高！有眼不识泰山的我们也上前和伊格保打招呼，他十分高兴地向旁人介绍我们，然后交代将我们领到食物区。

耆那教是素食及极端非暴力的奉行者。由于极端非暴力，他们不吃任何地下挖出来的食物，例如马铃薯，因为在采收这些作物时，有可能会伤害泥土里的生物，当然也严禁饮酒。想象中他们的食物可能十分无趣，但正是因为食材有限，他们反而发展出令人惊艳的素食。我们在无人认识的情形之下，肆无忌惮狼吞虎咽，不亦乐乎。

一个星期后伊格保邀我喝茶。问候家人聊完世界大事后，伊格保问我对印度婚礼的看法，我很兴奋地把刘姥姥在大观园的所见所闻向他一一报告，伊格保十分开心他再度增长了我的见闻，接着摇铃叫厨房里的仆人出来。嘀嘀咕咕几句之后，仆人退下再进客厅时手上多了一本厚重的摄影专辑。我接了过来，上面还有一张请柬：史密斯先生夫人。伊格保看着我缓缓说："这个婚礼应该有五千人。"

就在我目瞪口呆之际，伊格保解释这是蓝玫瑰钻石集团的儿子结婚，他们制作了一本家族史连结婚请柬一并送给所有宾客。这本沉重的画册除了介绍蓝玫瑰的历代祖先之外，也叙述了普兰普尔邦的历史，里面还有一张伊格保穿着王室礼服的肖像。

我再也不能掩饰我的惊讶："这样的婚礼要花多少钱啊？"伊格保说："这没什么，前两天我收到一张喜帖，里面还有一颗小钻石。"多半是怕我向他暗示我也要，伊格保接着说这种请柬只发给至亲好友。

我回到家马上给丽塔再写封信："我的邻居又给我一张请柬了！"丽塔很快回了信："唉，同姓，可是也不是我老板啦！"这回我不好意思再跟伊格保说什么了，伊格保由于当天身体微恙，不能出席，我们则依样画葫芦，再度进入孟买跑马场大吃大喝开眼界，看到更多的人、更多的钻石。

几天后在楼下遇见出外散步的伊格保，他问我丽塔对印度婚礼的印象，我只得实说："是同姓的，不过不是我同学要参加的婚礼。"伊格保皱了皱眉头："这个季节婚礼太多了，我搞不清楚。就问问你同学婚礼时间地点，不必请柬，菲尔是西方人，他的脸就是请柬。"

板球俱乐部的会员证

话说我们在等了好几个月之后，终于被印度板球俱乐部核准成为所谓的临时会员。不像其他终身或是一般会员，我们必须每年申请为期一年的会籍，最多不得超过三年，这叫临时会员。不过审核过关通知书来了钱也交了，怎么左等右等，就是等不到一纸通知告诉我们可以使用俱乐部，只好再到俱乐部去一趟。

上了俱乐部二楼，办理的辛格先生办公室大门深锁，大概是出差去了。只好重演历史，把来意对不同的人重复再重复，终于有个好心的老兄在翻遍他桌上堆积如山的文件档案夹之后告诉我，我们的名字的确已经在他的数据本里，不过没有会员证是不能使用俱乐部的。

我耐着性子："那么，我可以有会员证吗？"我亮出缴费收据，希望他老兄可以指点我一条生路。他摇头晃脑："女士，您得申请。"我顿时傻了眼，不是才填了几十份表格申请入会吗？罢了，反正已经上了贼船，只好认了。"那么，怎么申请？""我们会把表格寄到您府上。"我叹了一口气："我已经来了，可以在这儿填表申请吗？"

出乎意料这位老兄竟然说可以，而且很好心地告诉我到什么地方去索取表格。我喜出望外，向他深深一鞠躬，这下子容易了，填好表格，明天就可以坐在板球场绿油油的草地上喝茶了！

我到了一位面色凝重的四眼老兄办公桌前，说明来意，他一言不发拿出两张表格和一支笔："女士，请您仔细填好这两份表格。"我乖乖填妥这两份和以前填过没啥两样的表格之后，发现菲尔也必须签名，于是问这位四眼老兄是不是可以把菲尔的表格带回家让他签名，明天再送过来。

"当然可以，"四眼老兄说，"不过要用这支笔签名，只能用这一支，任何其他的笔都不行。"他拿起我刚用过的细字签字笔在我眼前晃了晃，我正要开口笑出来时，忽然意识到他一脸严肃，一点也看不出是在开玩笑。好吧，兵来将挡，水来土掩，于是顺着他的口气："我可以把这支笔借回家吗？明天一早就送回来。"四眼老兄摇摇头："不可能，我们只有这么一支笔。"

接着我只好采取死缠烂打的策略，任务不达成，绝不罢休。禁不起我一再纠缠，他老兄很快在一张纸上写了几个字后交给我："哪，到文具行去买。"我接过来一看，他竟然写下这支笔的牌子，要我去买！我忍住笑："哪家文具店有卖？"他煞有介事地回答："哦，任何一家都买得到的。"看我这么合作，他接着好心提醒我，明天别忘了带两张两厘米见方的大头照，要做会员证用的。

我一路偷笑出了办公室，菲尔肯定不会相信关于笔的规定，还好我有这张写着牌子的纸可以做证。回到家我翻遍所有抽屉，找出一支类似的签字笔，要菲尔签名。要不是因为会费已经缴了，退不回来，这个火冒三丈的英国人几乎冲动地想退出这个离谱的俱乐部，不参加也罢。

找出照片，按照规定，我小心翼翼地剪下两厘米见方的大头照。菲尔在一旁说风凉话："我保证这些照片一定会有问题。"

隔天一早到俱乐部办公室向四眼老兄报到。我神闲气定地把菲尔签好名的表格拿出来，他看了一眼就放在旁边。哈！除非他有高科技的仪器检验签字笔的墨水，我就不相信他可以看得出来是什么笔签的名！接着我呈上剪得分毫不差的大头照，四眼老兄皱起眉头，一言不发。

"女士，您为什么把照片剪了呢？""因为你说要两厘米见方啊。"我理直气壮地回答。"可是我们会处理，您为什么要这么做呢？"这下我真的不明白了，什么人剪照片有差别吗？四眼老兄一个劲地摇头，我则是赖着不动，非得他给我一个满意的解释，为什么我剪得分毫不差的照片不行。

就这么耗了几分钟，他忽然站了起来，一言不发拿着一沓厚厚的数据往办公室的另一头走去。我盯着他看，心想他肯定是要找人商量。可是他老兄走到门口停了下来，把那沓数据翻来覆去，口中念念有词一阵子，居然又走了回来，在办公桌前坐定之后他十分严肃地对我说："不成，您真的不该剪这些照片。"

我看着他，实在不知道该说什么好，于是改采苦肉计："拜托拜托，我已经来了这么多次，你就帮帮忙吧。要不你先把这些照片送到有关的单位，如果被退回来，我一定回到照相馆去照两厘米见方的照片，谁也不必剪。"就这么死缠烂打又过了几分钟，我估计大概是和一个女人面对面谈话这么久让他感到坐立不安，这位四眼老兄终于心不甘情不愿地收了这些剪得分毫不差的照片，告诉我两天后回来看结果。

可想而知，这些照片当然没问题！两天之后终于拿到有如稀世珍宝般的会员证，展开我们接下来一年与板球俱乐部数以百计的繁文缛节搏斗的日子。

我爱板球俱乐部

孟买有许许多多我喜欢的地方，不过板球俱乐部肯定可以名列前三名。申请入会难上加难，不过就在我的伊斯兰王子弹指之间，我们已经入会。

吸引我的是它的历史、绿油油的板球场、在俱乐部里工作了一辈子的领班和服务生、多如牛毛的离谱可笑规矩，还有白发苍苍举步维艰，仿佛从历史小说走出来的会员。

从一九四八年到一九七二年，板球俱乐部的布拉伯尔尼球场是所有在孟买举办的国际板球比赛的固定场所，但在一九七二年一个高层官员索票不成，一怒之下立刻下令在仅仅几百米外再盖一个板球场，从此国际赛事移师名不见经传、设备名声历史都远远不及的旺基板球场。事隔三十六年才又在布拉伯尔尼球场举行了一次国际比赛，当时全俱乐部上上下下比中乐透头彩还兴奋，这是后话。

当伊格保告诉我们这个令人难以置信的板球场恩怨时，我问他："既然都没有比赛了，为什么三十几年来还是把球场整修得像是明天就有比赛似的？"他贼贼地笑着说："就是等着你搬到孟买来，让你每天坐在绿油油的球场上喝茶啊！"我想象年轻时的伊格保，肯定是个到处调情的伊斯兰王子！

　　不过到板球俱乐部喝茶真是我最爱的活动之一，除了雨季，每天下午三点过后，穿着卡其制服的工人开始把桌椅从球场看台上搬到草地上排整齐，五点开始会员可以坐在草地上喝茶，晚上八点工人再把所有的桌椅再依序搬回看台上。我总是带一本书，坐着喝茶看书看人，而看人总是多于看书。

　　印度会员十分挑剔，对俱乐部里的员工颐指气使，服务生对任何合理不合理的要求甚至谩骂，都必须欣然接受，所以觉得我这个和蔼可亲的台湾人简直是天上掉下来的礼物，还有个如外星人般稀奇、周末就绕着板球场跑十圈的英国人，全都抢着替我们服务。

　　台湾太太给服务生十卢比小费，收拾杯盘的小弟五卢比，所以即使有许多人等着点饮料餐点，服务生总是在我尚未坐定就出现在跟前，偶尔走私给我一壶不算钱的茶，反正账算在俱乐部头上！

　　领班和服务生不忙时站在旁边跟我聊天，国外对他们来说是天方夜谭，所以他们特别喜欢问我们在印度之前的生活点滴。一回一个服务生一边聊天，一边在点餐单上写啊写的，过了一阵子我忍不住了："我的餐点全都来了，你在写什么？"

　　"太太，您有所不知，有人在楼上某个看不见的角落监视，我们是不能随便和客人聊天的，不过如果他们看见我在写东西，就会认为是您在点餐，他们也看不见我在写什么，您说对吧？"我笑了出来，印度会员点餐之麻烦不是言语可以形容，所以就算这个服务生站在我的桌子旁大半天，只要他的笔不停，绝对不会有人怀疑。

　　刚加入俱乐部时，我注意到一个年过半百、骨瘦如柴的女人，从她的五官看来，应该是信奉拜火教的帕西族人。女人提了脏兮兮的旧塑料袋，里面还有更多的脏塑料袋，她挽了一个看不出发丝的大发髻，灰白一片应该已经好几个月没洗。工人一把桌椅摆在草地上，她就一个接着一个去试坐。

俱乐部的细藤椅常年风餐露宿，很多已是摇摇晃晃，的确有些坐了十分不舒服，女人总是不厌其烦地试了又试，坐上去之后还要左右摇晃确定安稳，几乎要把所有的椅子全都坐一遍，才满意地把她要的椅子拖到她要的桌子旁。日复一日，仿佛没有每天这么试坐就无法安心似的。由于她试椅子总是在会员可以入座的五点之前，所以在空旷无人的球场上格外明显，五点以后会员渐渐入座，我也就没有再注意这个人了。

有一天和一个领班闲聊会员奇特的举止，随口提及这个不断试椅子的帕西族太太。领班告诉我这个帕西太太每天下午会推着一位坐轮椅的老太太来俱乐部，只点一壶茶，因为她们没有钱。她总是不厌其烦一再试坐才把轮椅推出来，再把老太太移到安稳的细藤椅上。

我开始找这两个人，果真看见她们的桌子就在靠近入口，还有一张轮椅在旁边，桌上一壶茶两个茶杯，两人各自盯着前方直视，不发一语。

接着每次去俱乐部就会习惯性找她们坐在哪里，注意了一阵子，两人从来没说过一句话，就连我们这两个人生地不熟的外国人都会有人跟我们点头微笑打招呼，但是在这个几乎全是印度人的俱乐部里，却从来没人走近她们，更不要说和她们问候交谈。

我找了个机会问伊格保，俱乐部里怎么会有只能负担得起七卢比一壶茶的会员？入会费不是很贵吗？她们又是如何找到四个自视甚高，瞧不起没钱市井小民的会员替她们担保入会？伊格保解释了之后我才恍然大悟。

俱乐部里有许多父传子的世袭会员，他们的妻子当然也是会员，虽说对于临时会员和一般会员入会有诸多资格限制，但永久会员的部分却是混沌一片，不多强求。伊格保估计这两个帕西族的太太，或是母女或是婆媳，不论什么原因可能丈夫已经不在身边，从外表判断，日子过得清寒，什么也没有了，只剩这张会费不多的永久会员，还可以到俱乐部来喝杯茶回忆过去显赫的家世。日后在俱乐部再看见她们时，心里总是有点酸酸的。

在印度这个只要有超过一个人、一根短竹棒和任何一颗球，就可以在街角打起板球来的国家，板球俱乐部的地位是十分崇高的。当尼尔生知道我们要加入时，说话的声音兴奋得微微发抖："那么我们的车可以停在俱乐部的停车场？"他知道他进不了俱乐部，但是即使只能进到停车场都是令他感到光荣的事。

虽然由于政治恩怨已经三十多年没有正式的国际比赛在这里举行，球员多半还是在板球俱乐部的球场练球，毕竟这个球场的设施是最好的。就在澳洲板球队来孟买比赛时，我发现所有的服务生兴奋异常，因为他们倒背如流的澳洲板球选手住在俱乐部的客房，在俱乐部的球场上练习！

我决定冒险夹带死忠板球迷尼尔生进入俱乐部。

在阶级制度盛行的印度社会，仆人绝对不允许进入俱乐部，除非是为了搀扶行动不便的会员，或是要在一旁照顾孩子，好让太太可以喝茶的保姆。尼尔生没有理由进入板球俱乐部。我告诉他时，尼尔生不敢相信居然有这么一天可以亲眼看见澳洲板球队练球，不过同时也十分害怕："太太，真的可以吗？"

"当然可以，"我说，"进去以后你就坐在球场旁别说话，我去俱乐部办公室里办事，千万别跟任何人说话；万一有人问你话，你就很有自信地告诉他你是史密斯先生的同事，说史密斯太太马上就到。"

就这么在停车场等到警卫走开时，我拉着尼尔生蹑手蹑脚偷偷从侧门进去，就这样尼尔生进了所有印度小老百姓做梦也没想过可以进的板球俱乐部，就这样他近距离和澳洲板球队在俱乐部里待了半个钟头！

接着就是让俱乐部上上下下比中头彩还高兴的事了，由于旺基球场进行整修，在三十六年九个月又二十一天后，终于有一场国际比赛要在板球俱乐部的布拉伯尔尼球场举行了！从几个月前开始，本来就井然有序、无处可挑剔的俱乐部开始进行全面粉刷，加盖看台棚，球场上也加装了好几个夜间照明灯，只差没有张灯结彩。当月的会员杂志斗大的标题：美梦成真！

因为会员可以优先购票，我开始替许多英国和澳洲的朋友买票，在孟买参加板球俱乐部的外国人屈指可数，瞬时我们成为大家竞相邀请吃饭喝酒的对象。我多买了两张票，在我把那两张票交给尼尔生时，他张大嘴巴，几乎要流下泪来。

球赛隔天我问尼尔生去看球了没有，他说和儿子去了，然后很骄傲地说："太太，您给我的票是跟很多欧洲人坐在一起的，我从来没有和那么多欧洲人坐在一起过，我的朋友全都羡慕极了！"

吉米大爷下楼了

　　我和吉米只是在温德米尔大厅见面问好的邻居，连杯茶都没坐下来一起喝过，所以要多着文墨描述他好像有些自不量力。许多关于他的事，都是从帕西族的印度朋友处听来的，当然还加上尼尔生跟警卫司机闲聊时打探来的消息。

　　他有个一听就知道是帕西族的名字桀木学，但是从来没人这么称呼他，司机都称他吉米大爷（Jimmy Sahib）。

　　我喜欢印度文里大爷（Sahib）这个称呼，和英文中的先生相差不远，只不过在阶级分明的印度，大爷应该有点下对上、尊敬的意味。对我而言，则是多了几分浪漫的异国情调。

　　尼尔生给外国人开了十多年的车，看见外国人必称先生，总是说"菲尔先生"，偶尔忘情脱口而出"菲尔大爷"时，总让我觉得很亲切，他只有对印度人才称呼大爷的。

　　吉米住在温德米尔二楼，富富态态，脸色红润，好看极了。中文所谓的慈眉善目，大概就是这种长相吧？后来证明，相由心生。吉米见到我总是笑嘻嘻，很热情地握着我的手要我猜他几岁。

　　几次下来我准备了各种不同的说法：六十多吧？绝对不会超过七十。快七十了吧？最多七十多一点。吉米得意地说："我告诉你，就要九十了。"我顺水推舟:"吉米,不要开玩笑了,你早告诉过我你快九十了,我是不会相信的,说真的,你到底几岁?"然后吉米的眼睛笑成了一条线,弥勒佛似的。

吉米不会不知道我们的对话幼稚而无聊,但每次见我一定要我猜一回,仿佛这就是我们之间的问候语。而我们的友谊,也仅止于在大厅驻足问好道再见。

周一到周五下午吉米下楼出门。他穿着成套的白色衣裤,类似中山装,再不就是丝质花衬衫,依旧是白长裤。可以想象他年轻时和伊格保王子一样,多半也是风流倜傥!

身高两米穿着制服的保镖亦步亦趋跟在吉米身后,像是害怕他一个闪神就要跌倒,老先生却是行动缓慢脚步稳健,一步一步从没给人要跌倒的感觉。门房冈古老远看见吉米立刻小跑步进大厅,举起右手手掌向外大声说道:"午安,吉米大爷!"接着园丁警卫还有没事的司机全来跟大爷问好了。

我急着出门没来得及等他要我猜年龄,告诉他约会时间到了马上得走。吉米笑嘻嘻挥手:"快走快走,别让你的朋友等久了。"我冲进车里,尼尔生绕过停在大厅阶梯下等着吉米的红色奔驰,吉米和一群伊格保口中的下人还站在大厅里。

"为什么大家都到大厅去问候吉米,我出门时可没这种待遇!"尼尔生很可惜地说:"太太,吉米大爷下楼有赏钱,大家都在等。"我大吃一惊:"给谁?""给所有的人啊,太太,门房、园丁、警卫、清洁工,还有所有在场的司机,每人十卢比,节庆的时候更多,三十卢比!"我的下巴几乎要掉下来了:"所有的司机,包括你,还有伊格保的司机拉维?""是的,太太,如果凯伊太太的司机多米尼克也刚好在我们楼下,他也有。"我不死心,怎么会有这种事:"每天都给?""是的,太太,只要吉米大爷下楼就给。"

我很抱歉地说："所以如果今天我晚点出门，你也有赏钱？""是的，太太。""所以今天我让你损失了十卢比？"尼尔生一边开车一边摇头晃脑，贼贼地笑着："您说得对，太太。"

尼尔生说退休多年的吉米每天下午先到拜火庙里祷告，接着到不远的办公室，审核向他申请救助的人的资格和发钱事宜。只要详述为什么需要帮助，只要合理，吉米一定给，这就是他周一到周五下午的例行工作。尼尔生下了一个结论："吉米大爷是好人，他给帕西族人钱，不是帕西族的也给。"

不久我约了一位帕西族的印度朋友吃饭，打探散财童子吉米大爷到底是何方神圣。原来曾经是孟买帕西族议会主席的吉米，在帕西族之间十分受人敬重，退休前掌管庞大的家族事业，身兼官方半官方商业组织要职，至今还是帕西族中无人不知的慈善家。

信奉拜火教的帕西族在多元的印度是个特殊的少数民族，在一千多年前为了逃避宗教迫害从波斯来到印度。他们五官深邃，皮肤比印度人明显要白皙许多，所以许多帕西族人看起来反而比较像西方人。

帕西族对异族通婚有极为严苛的限制，尤其是女人，如果不是嫁给同族人，基本上就被逐出族门。这导致了原来就是少数的帕西族在人口爆炸的印度反而人数递减，许多知识分子甚至不愿结婚，因为结婚对象和自己有血缘关系的概率太高了。

帕西族十分有商业头脑，在农业、工业、纺织、钢铁、海路运输各方面都有杰出的成就，殖民时期是英国人在印度贸易的左右手，绝大多数集中在商业首都孟买。帕西族除了十分照顾自己穷困的同族同胞，也以从事慈善事业善名远播。从吉米大爷每天在温德米尔发赏钱给到大都市里来讨生活的警卫司机，可以证明帕西族血管里流着的慈善血液！

朋友开始叙述这个传奇性的人物，喜欢享受玩乐，同时不停给钱。吉米年轻时常常跑趴，在所有孟买名流的聚会都看得见他的身影，最爱的是威士忌和雪茄。如果出去玩太晚了，他让司机先回家，因为他说司机也有家。这大大不同于我认识的印度人或是外国人，许多人平日司机一请假就像是没了脚，司机先回家雇主怎么回家？门都没有。

吉米主持了将近三十个慈善团体，大部分的经费都是自掏腰包，和他掌管的事业无关。每次他到帕西医院探朋友的病，就会有一大群病人或是眷属闻风而来排队向他诉说苦处。按照朋友的说法：这些也不知道是乞丐还是真的穷人，不过吉米的手没停过，不停地从口袋里掏钱，从来不会让他们空手而归。

我听着听着恍神了：我行动缓慢的邻居，原来是开着奔驰车的印度罗宾汉！

吉米的红色奔驰轿车是注册商标，孟买的帕西族人大部分都认得，年轻时他常自己开车出门，在路旁看见帕西族老人在等公交车就停下来载他们一程，下车时还不忘给他们一点钱。

由于帕西族人数在孟买甚至全世界急剧下降，吉米早年在孟买帕西族议会主席任内推动制定了奖励生育的政策，每一对帕西族夫妇的第三个小孩，每月领取一千卢比的补助，一直到十八岁为止，这个经费当然一大部分来自吉米的口袋。至今补助已经高达三千卢比，而且连第二个小孩也可以领。三千卢比在我们看来不多，但是在印度相当于一个小店员的月薪。

写信到他办公室申请补助的，有帕西族的也有不是帕西族的，吉米一视同仁。我想到尼尔生的结论："吉米大爷是好人，他给帕西族的人钱，不是帕西族的也给！"我也有了结论，助人为快乐之本一定是对的，怪不得吉米每天笑嘻嘻的，将近九十岁的他还是面色红润。

隔了几天又在大厅遇见正要出门去发钱的吉米，现在他的保镖也认得我了，总是向我问好。才和吉米握手，尼尔生出现了："太太，我就去把车开过来。午安，吉米大爷！"我阻止他："先别去开车，我忘了一件事，得再上楼去。"

吉米又问了一回："你猜猜我几岁？"我想起一些香港明星老喜欢说的："吉米，你永远都是二十五岁！"吉米这会儿不只是笑嘻嘻，而是哈哈大笑了起来。旁边听得懂英语的司机也笑了，听不懂的冈古、园丁和警卫虽然鸭子听雷也全都笑了。

我上楼站在阳台往下看，一直等到吉米的红色奔驰离开大楼才再下楼。上了车我问尼尔生："今天拿到吉米大爷的赏钱了吧？"尼尔生边开车边摇头晃脑："拿了，太太，谢谢！"

乔安妮的洋房

我和乔安妮只是泛泛之交，要不是因为朋友凯伊，我可能永远不会知道乔安妮就住在离温德米尔不远处靠海的一栋旧洋房里。

这栋殖民时期的旧洋房外表看得出往日的风光，不过如今破旧不堪，挡不住路上尘土的窗户外经常有乌鸦盘旋，偶尔停在窗台上扯着破嗓子走音地叫着，好不凄惨。一楼入口处有个招牌：梅塔眼科诊所，后来才知道医生是乔安妮印度丈夫的表亲。

我常怀疑什么人会在这里看医生，但倒也常看见人来人往。衣服像是几个星期没洗的警卫拿了根折断的竹竿，穿着印度夹脚拖鞋大半个后脚跟踩在地上，戴着一顶不知道哪里捡来的警卫帽子，经常大声叱喝不小心误闯旧洋房车道的路人小孩。

在南孟买，这种类似上海租界的老洋房比比皆是，昔日的辉煌历史从欧式红瓦斜屋顶、八角雕花窗棂或是雕工细致的阳台铁栏杆上可以略窥一二，但是多半年久失修，迟暮黄花的感觉十分强烈。很多不知为何干脆锁起来，于是从破窗户飞进去的鸽子就成了不用付费的房客。

温德米尔隔壁就有一栋看来十分气派的破旧空洋房，兀自站在萧条的大花园里，窗外爬满灰尘密布的藤蔓，屋里不时传来鸽子咕噜咕噜的叫声。我幻想整修后会是什么样子：摆个小桌子几张小椅子，铺上美丽的手工印花桌布。穿着纱丽的爱尔卡从屋里端出热腾腾的奶茶。尼尔生腰间系着泰米尔族的传统沙龙，坐在花园的台阶上看报纸。擦窗户的亚莎从楼上向在花园里的我们招手……

尼尔生告诉我他搜集来的情报，原来屋主过世后几名子女谈不拢财产分配，甚至还有伯舅姨婶也要来分，最后法院下令冻结产权，一直到亲戚之间达成协议为止。最后兄弟姐妹干脆分摊雇了个警卫二十四小时住在空洋楼里，除了彼此间互相防范，重要的是任何一个亲戚都别想就这么住进来占为己有。

在温德米尔工作了四十年的门房冈古说，从有记忆以来这栋洋房就是空的，可能产权纠纷已经转移到下一代了，却还是没有进展。乡下来的警卫每天打扫自己住的小房间，心情好就捡捡路上飘进来的纸屑，不过多半时候站在大门口看人看车，任着花园里杂草肆意丛生。

许多有人住的洋楼也是一样几乎完全不维护，在搬进温德米尔后，我才从伊格保的口中知道其中原委。

孟买在一九四七年印度独立之际制定了房租控管条例，因为在印度和巴基斯坦分家独立后局势混乱，许多移民涌进商业首都孟买，为了照顾这些新住民，也为了防止房地产炒作，政府把房租基准定在一九四〇年的水平，并且对涨幅有严格的限制。

这个原来只是独立初期的临时条款，终究成为政客的选举王牌，往后每隔几年延长一次，继续延长了二十多次，每次涨幅若有似无，这些有旧租约的房客只需每个月付几百卢比就可以一辈子在租屋处住下来，更不可思议的是只要在这个房客过世之际有亲戚同住，权利还可以就此转移。

有报道指出，孟买有三万五千多栋楼受制于房租控管条例，这些楼占孟买楼房的百分之六十，是真是假不得而知，不过从外国人由于一屋难求得付天价租房的例子看来，我相信数据相差不远。

伊格保虽然贵为王室之后，却是房租控管条例下的受惠者，温德米尔其他住户一个月的房租相当于伊格保五年的房租，结果就是他自理所有里里外外的整修，完全不会对房东塔塔夫人提出任何一丁点的要求，加上房东也住这栋楼，大楼内外维护十分讲究。

如果房客不如温德米尔住户自觉自爱，想当然耳屋主，尤其是不住同一栋楼的屋主，绝对不会掏腰包替得了便宜的房客粉刷维修公共区域。只能暗自祷告，希望房子早点寿终正寝，但是即使房屋倒塌重建，屋主还是有义务提供一楼住户一个栖身之处。

于是原来混合印欧风味的美丽洋楼陷入房东不疼房客不爱的窘境，在印度九个月烈阳和三个月雨季交替下，和街上天真活泼没鞋穿的小孩一样成天脏兮兮的，到最后可爱的笑脸再怎么洗也洗不干净了。

洋房逐渐变成乌鸦盘旋不去的危楼，在尘土飞扬的孟买，自有一种凄凉的浪漫。

年轻的印度朋友达瑞安在外商公司身居要职，和父母就住在南孟买精华区的一栋洋房二楼。我们首次到他家聚会时，被洋房破旧沾满鸽子粪便的外观吓了一大跳，经过没人清理的大厅走道，几乎开始怀疑是不是走错地方了，平日装扮时髦、光彩亮丽的达瑞安怎么会住在这里？

但是在达瑞安二楼大门后却是另一个世界：古董家具、丝质地毯、水晶吊灯，有两个佣人、一个厨子的家里一尘不染。每个月到国外出差几次的达瑞安很骄傲地说，他的父母一个月付两百卢比的房租，身为独子的他，日后绝对不会有继承租赁契约的纠纷！我开玩笑说房子的外观和他的身份地位差太远了，他却一本正经："外面我不管，不过里面我们可是花了很多钱整理的，都是我们口袋里掏出来的。这是房东的房子，不是我们的，可是房东一毛钱也没付！"

　　我和凯伊提及此事时，她正好要去探访她的朋友乔安妮，于是邀我一起前往。乔安妮年轻时认识了在美国读书的印度丈夫，结了婚就跟着回到印度，南孟买的这栋洋房是丈夫的家产，乔安妮和丈夫住在顶层三楼，以下全部租给亲戚，收的当然是控管条例下一个月几百卢比的房租。

　　乔安妮在孟买一住就是将近半个世纪，年过七十的她，白皮肤蓝眼睛说一口流利的印度话。同是来自美国的凯伊因为丈夫工作的关系，在孟买居住了将近十年，和乔安妮认识之后，经常做些西式餐点来探望丈夫已经去世多年的乔安妮。乔安妮的两个儿子一直住在美国，几年才回孟买一趟。

　　离开乔安妮家，我十分纳闷为什么乔安妮只有一半美国血统的儿子住在美国，而百分之百美国人的她却不愿离开孟买。凯伊说乔安妮担心一旦离开，这栋位于寸土寸金南孟买的洋房就要落入如狼似虎的印度亲戚手里，尤其是一楼的眼科医生，已经想尽千方百计要把租约改成产权。这听来像是天方夜谭，但在印度绝对有可能成为事实。

　　就这样我偶尔和凯伊到乔安妮的住处，听她们闲聊几句，心里着实同情这个在孟买独居的美国老太太，凯伊似乎是她唯一的亲人了。一日凯伊打电话给我，她有事不能送刚做的点心去给乔安妮，派了司机到温德米尔接我代她送去。

　　我说明来意，应门的男仆看来十分不安："太太在房里休息。"我留下点心转身要走，男仆支支吾吾叫住我："太太，可以进去和我家太太说几句话吗？"我有些迟疑，因为我从未单独和乔安妮相处，每次和凯伊前来，只是坐着听她们聊天。

　　男仆几乎是在哀求我了："太太，五分钟就好，您进去看看我家太太……"我开始觉得有事，于是跟着男仆进入我从来没进过的乔安妮房间。

窗外让人张不开眼睛的阳光力道极强，却无法完全穿透已经拉上的印花布窗帘，形成十分诡异的色调，天花板下的大电扇和伊格保家里的一样，久未上油，发出令人不安的机械响声，似乎随时要掉下来。

在眼睛适应了房里的光线后，我才看见乔安妮缩着身子背对房门躺在床上。男仆轻声叫她："太太，凯伊太太的朋友来了。"不等回答静静拉上门出去，留下我独自站在摆满旧式印度家具的房间里不知如何是好。

墙上应该是乔安妮丈夫的遗照，边桌上照片里在自由女神像前、华盛顿纪念碑下的儿子媳妇孙子，全都含笑注视着我和在床上缩成一团不发一语的乔安妮，我只见过几次面的乔安妮。

我拉了张椅子在床前坐下："乔安妮，在睡觉吗？凯伊今天不能来，她做了点心给你。"她还是不作声，我只好再说，"你要是累了，我改天再和凯伊来。"乔安妮没有转身，过了几分钟才说："我早上去了医院，医生说已经蔓延到骨头里了。"我心头一紧：凯伊没有告诉我乔安妮病得这么严重！

乔安妮背对我继续说："我全身都痛，要不了多久，我就会死在孟买，我在美国时从来没有想过会死在孟买，不过现在这是我的家，不是吗？"我手足无措，只能从背后拍拍她瘦弱的肩膀。此时她开始轻声啜泣："我两个儿子都不要这栋楼了，他们是美国人，他们永远不会回孟买，我死了以后这栋楼就是别人的了。我的仆人和厨子，他们跟了我好几十年了，我死了他们怎么办呢？"

乔安妮断断续续虚弱地说着她是如何不甘心，这个她守了大半个世纪，看来几乎要倒、外墙上沾满鸟粪的洋房，眼看着就要变成别人的了。我没有立场告诉她算了吧，只能不断轻拍她的肩膀。应门的男仆端了两杯水进来，放下水杯转身前看着我不出声说了谢谢，我几乎要哭了。

就这样我在乔安妮的床前坐着，到底过了多久也不知道，在空气几乎凝固了的房间里，我满脸满背的汗不停流下，一直到她睡着，才悄悄出了房间。我交代赤脚的男仆要随时注意乔安妮的动静，他点点头："太太说她快要死了……"我一下子说不出话来，胡乱说了要记得给乔安妮按时吃药。其实在服侍乔安妮几十年后，他根本不需要任何叮咛了，我告诉他改天和凯伊再来探望。

我站在乔安妮大门外看来十分危险的木制楼梯上，久久不能平静：这个大半辈子住在孟买的美国老太太，在她被宣判死刑的今天，只有两个印度仆人和仅有数面之缘的我在她身边，她连我姓什么也不知道。一直背对着我，她知道究竟是谁坐在她的床前吗？

凯伊的司机多米尼克在洋房外远远看到我就把车开过来，回温德米尔的路上我脑筋一片空白。车子在旧洋房遍布的南孟买穿梭，多米尼克不停按喇叭要路上的行人闪开。我不能确定现在是不是还觉得这些洋房有凄凉的浪漫，几乎要开始对这些像是得了传染病似的破旧洋房生起气来。

乔安妮不久后就过世了，两个儿子都没能赶上见她最后一面，有没有回孟买我也不清楚。一些外国太太在一栋大房子的花园里举行了追悼会，为乔安妮在孟买半个世纪的历史画上句点。

再经过乔安妮的洋房时，一切看起来都没有改变。我回想起几个月前那个几乎令人窒息的闷热午后，因为凯伊，我和乔安妮毫无预警在靠海的孟买洋房里短暂交集，刺眼阳光进不了的阴暗房间，老旧的大吊扇摇摇晃晃，墙上带着笑的照片和乔安妮低低的啜泣声，至今仍然让我惊心动魄。

挥舞着半截竹竿的警卫依旧在乔安妮的洋房车道上大声叱喝路人，楼下梅塔眼科诊所的招牌好像比以前看起来要干净些，乔安妮丈夫的表亲现在大概是屋主，不是房客了吧？

门房冈古

　　刚开始觉得冈古是在夹缝里讨生活的孟买人，但是很快就发现这是个错误，皮肤黝黑身材瘦小不识字的门房冈古不是孟买人，是从他省乡下到孟买来讨生活的人，他是上千万在孟买夹缝里求生存的人其中之一。

　　在温德米尔当了一辈子门房的父亲过世之后，冈古继承父业，把两个儿子和女婿全从乡下带来，一起住在大楼垃圾房旁的一个小房间里。女婿是园丁，看似高中年纪的大儿子在一家车厂当修理工，十岁左右的小儿子善吉一样没上学，跟在冈古身边学洗车。除了学洗车，善吉也学做饭，偶尔见他瘦小的身影蹲在花园一角挑藏在廉价米里头的小石粒。

　　如此看来，冈古一家三代全是房东塔塔家的长工，听来有点凄惨，但是雇主是以从事慈善事业著称的塔塔家族，住在温德米尔上层社会的底层，比睡路边强多了。

　　其实这个门房的工作是什么我真的不清楚，因为大楼有二十四小时三班警卫，有一个清洁工打扫公共区域，园丁女婿负责花园。尼尔生说冈古是门房，他就是门房吧。

　　冈古成日在花园里闲逛，指挥善吉洗车，偶尔帮忙女婿收拾花园，有人来洗墙修缮大楼，他便很勤快地领人上楼来按门铃，然后很神气地叱喝没来过温德米尔的工人。

房东塔塔一家出门，或是二楼的吉米大爷下楼时，冈古一个箭步跑到大厅行礼问好。他也喜欢英国大爷菲尔，因为每次开车门大爷手边如果刚好有零钱一定给。台湾太太没那么大方可是也深受他的喜爱，因为每个月去批发市场大采购回来，不似其他人家让司机搬东西上楼，一定招来冈古把苏打水和蔬果杂货搬上楼，赏钱五十卢比！

冈古每天洗车一个月赚两百五十卢比，于是尼尔生升级为站在一旁监督洗车的高级司机，领了工资或是小费，冈古总是用双手把钱捧到额头然后鞠躬哈腰，不知是不是什么特别的习俗，不过看起来很诚恳。

尼尔生经常来传话："太太，冈古说明天是印度节日，他要钱买个椰子和一串花。椰子在庆典当天重重摔在车子前面，花串挂在引擎盖前方，是会带来好运的。"我相信有拜有保佑，准！也很庆幸信奉基督教的尼尔生不在意他开的车每隔一阵子就要接受印度教的洗礼。

这个仪式第一次进行是个国定假日，尼尔生放假，我们正要开车出门，冈古郑重其事摔完椰子我们上车后，他在车窗外不太确定对着我做了个照相的手势，我赶紧跳下车，紧张的冈古面无表情站在他精心布置的车旁，和坐在车里的英国大爷拍照留念。

冈古一年回乡下一次，必须搭三天火车，再搭十五个小时的野鸡车才能回到老家，而这个火车和野鸡车都不是一趟直达的，必须转车等车挤车。一日在路上尼尔生指着一辆破破烂烂七人座的厢型车："太太，冈古刚从他的老家回来，他在这种车上两天，车里面挤了十五个人。然后他搭火车，买的是站票，在火车的地板上坐了三天。"

一天在车上，尼尔生告诉我冈古和他的女婿坐在花园角落的凉棚里哭，原来冈古的女儿在乡下生病了，可是他们没有多余的钱买车票回家探望。我当下决定这是举手之劳："车票要多少钱？告诉冈古我帮他买车票。"尼尔生摇头晃脑："太太，不可以的，您要是帮他买车票全温德米尔的司机仆人全会知道，大家都要来找您买票了，而且冈古是塔塔家的仆人，我们最好不要管。"

我着实没有想到这一层，别人家的小孩怎么轮得到我管！不过没几天尼尔生又来汇报：冈古可以回乡下看女儿了。哈，我就知道印度雇主不似很多外国人形容的冷血无情！我拿了五百卢比要尼尔生交给冈古，就说是洗车洗得干净的赏钱。

许多朋友不赞成我的做法，但我还是深信，在印度与其把钱给了路边不知是真是假的乞丐，不如给身边看得见认识的、日子过得不好的人，至少可以确定钱是到了他们的手中，会有实质的用处。

印度过年后好一阵子没在花园里看见冈古，问尼尔生怎么了。他说冈古回家过年，居然没打电话通知大楼管理处，逾期十天才回孟买，于是被罚十天不能踏进温德米尔半步。我大吃一惊："那他晚上睡哪里？"尼尔生摇头晃脑笑了："没问题，太太，晚上过了十点冈古偷偷回来睡觉，天一亮就赶快离开在街上闲逛，警卫帮他保守秘密！"

像冈古这样的人在孟买到处都是，运气好的有个固定工作，运气糟的恐怕流落街头，没脸回家见家乡父老了。冈古一辈子在孟买的夹缝里求生存，但是在上流社会温德米尔有个栖身之处，还是比许多人幸运，至少我是这么认为的。

01

02

01
街上随处可见的瓦斯桶。

02
卖菜的女人。

01 爱尔卡与儿子媳妇。

02 雨季之前总是开始修
路，也一定修不好。

裁缝带着缝衣机到家里来做沙发套。

完成后的白沙发套。

M.9322653960.
9323780395.
9324819398.
HORN
PLEASE
OK
MH.24
F.6082

01 大卡车说"请按喇叭"。

02 贼市一角。

03 电影院外的海报。

04 等待进电影院的人。

孟买的出租车多半无法关窗，有时连门也很难关紧。

女士专用火车车厢。

第三部　不可思议

门铃又响了

住孟买的一个特色是每天的任何时间，都可能有不同的人来按门铃。

听来奇怪，但印度在我看来是个充满有钱人和佣人的社会，每个中产阶级家庭都有好几个佣人，所以任何一个时间到任何一个人的家办任何一件事，是再自然不过的事了。可能是牛奶工人，可能是送信的，也可能是你上星期叫的水电工人。他们认为你的家里随时都有佣人，所以延迟一两个星期才贸然出现对他们而言，理所当然。

还没搬进温德米尔前，有一天，我在空荡荡的房子里等瓦斯桶。门铃在预定的时间内响了。我心想，说印度人没有时间观念都是言过其实，不是来了吗？

开了门，两个人站在门口两手空空。他们指指房子里，摇头晃脑嘟哝哝一阵，我唯一听懂的几个字告诉我："来检查漏水。"可是他们怎么知道我在？这里没住人，而且只有瓦斯工人知道我会等他们啊！但是想要从这两位大哥身上问个所以然，恐怕比登天还难，就检查吧。他们抬头对着天花板看了又看，接着看也不看我一眼就走了，到现在没再回来过。那是两个月前的事了。

那天的瓦斯桶倒是出乎意料在预定的时间内来了，不过我对印度瓦斯行效率的信心只维持了一个月。第二次叫瓦斯等了三天，第三次叫瓦斯等了将近一个月，不过还好我们有两个瓦斯桶，否则就要断炊了。

可能是送报生来推销，我已经说了数十遍不要的前天《金融时报》和隔周的《经济学人》周刊。他怎么也不明白为什么过期的报章杂志我不要，不过是有钱人家没事看看就丢的消遣罢了。我完完全全理解他的想法，却不愿意花全额订他的过期刊物。

到现在我们已经是朋友了，每每他来总是满脸笑容："太太您今天好吗？""我很好，你呢？一切都好吧？""我也很好，刚刚喝了早茶，谢谢您。"接着我们站在门口对看了几秒钟。"太太，要不要订《金融时报》""哦，不要。""那么，《经济学人》呢？""真抱歉，也不要，我们有印度报纸已经足够了。"

我们又无言对看了几秒钟。"其他的外国报纸要吗？"我叹了口气："真的，我们什么也不需要，你已经给了我你家里的电话，还有你的手机，万一要的话，我一定会打电话给你的。"他搔搔后脑勺，不知道是尴尬还是失望地笑了笑，摇头晃脑嘟哝几句印度话后向我告别："好吧，太太，祝您今天过得愉快，咱们下回见。"

也可能是大楼擦楼梯间地板窗户的清洁工，他已经来了好多回了。我们刚搬进来他就来报到，他告诉应门的爱尔卡："跟你太太说，我每天来一次按门铃收垃圾，一个月给我三百卢比。"第二天我跟尼尔生提了这事，他暴跳如雷："太太，绝对没这回事，大楼每个月付他薪水，他没有理由开口要这么多。"

说得也对，在我们大楼住了一辈子的门房冈古——他的爸爸是前一任做了四十年的门房——每天洗车，一个月不过开口要两百三十卢比，当我们给了冈古两百五十卢比时，他高兴得几乎要跳起舞来。

收垃圾不会比洗车辛苦吧？我对这个清洁工有了成见，于是开始调查。邻居的帕西族老太太告诉我："这个人要我每天给他五卢比来收垃圾，我要他滚远一点，别再来烦我了，你也应该这么告诉他。"哈！原来外国人价钱加倍！大楼管理部告诉我，给他五十吧，最多一百，如果他不满意，管理部会教训他。

我和清洁工之战从此展开。我要爱尔卡告诉清洁工，一个月给他一百。他先说不要，可是过了两天在楼下花园见到亚莎，又要她来做说客，没想到踢了铁板，吃了亚莎一顿排头。亚莎也教训我："太太，您有两个佣人，为什么还要花钱请人收垃圾？"

再过两天，趁我不在时又来敲门，告诉应门的亚莎他后悔了："随便太太给多少，我错了。"不料等我派爱尔卡去告诉他一个月一百时，他又说："要你太太给我三百。"就这么来来回回，最后我要爱尔卡和亚莎告诉他别再来了，我们不要他收垃圾。他还是三天两头就来探口风，见到我时总是先低下头，见我走远了再偷偷抬起头来讪笑。

结果是杂货铺送水来了。

杂货铺离温德米尔有一段距离，矿泉水和苏打水比别人便宜许多。聪明的老板知道一旦和只喝矿泉水的外国人打交道，几年的生意可是源源不绝自动送上门。

送水工人把水扛进厨房，对着我摇头晃脑说了一堆，我只听懂出租车费二十卢比。他接过我给他的二十卢比，经过我们可能是他全家三倍大的餐厅和十倍大的客厅走到大门口，忽然转身又是嘟哝一阵印度话。我找来亚莎翻译："太太，他说要四十卢比搭出租车，外加六十卢比扛水的工钱，总共一百。"不等我会过意来亚莎接着说："太太，我说给这个贪心的人五卢比就够了，送水是他的工作，他的老板给他钱，您别给，要不就给他老板打电话。"我才点头，亚莎马上把她的决定添油加醋用印度话大声宣布，话才说完工人来不及把二十卢比放进口袋，一溜烟转身就跑了。

亚莎不死心，马上跑到阳台往下看。两分钟后，亚莎骄傲地走进书房报告："太太，他骑脚踏车来的，什么出租车，这种人真应该感到羞耻！"我当下笑了出来，亚莎又给了我一顿教育，"太太，现在您相信我了吧？不要再笑了，千万不可以相信印度人，他们看您是外国人，整天骗您的。"我认为她的逻辑有问题："可是你也是印度人呀！""是啊，"亚莎一脸正经地说，"所以我知道绝对不能相信印度人。"

隔天我把这件事告诉尼尔生，他大点其头："亚莎说得对极了，千万不要相信印度人。"接着指着我刚买的一袋西红柿，"太太，您付了几个卢比？""一公斤十二卢比，真便宜。""哈，我太太只付六个卢比一公斤，下次您买东西先问我价钱，千万不要相信印度人……"

裁缝来了

亚莎站在门开着的书房外敲了两下门："对不起，太太，打断您的工作，裁缝来了。"

不管我告诉她多少次门开着，不必那么讲究敲门，更没必要说对不起，她还是坚信女佣必须按部就班守本分。肯定是她之前工作的印度家庭立下的家规，她至今牢记在心。

话说几天前心血来潮，反正印度人工布料样样便宜，就给旧沙发换新衣。

孟买布料行是我最喜欢的地方之一，每每进去不是为了买布，而是为了欣赏里头上百匹色彩鲜艳夺目的布料。颜色之外，还有各式各样的织法和花样，看它们在眼前摊开，就像是印度多彩多姿的种族、语言和文化迎面而来，几乎要把人的感官完全淹没。

选好布找来店员，答案在我意料之中："太太，很抱歉，现在没货。""什么时候会有呢？"店员十分殷勤找出四五件类似的布料："您看看别的吧，不知道什么时候新货才会到。"在印度最好别把希望放在说不准的事上，于是我仔细选了一件类似的布料，暗自高兴还好我要的是最简单的白色。店员看了一眼想也不想："这匹布可能不够，您再看看别的吧。"我叹了一口气，既然不够为什么还拿给我看？不过问了也是白问，算了吧："那么你告诉我哪些布料足够做我的沙发？"他钦点了其中几匹，我满心感激地选了一件。

在印度职场每个人各司其职，坚守岗位，绝对不会一心二用把自己和别人的工作混在一起。例如负责带顾客看布的店员除了招呼顾客和剪布之外，其他事一律不做。选完布料店员告诉我必须自己和裁缝洽谈。"裁缝会说英语吗？""不会。"一号店员理所当然地回答。"那我怎么跟他沟通？""他会带他说英语的朋友一起到您府上，别担心。"

于是一号店员剪好布，放在柜台上，由坐在里面的二号收银员接手算账。接下来收银员下巴一扬，站在他身后的三号店员马上把打印出来的店家收据联和布料拿到柜台另一头——在那里站着四号店员，他的工作是把已经付钱的货品放进袋子里。

我付了钱拿着收据走到柜台的另一端，把收据交给四号包装店员，他煞有介事地把我的顾客联和店家联比对一番，郑重其事在收据上盖了一个橡皮章，然后双手奉上购物袋："谢谢您，太太，祝您今天过得愉快。"谢谢他之后我在大门前停了下来，把购物袋和盖了章的收据，交给坐在门口拿着一根木棍的五号警卫，核对无误之后他替我开门，终于完成孟买大事另一件。

隔天，裁缝和他的朋友在约定时间两个小时后抵达温德米尔，接下来一个小时之内，裁缝的朋友认定我们可以成为无话不谈的异国友人，每翻译一句话，就得穿插对我的身家调查。于是尺寸量妥，样式搞定，一切安排就绪之后，他对我的祖宗八代也已经有了初步的认识。

"太太，明天什么时候？"我大吃一惊："隔夜就可以做好吗？现在已经是下午五点了。""不是的，太太，我是说明天什么时候开始工作。""哦，你们店里什么时候开工，我一点也不在乎，只要在一个星期内做好就行了。""不是的，太太，"这个裁缝朋友开始认为他是秀才遇见兵有理讲不清，"我是说明天什么时候来您府上工作？明天裁缝会带着缝衣机来……"

于是和前一天不同的两个裁缝带着一台缝衣机一大早就来了。两人大刺刺进了客厅，一点不客气地四处张望打量，其中看来资深的胖裁缝指了指沙发，用他仅有的英语说："这个？""是的。"我十分担心沙发未卜的命运，慢慢地把沙发套的式样要求再说一遍。胖裁缝一言不发，光是规律地左右晃动油腻腻的脑袋，不明就里的人可能认为他摇头表示反对，但是摇头晃脑却是印度人表示"听见了"的方式，至于同不同意，做不做得到，则是另一回事。

胖裁缝接着脱下上衣，只穿着一件背心式的内衣。小心翼翼叠好上衣放在一旁后，他指了指客厅一角，虽然觉得莫名其妙，不知所措的情况下我机械式点点头。小裁缝连忙把用一块破布包着的手提缝衣机放在胖裁缝指示的地方，两个人就这么又是量布又是剪布忙了起来。

胖裁缝盘腿坐在缝衣机前，除了上厕所，他一动不动咔嚓咔嚓用那台看似破烂的缝衣机，竟然做出十分像样的沙发套雏形来。两人除了上下午各一杯奶茶，什么也没吃。我问亚莎他们难道不饿吗？"太太，我们印度人只要有杯热奶茶，其他什么都不重要……"两人收工前告诉爱尔卡，明天再来。

两个裁缝来的第二天上午，门房冈古来敲门问可不可以洗阳台外墙。我已经习惯家里好像公共场所，随时随地有好几个陌生人进进出出，欣然答应。接着四个工人浩浩荡荡进驻阳台，不知道是在聊天还是在工作，就这么待着。

我站在餐厅门口，向外看有两个裁缝四个工人，向里看有爱尔卡和亚莎，觉得自己好像住在一个家庭式工厂里。

这时门铃又响了，大楼管理员带了两个工人："太太，您家浴室漏水，滴到楼下，我们来检查。"咦，上回来不是说餐厅漏水吗？不过那是好久以前的事了，至今我也已经习惯不问原委，因为他们可以解释上大半天，我还是不明白。

不多时这两个水管工人在另一个阳台上挖了一个大洞，说是水管裂了，要打电话叫老板来。"老板什么时候来？""五分钟。"这两个工人放下工具靠墙而坐，所谓的老板一个小时后来了，三个人摇头晃脑一阵子，又要借电话："要叫老板来。"

我正在考虑要不要让更多人进来之际，洗阳台外墙的工人总算完工走了，真是万幸。好吧，来吧。这三个水管工人于是在小阳台上席地而坐等老板，然后说："太太，要喝水。"这时裁缝因为是整天工，要喝奶茶。

等了好一阵，又来了两个"老板"外加大楼管理员。这六个人盯着阳台上的大洞唧唧咕咕，摇头晃脑，过了许久："太太，明天再来。"他们再来是两个星期以后的事了。

和这群人折腾了几个小时之后，终于可以回到客厅看看沙发套的进度。胖裁缝很骄傲地指着已经完成的长沙发套，我竖起大拇指称赞，却忽然发现白色沙发套的拉链是……深咖啡色！我告诉胖裁缝："错了，白色。"他摇头晃脑："太太，没问题！"我跟着他摇起头来："不不不，问题很大，咖啡色，不要！"胖裁缝拉一拉布边，试图遮住拉链："看，没问题！"我放弃了，找来爱尔卡，告诉他们白色沙发布必须用白色拉链，否则不付钱。爱尔卡和胖裁缝摇头晃脑，抑扬顿挫唱歌般地讨论了好一阵子，终于说服胖裁缝在下午把拉链换成白色。

现在我坐在白色的沙发上，十分满意裁缝的手工，也许过两天再到布料行瞧瞧。

弟弟饿了，爸爸是酒鬼

南孟买面对阿拉伯海，二十六米高的印度门（Gateway of India）在一九一一年开始建造，是为了欢迎当时的英王乔治五世和玛丽皇后莅临殖民地，一直到一九一四年才完全竣工。当时也计划要开一条大马路直通市区，但因为经费不足而作罢，造成今天在这个具有历史意义，建筑宏伟的印度门周遭全是弯弯曲曲的小路。

在孙中山推翻清朝之际建造的印度门在我看来简单大方，综合了印度教和伊斯兰教风格，还好印度独立后，没有不必要的民族主义要把这个殖民时期留下的证据给拆了，如今是观光客来孟买必到的景点，赚进不少外汇。

印度门前的广场上总是满满的人，除了外国观光客，更多的是来自印度各州的游客，从外地到孟买来，对许多印度人来说就像是出国一样。除了他们，还有一群手拿拍立得的小贩，不管你是背着专业的单反相机加上镜头脚架，还是手机或傻瓜相机，就是缠着要帮你拍张快照。我不懂这个逻辑，是认为有相机的人也许不会用相机，还是认为观光客无论如何就是愿意花钱？

除了卖汽水卖棒冰卖花生卖纪念品，还有人卖超大型气球。他们拿着一串巨型气球亦步亦趋跟在身后："太太，买个大气球吧。""不要。"

他继续说："买一个吧，太太，大气球，买一个吧。""不要。""太太，大气球，买一个吧……"即使完全不理会，他们还是可以跟上十分钟也不死心。

每每走在印度门前都觉得十分有趣，很想知道这些人的贩卖策略究竟是什么，也许认为死缠烂打就可以让顾客不得不买，不过他们却从来没有赚过我一毛钱。我曾经坐在一旁锁定一个卖大气球的年轻人，一个小时之内他光是跟在外国人身后碎碎念，一个也没卖出去。

除了观光客和小贩，还有许多在广场上闲逛的孩子。穿得破破烂烂打赤脚的，想当然就是小乞丐，但是也有一些穿戴还算整齐，手上拿了一串串小花串成的手环，看到观光客就跟在旁边："先生，这是我们印度的习俗，给您戴上，欢迎您来印度，这会带给您好运的。"遇上心生戒心的观光客，他们急忙解释："别担心，我不是乞丐，您不用给我钱！"

搬到孟买不久我就明白街上很多乞丐被黑道控制，完全拿不到要来的钱，电影《贫民窟的百万富翁》里演的是真的！在无法确认之下，我一概不给，因为我一定要知道钱到底是进了谁的口袋。但这些穿着干净梳了两个麻花辫的小女孩，究竟是谁？

问了朋友才知道她们也是被控制的，借口欢迎或是单纯地表示友善，先给外国观光客在手腕上或是戴一串花，或是系一条红绳，然后解释她们不是乞丐，不要钱。看来毫无恶意的小女孩接下来就陪着卸下心防的观光客散步聊天，介绍印度的风俗民情，不多时自然而然就会聊到家庭状况了。

标准的身世是"我有一个、两个，甚或是三个弟弟，爸爸是酒鬼，妈妈跑了，我不要钱，因为爸爸会把钱拿去买酒喝，我的弟弟们已经饿肚子很久了"。外国观光客不敢置信，张大嘴巴看着这个手无缚鸡之力的瘦弱女孩："她爸爸真没良心，可怜的孩子啊！"

女孩眨着无辜且泛着泪光的大眼睛："不如这样吧，买些奶粉和米，这样我们就不会饿肚子了。"接着女孩就带着观光客到印度门广场旁一个小巷子，进了一家脏兮兮的小杂货铺，开始选她们四姐弟要吃要用的东西，这点在西方世界根本不算什么钱，可以让这些可怜的孩子吃好几个星期！

于是这头心软的肥羊二话不说拿出钱包，自以为初到孟买已经花小钱做了件大善事，心甘情愿数钱交给杂货铺老板，交代女孩要好好照顾弟弟，心满意足地继续接下来的行程。

可想而知，女孩根本没有把这些吃的用的带回家，一转身再回店里，把这些东西放回架上，运气好店家给几个零钱，然后回到印度门广场上寻找下一个目标，但是可千万要眼尖，别傻傻地找了同一头肥羊宰！也许是父母或是亲戚派她们出来，也有可能她们是黑道控制的鱼饵，专钓外国人上钩。不管这个钱到哪儿去了，反正一定不是进了小女孩的口袋！

之后每次经过印度门广场就会留意，果真老是一些眼熟的小女孩，在给外国人绑上小花串成的手环后，跟着他们在广场上散步，细数印度风土民情，然后消失在广场的另一端。

一位路透社同事刚搬来孟买，我义不容辞带着他第一次来亚洲的先生彼得熟悉环境。走到印度门前我还没来得及告诉他这些"弟弟肚子饿爸爸是酒鬼"的小女孩，电话响了，我站在水边接电话，一直到讲完才发现彼得不见了！我四下张望，心想他可能趁我讲电话进了旁边的泰姬玛哈旅馆去瞧瞧，于是就在原地等他。

不一会儿彼得回来了，跟着小女孩去买米买奶粉回来了！我很抱歉地告诉彼得我没来得及警告他，他倒也想得开："如果你听说的是真的，至少小女孩也从杂货铺挣了几个零钱。"

不久又有一位从伦敦来出差的同事迈克，就住在印度门旁的泰姬玛哈旅馆。我问菲尔是不是要警告这位同事,菲尔认为迈克是老路透了,派驻过中美洲的第三世界国家,给他这些建议似乎有点瞧不起人,我想想也是,于是没有在第一次见面时警告他。

迈克离开前,我们找了几位住在孟买的同事请迈克到温德米尔聚餐,他姗姗来迟,一群人等了老半天,担心他走丢了,还好最后终于出现。大家相谈甚欢,一直到酒过三巡,迈克才说晚餐之前因为时间还早,就在酒店外的印度门广场上逛了一回。大家面面相觑不敢说话:"不会吧?"迈克说他遇上了一位小女孩,在他手腕上绑了一条会带来幸运的红绳。我看着他手腕上的红绳头心想:完了完了,然后呢?

这个女孩带着迈克到附近一个教堂参观,正好里面有活动,信仰虔诚的迈克和小女孩于是留在教堂和众人一起祷告。出了教堂,迈克可能感觉心灵澄净头顶发光,恨不得能拯救全印度的可怜人,分手前问小女孩有没有什么他可以帮忙的。"千万不要给我钱,我爸爸会把钱拿去买酒喝,我弟弟饿了,不如买奶粉吧……"

大家七嘴八舌告诉迈克杂货铺和小女孩设下的骗局,迈克吃惊之余十分尴尬,竟然栽在一个小女孩手上!我问迈克花了多少钱,迈克不好意思搔搔头:"我不会告诉你的,我只能说,皮夹里的钱全掏出来了,她说弟弟还是个小婴儿,所以我买了比较贵的婴儿奶粉。"

从那天开始,我告诉菲尔,不管是多么经验老到见过世面的同事来出差,没有例外,一定要先告诉他们这些"弟弟肚子饿,爸爸是酒鬼"的小女孩的故事!

红包拿来

印度新年是一年当中最重要的节日，各地过年时间不同，其中全国都过的排灯节是众多新年之一，顾名思义就要点许多的油灯。此时各个店家的店员，家家户户的佣人全出来了，蹲在地上用彩色的粉末排出各式各样美丽的蓝果丽，小油灯或在中心或在周围，成日点着，让人很有过节的气氛。

蓝果丽是印度极为古老的一项民间技艺，节庆时置于门口或是客厅。我看见一楼钻石商邻居门口的蓝果丽金碧辉煌，每日不同，心里十分羡慕，回家立刻问爱尔卡可不可以也在门口画个蓝果丽过年。爱尔卡摇头晃脑："当然可以。"然后把这个差事交代给亚莎去执行。

第二天我从外面回家看见亚莎已经画好的蓝果丽不禁会心一笑：早该知道亚莎住在贫民窟里，画出来的蓝果丽一定和钻石邻居家是不同的！亚莎的蓝果丽像是小孩画的，一点也不花哨，连排灯节（Diwali）也拼错，却自有一种质朴的美感。

菲尔回家后大大称赞了亚莎的蓝果丽，于是从那一天起，亚莎天天帮蓝果丽换花样，愈来愈花哨，一直到爱尔卡出声，要她不要每天花一个小时蹲在门口画蓝果丽她才收敛一些。

既然是过年，当然免不了要给红包，爱尔卡和亚莎除了一人一件新纱丽之外，也领了一个月的薪水红包，信基督教的尼尔生得到一盒干果，他的红包在圣诞节。

一日我到楼下与伊格保喝茶，街上锣鼓震天，信奉伊斯兰教的伊格保皱起眉头："真是吵死人了，又不是什么好听的音乐，真不知道他们为什么要这么大声。"我答道，其实印度新年对我而言是很有意思的。

伊格保扶了扶眼镜，抬眼看我："有趣？那些厚脸皮的人来向你要钱了吗？"我闻言大吃一惊，他怎么知道我们发红包？连忙解释钱是我们自己要给爱尔卡和亚莎的，她们没有向我要！伊格保摇摇头："送信的、送报的、送肉送蛋送杂货的，他们来了吗？"惊！

接着伊格保照例再给我上一堂印度教育："要是邮局的人来了，他们最坏了，要你的仆人看清楚，送信有固定的人，不认识的别给。我一年收到一封电报，连收电报的也来要钱，有人给你发电报吗？""当然没有！""那你可千万别给送电报的红包。"

老先生唠唠叨叨一阵子，我也喝了两杯茶，于是起身告辞，临走前又把我叫住："千万别给这些人太多钱，我知道你们家给钱很大方的，时间不到就让仆人回家，他们根本不需要做事还付了一大笔钱……"我跟他扮了个鬼脸后就一溜烟上楼了。

朋友打来电话，说她家大楼管理处送来一张红包名单，秘书、管理员、水电工、警卫，红包价格不一，她住在一个有三栋几十层大楼的高级小区，每一栋楼都有这些人，已经付了几十个红包，而这还只是大楼员工！

此时十分庆幸温德米尔只有自己一栋楼，只需给四个警卫、一个门房、门房的女婿园丁、门房早上帮忙洗车的十六岁大儿子，还有门房没上学也没事做的十岁小儿子，大楼清洁工，一共只有九个人！

接着送报的来了、送瓦斯的来了、送杂货的小弟来了，这些都容易，给了红包就打发。一日门铃又响了，亚莎进来报告："太太，送信的来拿排灯节红包。"我已经考虑过这个问题了，派亚莎和爱尔卡一起出去认人！爱尔卡进来回话，平日有两个送信的，来要红包的是其中一人，此人声称他是来取四个人的红包。

哈！伊格保已经警告我了，我再让爱尔卡出去问来代领红包的人："另外二人是何方神圣？"爱尔卡再进来回话："太太，他说另外两个人也送信，不过我们没见过。"至此我想不要再折腾爱尔卡了，跟她一起出去。亚莎也紧跟着在后面凑热闹，她绝对不会错过过任何看人出糗的机会。

送信的英语不错，一见到我立刻满脸笑容："太太，祝您和先生排灯节快乐！""另外两个只在新年出现的人是谁？""哦，太太，他们是拉虎尔和雷迪。"我看着爱尔卡和亚莎，她们一脸莫宰羊（闽南语"不记得""不知道"的意思）："太太，这个人是格帕尔，另一个我们认识的是马度。"我看着格帕尔："你让马度、拉虎尔、雷迪全都自己来领红包吧，我需要认识认识他们。"他摇头晃脑，跟亚莎要了一杯水喝后讪讪然离开了。

隔了两天格帕尔带着马度来了："太太，排灯节快乐！"我给了一人一个红包后格帕尔说："太太，拉虎尔和雷迪的呢？""他们人呢？"格帕尔心虚地说："回乡下老家了，我们帮他们领吧。"亚莎一副看好戏的表情站在一旁。爱尔卡则决定这是个烂戏码，这两个人是绝对斗不过太太的，兀自进厨房煮茶去了。

此时马度可能是已经拿到红包，不想再继续下去，扯了扯格帕尔的衣角暗示他走人，但是格帕尔还是不死心："太太，是真的，您不会不给他们红包吧？送信很辛苦，而且我们的薪水很少……"

我知道我给了印度人会给的两倍的红包，所以一点也不觉得需要付出额外的同情："我一定会给，他们下回来送信时我亲自给。"就这么他坚持要帮另外两个人领红包，我坚持要见到这两个人之际，爱尔卡已经把茶煮好了，端了两个纸杯出来递给格帕尔和马度："喝了这杯奶茶你们走吧，太太是不会再给你们红包的。"然后转向我，"太太，您的奶茶在阳台上。"

明年，会有多少人来要红包呢？

尼克和琳娜的印度新年

住在伦敦的好友尼克和琳娜到印度旅行，从孟买到新德里前我一再告诫：不要吃酱菜生菜等生食，吃坏肚子事小，坏了旅行兴致可能怨叹终身。不要买路边兜售的英文书，因为真空玻璃纸包装看似精美价格便宜，里面可能出现空白页。买火车票要小心，一定要再三看清时间日期和车次，错过了，在印度新年期间可能很难再买票。

他们高高兴兴出发前往新德里去了，计划停留两天后搭火车前往斋普尔（Jaipur）过印度新年。听说过许多警告恫吓，他们请旅馆代订火车票，一方面省时间，再一方面新德里火车站人山人海，不熟悉印度的外国人想自己去买车票，有一定的难度。

火车票到了，两人谨遵高人指示，看了日期，没错。中午出发，没错。从新德里到斋普尔，车次号码，没错。坐在旅游柜台前舒适的沙发上确认，一边喝着旅馆送上冰凉的饮料，这样的安排，真是太顺利了！

当天新德里火车站前一如往常，被或坐或卧的人还有他们的大包小包把广场全面占领，尼克和琳娜背着行李寸步难行，进入万头攒动的大厅，好不容易穿越重重人墙找到月台，十分庆幸出发得早，否则错过火车就糟糕了。

火车进站，跟着其他乘客依序上车，找到位子，不是旅馆人员告知的四人座，是六人座，但是车次车厢座位号码全没错，两人也不在意，认定多半是误会。放好行李，来了两位乘客，大家摇头晃脑微笑示意，总之几个小时的车程要相看两不厌。不一会儿又来了两名乘客，六人面对面坐着，各自拿出饮料小吃，等着火车出发。

又来了两位乘客，抬头看座位号码，低头检查车票，抬头再盯着座位号码，接着眼光转向尼克和琳娜："这是我们的位子。"一样流着亚洲血液的琳娜和我英雄所见略同："真是印度没错，一票两卖，还好我们先上车坐下！"

掏出车票，日期时间车厢座位号码，和对方的一模一样。大家面面相觑不知如何是好，定夺生死的票务员适时出现，拿着双方车票左看右看，转向尼克和琳娜："先生，太太，请下车，车票不是今天的。"

尼克揉了揉眼睛再看一回已经看过不下数十遍的车票：没错，就是今天，就是这班火车，就是这节车厢，就是这两个座位！票务员说："请赶快下车吧，火车马上就要开了，您的车票是明年的。"

虽然不敢相信自己的眼睛，但千真万确是明年此时的车票！

这下子怎么哀求也没用了，两人被以迅雷不及掩耳的速度赶下火车，提着行李站在月台上目送火车离站，开往今晚要放烟火庆祝印度新年的斋普尔。

拿着车票到票务室认错："是我们的错，怎么也没想到再三检查所有细节，却不知要确认年份，很明显也是开票的疏失，可以退票重新再买吗？"不太灵通的站务员不知是懒得和外国人周旋，还是根本没搞懂尼克的问题，十分为难。

你来我往僵持了一阵，尼克本着不屈不挠的记者精神，没有答案绝不罢休，终于皇天不负苦心人："出了这个月台，左转右转穿越地下道上天桥再往左再往右，一栋粉红色的建筑，到那里去退票再买票。"

两人开始无头苍蝇似的在人满为患的新德里火车站内四处碰壁，再问其他人只是让路线更复杂。费尽千辛万苦，终于抵达传说中可以退票再重新买票的粉红色建筑，虽然在多年风吹日晒雨淋之后，它已经不再是粉红色。

非粉红色建筑内的大厅里挤满了人，还有许多蜿蜒曲折的队伍。问清楚该填写什么表格排在哪个窗口后，尼克和琳娜迅速按表操课，开始排队，否则今天是到不了斋普尔的！排队期间不忘再三与穿制服看似车站工作人员的过客确认："是这个表格没错吧？是这个窗口没错吧？"

队伍缓缓前进，不时有穿着制服的人，跳过队伍，直接走到窗口，是公是私不得而知，但时间就这么毫无疑问耽搁再耽搁。约莫过了一个世纪那么久，历史性的一刻终于到来，前面没人了！

尼克递上填写工整清楚的表格，附上护照证件，连大头照都准备好了以备不时之需，毕恭毕敬先认错再解释原委，窗口内的男人摇头晃脑听完被告申辩，仔细看了一眼："先生，这个表格不对。"

尼克回到孟买叙述这段经历时活灵活现。我们听得津津有味，但可以想象效率至上的新加坡太太琳娜，当时一定是觉得活见鬼了。

尼克这下子怎么也不肯离开柜台，不达目的，绝不走人："这是你同事给我的表格，他告诉我在这里排队，过去一个小时内我问了好几个穿制服的人，他们全告诉我没错，我不会离开的！"

如何死缠烂打不再详述，最后印度大哥终于法外开恩，拿出另一份表格还令人跌破眼镜替尼克填好资料，往外一推："签名。"尼克认为这和他第一次填写的表格根本是一模一样的，但是可以退票换当日票，二话不说画押签名。

菲尔认为，被退回的表格之所以不对，可能是去年印的。

言归正传，尼克拿到票之后再度仔细检查，年份日期车次时间，这次全都对了，只是变成了便宜许多的三等舱慢车。罢了，再怎么慢至少今天可以抵达斋普尔！

夜幕低垂繁星点点之际，打了场大战累得说不出话来的尼克和琳娜终于抵达斋普尔，从前往旅馆随时要抛锚的电动三轮车内，看见远处绚烂的烟火在宫殿式建筑上方的夜空绽放，顿时忘了一天下来的荒谬和疲累，一切在此时此刻，全都值得了。

没有被火车票打败的两人抱持凡事一笑置之的正确心态，游毕斋普尔金三角，造访了浪漫的泰姬玛哈陵后，心满意足搭机返回孟买。恪遵教战守则不在路边买书的尼克，到底忍不住在机场书店买了著名旅游作家布莱森（Bill Bryson）关于欧洲的旅游杂记，十分受教洗扑克牌般前前后后检查了没有空白页，方才付钱。

等飞机搭飞机，一页一页津津有味往下读，内容是一个接着一个有连贯性的欧洲城市，忽然觉得时空错乱了！这么比方吧：从台北，经过台中，才能到高雄，可是台中不见了！明明在台北结束时预告台中，怎么就到了高雄？比对页数真相大白，其中一个章节，完完整整不多不少，凭空消失。

令人防不胜防的印度，不论如何沙盘演练，一而再再而三地反复确认，不管是谁，终究还是要失算的。尼克和琳娜，肯定如此认为。

瓦斯桶的收据呢？

瓦斯桶的收据不见了！这可是天大的事！

话说家里一直有两个瓦斯桶，一大一小，大的在厨房，小的在从澳洲漂洋过海跟着我们落脚孟买的烤肉架上。在尘土苍蝇漫天飞扬的印度，加上在吃素的印度肉质极差，烤肉的次数屈指可数，所以小瓦斯桶一直是备用，因为打电话叫瓦斯快则当天慢则数星期，才能从距离我们住的温德米尔大楼后门三百米处的瓦斯行送达。

一日我发现小瓦斯桶空了，于是要爱尔卡打电话叫瓦斯。爱尔卡在电话中和对方交涉了许久，时而平和，时而激动。放下电话她说："太太，他们说没有小瓦斯桶了。""没有是什么意思？现在没有？还是以后都没有了？"爱尔卡愣了一下，再度拿起电话，和对方又是好一阵子抑扬顿挫的印度话。平日还好，但是我急着出门，完全不能理解这个问题为什么需要费这么大的劲跟瓦斯行说明，不停用手势告诉爱尔卡快点。

好不容易爱尔卡放下电话："太太，他们说以后都没有了。""为什么？"爱尔卡又要拿起电话，我连忙阻止她："算了，我让尼尔生去问。"尼尔生对每个问题都有一个我可以接受的答案。

结果是这家瓦斯行不再供应小瓦斯桶了，虽然孟买还是有许多人用小瓦斯桶，瓦斯公司还是继续灌小瓦斯桶，但是偏偏就是我光顾的这一家，不再供应小瓦斯桶了。很多事情在印度是不需要有原因的，也不需要追究。尼尔生说瓦斯行要我把小瓦斯桶的收据给他们，收回小瓦斯桶，换一个大瓦斯桶。

问题来了，收据在哪里？

翻箱倒柜找了好几天，找到一张写着印度文看似瓦斯桶的收据，尼尔生也看不懂。在印度，印度文是全国通用语言，多数人能说，但是各地写下来的文字就不是人人看得懂了，比方说来自南方的尼尔生能说好几种方言，却只能读泰米尔文。爱尔卡拿着这张纸看了又看："太太，这是瓦斯桶收据没错，不过我不清楚上面究竟写的什么。"我不怪她，这写得乱七八糟的纸谁看得懂啊！罢了，只好鼓起勇气，出发前往三百米远的瓦斯行。

进了瓦斯行，一股浓浓的瓦斯味扑鼻而来，还有淡淡的印度咖喱味，大概店员刚吃过午饭吧，当然一定还夹杂了一点我认为是印度人吃了大量的姜蒜洋葱后发出特有的体味。坐在计算机前眉心点了朱砂痣的年轻人看起来知书达理："午安，太太，有什么事吗？"哈！讲英文的！我禀明来意，奉上我仅有的一张收据，毕恭毕敬地站在他的面前等待宣判。

朱砂痣很快看了一眼收据："太太，这是大瓦斯桶的收据，您是想把小瓦斯桶换成大瓦斯桶是吗？""是的，可是我只有这张收据，你可以帮我吗？"朱砂痣很为难："太太，一切都得按照规矩来，小瓦斯桶的收据呢？"我很委屈地看着他："我知道，我最不喜欢的就是破坏印度的规矩，你可以看看你的计算机里面有没有我的记录，好吗？"

朱砂痣叹了一口气，转向计算机查了好一阵子，核对了姓名电话地址之后，确定我的记录上的确有一大一小的瓦斯桶："太太，您明白我们不再供应小瓦斯桶对吧？"我看着地上几个小瓦斯桶，绝望地点点头。朱砂痣以十分体贴的眼光看着我："太太，大瓦斯桶比较划算的，您现在开始就拿两个大的吧！"

结论是我必须找出小瓦斯桶的收据，瓦斯行的计算机里有记录是不行的，请瓦斯行高抬贵手补发一张是不行的，我立据按血手印发毒誓我真的把原来收据搞丢了是不行的，我请菲尔的公司为我作保以资证明，也是不行的！那怎么办？

朱砂痣很同情地看着我："太太，您到法院买一张有印花的公证纸，然后在上头写着您把小瓦斯桶收据搞丢的细节，再把印花公证纸张拿回来交给我们。"至少是个办法，我向他道谢后就打电话要尼尔生到法院去买公证纸。

走回温德米尔的路上我很惊讶自己竟然没有对收据一事动怒，大概已经变成半个印度人了吧，再怎么样的官僚对我而言已经是见怪不怪。朱砂痣最起码十分友善，身为店员的他的确也帮不上忙，如果他给了我方便，说不定就要丢工作了。

隔了两天尼尔生买来有印花的公证纸，我用最谦卑的口吻加上最工整的字体，在法院公证纸上自我批判丢了小瓦斯桶收据的重大错误，因为瓦斯桶登记在菲尔名下，我附上菲尔的护照影印本，假造了他的签名，再度前往瓦斯行。

朱砂痣看我进门很热络地向我打招呼："太太，您好，喝茶吗？""谢谢你，不必了，这是我的公证纸和证件影印本，你就帮我把小瓦斯桶换成大瓦斯桶吧。"心里很担心要是还办不成，眼见家里剩下唯一的瓦斯就要用尽断炊了。

朱砂痣接过公证纸眉头马上皱了起来："太太，手写是不行的。""为什么不行？我已经签名了，还有护照复印件。""就是不行。您必须打字。"什么时代了谁还有打字机？朱砂痣很快地从计算机里打印出一张范本："还有，要按照这个范本写清楚……"我开始感到不耐烦："那你为什么不早告诉我？我没有打字机，你说怎么办？你有吗？"

模板上除了菲尔个人的细节，还要填上当事人父亲的名字。内容大致为：

> 我，菲尔·史密斯，父亲为罗伊·史密斯，出生于某年某月某日，在此郑重声明，本人于某年某月某日向贵瓦斯行订购瓦斯桶大小各一，如今遗失小瓦斯桶收据，以上所言千真万确，绝无将收据移作枉法勾当，恳请取消小瓦斯桶，改发大瓦斯桶……

"太太，"朱砂痣好心地把几乎是在读世纪奇案的我叫醒，"路边有很多帮人写信的打字员，您就花点钱请他们按照范本上的字打在公证纸上。"在印度写信员是个特殊的工作，坐在一台破破烂烂的打字机前专门替文盲写信，我万万没想到自己也得去请他们写信！我很快想好我的对策，跟朱砂痣道谢后再度离开瓦斯行。

瓦斯行外许多没穿鞋的小孩在路旁嬉闹，送各式各样杂货的送货员熙来攘往，一个穿着纱丽的女人头上顶了一大摞的铁桶穿梭在车阵之中。如果是个不识字的人掉了瓦斯桶的收据怎么办？

首先他没有尼尔生可以帮他去法院买公证纸，那么就是得花大半天亲自去。我没去过法院，但是可以想象肯定是必须经过重重困难，才可以找到正确的窗口，然后再跟几十个人挤成一团去买这张珍贵的公证纸。如果他很幸运地已经有了遗失收据悔过书的范本，他只要找个路边的写信员。可是如果写信员写错了一个字，这个不识字的人是不可能察觉的，等他到了瓦斯行发现错误，这个过程就得从头再来一次……我站在路边想这个过程，想得几乎要失神了。

再过两天，我拿着尼尔生买来空白的印花公证纸，进了瓦斯行，朱砂痣很热情地问候："太太，很高兴又见到您了。""是啊，你好吗？""我很好，谢谢，资料都准备好了吗？"我把空白的公证纸递给他："放在你的打印机上，把模板直接印在这里，然后我拿回家先生签名。"朱砂痣大吃一惊："不行的，太太，您得去找写信员。"我说什么也不肯，我知道这么做朱砂痣不会丢工作。就这样来来回回僵持了十多分钟，他终于投降，把我的第二张公证纸放进他的打印机，印出完美无瑕的遗失收据悔过书！

我拿了悔过书离开瓦斯行，在瓦斯行转角处再度假造了菲尔的签名，站着看了一会儿路上的车水马龙之后，再度进入瓦斯行："先生，名字签好了。"朱砂痣很仔细地检查了所有的细节，终于宣布："太太，这个记录我会放进计算机里，明天就把另一个大瓦斯桶送到您府上。"我的收据呢？朱砂痣笑着露出一口白牙摇头晃脑："哦，太太，已经计算机化了，全在计算机里，不需要收据了……"

一出瓦斯行我给爱尔卡打电话："麻烦你现在就煮奶茶好吗？我马上到家了！"

第四部　彩色印度

流落贼市的英国大炮

在孟买我们最爱的地方应该是非贼市莫属了，市场里毫无秩序，尘土苍蝇满天飞，除了赃货，还有不知道从哪个人家里搬出来的旧货，其中更不乏年代久远的历史对象，无辜地躺在蟑螂老鼠穿梭的角落。

贼市位于南孟买的羊肉街，从这条主街两旁延伸出许多迷宫般的羊肠小道，其中又分成好几区，有卖拆解下来汽车零件的，卖破屋子窗棂门板的，卖旧货卖家具的，乱中有其隐约的秩序。

又有一说，市场原名是闹市，市场内人声鼎沸，加上卖偷来汽车喇叭的小贩不断猛按喇叭吸引路人注意，叫它闹市倒也蛮贴切的，不过大部分人还是称之为贼市。

如果旧货店的主人相信你，就会带你从他还算像样、在羊肉街上两米深三米宽的小店铺，穿过犹如电影场景中的阴暗脏乱巷弄，在小心不要踩到地上的牛粪羊粪或是屋里倒出来的馊水之后，进入他在木制楼梯下方两平方米、破门上却还是层层上锁的宝库，拧开十烛光的灯泡，在昏黄的灯光下开始细数每件他口中宝物的历史。

刚来时是从旅游杂志上看到贼市的介绍，先问了印度友人，得到的答案是："千万别去，我在孟买住了一辈子了，从来没去过，又脏又危险，那些伊斯兰教徒，太可怕了……"占多数的印度教徒和少数的伊斯兰教徒在印度的种族冲突不是一天两天的事，许多人虽然表面上十分开放，但在私底下却是壁垒分明，势不两立。可是不入贼窟，焉知贼窟险恶？于是一个周末我们在尼尔生的带领之下，往贼市出发！

尼尔生边开车边告诉我们他的见解："如果我们把车停在路旁没人看着的话，过一个小时回来车就不见了，再过了一个小时，车子就会在贼市的拆解区出现，再过一个小时，车子就会消失，因为全拆光了！"我们哈哈大笑，尼尔生接着说："然后我们可以在那里找到我们车子所有的零件！"

就这样贼市成为我们几乎每个周末，除了板球俱乐部之外一定要报到的地方，既然是常客，我们很快成为许多旧货商的朋友。每每走在羊肉街上，此起彼落的打招呼声就像我在克劳福批发市场一样，有些热情也有些保持一定距离，不过多半非常友善。他们明白这两个外国人看多于买，但是一旦他们有朋友从国外来访，生意就来了。偶尔我也成为他们打探西方人心态的顾问：知己知彼，百战百胜！

一日我们进了一家从来没进去过的旧货店，店主人十分热络地招呼我们，店里有许多十分有趣的东西：泛黄的印度王室照片、英国殖民时期的地图书籍、当时的家庭用品，还有许多与航海有关的仪器装备。菲尔在一个角落发现新大陆：一对商船上发信号的大炮！

因为只是发信号用的，可能也只是在小商船上，这对信号弹大炮并不大，但是重得推也推不动，光这一点就知道不是假的了。菲尔向来对历史有兴趣，当他盯着信号炮左看右看，不时拂去炮管上的灰尘时，我就知道完了。

打从搬到印度以来，我就不停耳提面命，要这个不懂事的英国人看上任何东西时切记不动声色，偷偷告诉我他看上哪一样，再由我出面去杀价。但在看到这个铸有英国南汉普顿 JJ Wolfe 1840 的字样时，我长久以来的谆谆教诲立刻毁于一旦，三岁小孩也看得出这位英国大爷上钩了！

我故作漫不经心："多少钱？"老板先把英国殖民历史向我们报告一回，佐以店内各式各样殖民时期的遗物：把手破了的骨瓷杯子、剩下半套的银质刀叉组、英国老太太留下一毛不值的铁制胸针发夹、可能是从垃圾桶捡起来脏得不能再脏断了手的洋娃娃……最后对菲尔宣布："先生，我这对信号炮童叟无欺，货真价实！"

我摆出一副满不在乎的样子："所以呢？"老板继续看着菲尔，完全无视我的存在："先生，您是英国人，您一定认得这些东西，这个公司可有名了……"菲尔在被我瞪了一眼之后，已经了解不能再露出喜欢的神情了，无奈地对老板说："我的确很喜欢，但是钱全在太太那儿，我什么办法也没有，你得跟她谈。"一边说一边把空空如也的口袋翻出来证明他身上的确没钱。

老板只好转向我："太太，您可真幸运，先生一看就是识货的人，我这对一百多年的信号炮常常被宝莱坞电影借去拍片，绝对找不到第二对了。"我拿起一本破烂不堪的食谱，一边翻，一边说："这本食谱很有趣，多少钱？"老板立刻接话："太太真识货，这本食谱可有历史了。"我心想，破成这般当然有历史，但是有意思的是上面各个食谱的字迹不同，是手写后再印刷的。

我想象殖民时期派驻在印度的英国眷属，思念家乡口味一字一句写下记忆中的食谱，然后汇整印制成册，分送给同是客居异乡的英国家庭。

接着我摆出不屑的表情指着信号炮："到底多少钱？""太太，因为先生识货，我也常常见到两位在市场里，一定是喜欢我们印度的文化的……""到底多少钱？"老板再度转向菲尔："十五万卢比一个，一对三十万卢比，绝对值得的！"嗯，爱尔卡买一间房子只要十一万卢比。我摇摇头："我们买不起。"老板眼角目光还是盯着菲尔："太太，您不要说笑了，怎么会没有钱呢？这么吧，一个少一万，交个朋友，二十八万就好了。"

我们当然没有买，我也难得没有继续还价，但是老板出乎意料把手写食谱送给我："太太，这个送给您，反正没人买，您和先生考虑考虑这对信号炮，下次再来。"就这么在接下来两年期间，每每我们经过他的店门口，他总是拉高嗓门："太太，进来瞧瞧吧，信号炮还在呢！"而也如同他所说，这对信号炮真的过一阵子就不在，到宝莱坞去拍电影了！

我们没有再问过价钱，不过每次去贼市就去探望一下这对漂洋过海来的英国信号炮，看它们不提当年勇地坐在垃圾般的旧货堆里，我们和老板也成为朋友，经常买点一两百卢比的小东西，喝茶聊殖民历史，皆大欢喜。

在银行工作的澳洲朋友米歇尔任期届满要离开了，闲谈之际他提及贼市里的信号炮，才知道原来早我们到印度的米歇尔已经觊觎三年了，老板要他三十二万一对，三年下来已经降至二十万卢比一对。当下我开玩笑一人买一个，米歇尔一脸认真问我："多少钱是你的上限？"我答他："五万卢比，一毛也不多。"大家笑过一阵，没有放在心上。

几天过后米歇尔太太从贼市打电话给我："快点准备五万卢比，谈成了，明天取货！"我不敢相信米歇尔太太竟然有这般能耐，原来她直接告诉老板他们要离开了，若不是正好有另一个朋友也想买，他们是绝对不会要买一对的，那么老板得再等上好多年才有可能把这对信号炮卖出去。经过一番折腾，米歇尔太太以十万卢比一对谈妥这个他们想了三年、我们想了两年的信号炮。

隔日我早一步到贼市去，老板此时发现原来另一个买家是我，开怀大笑："太太，我不知道您和米歇尔太太是朋友，真是有缘哪！"我板起脸："你给了米歇尔太太那么大的折扣，降价到十万卢比，真是太不给我面子了！"老板脸上堆满了笑："太太，您千万别这么说，您跟她是付同样的价钱呢！"我继续拉长脸："我可不管，你得把最低的价钱给我，不能给米歇尔太太。"就这么你来我往过招数十回，待米歇尔太太抵达时，我很骄傲地告诉她："谈好了，一人四万五卢比！"

　　肯定还是赚了很多钱的老板摇头晃脑笑道："太太，您就别再说了，来杯奶茶吧？"

奇妙的印度新闻

我喜欢读印度报纸，虽然严格说起来许多印度记者的新闻写作或是英文造诣令人不敢恭维，不过报上有许多令人啧啧称奇甚至喷饭的新闻，就像是毒品一样，让我不得不看。每天早上我坐在阳台上，喝着又甜又腻的奶茶，一边琢磨某一则报道应该怎么写，但更多时候纯粹是在享受这个奇妙的印度世界。

住在孟买很久才知道报纸平日两块半卢比星期天三块，这绝对是物超所值！

一日报纸斗大的标题：《孟买是全世界最不适合居住的城市之一！》仔细读完，天哪，在这个全球调查中，从饮水卫生房租到公共设施人文素养，孟买样样不及格，差不多是死当的地步，的确不适合人住！

不过再想想，爱尔卡在厨房里，马上就要端上一杯热腾腾的奶茶，然后把一尘不染的厨房继续擦得亮晶晶，接着出去买菜，下午准备晚餐。亚莎正在给已经黄澄澄的铜器打蜡，接着要扫地拖地擦窗户熨衣服。尼尔生去缴电费，之后回到楼下等着我随时可以出门。如果不出门，可以到楼下和伊格保王子喝个茶，谈谈他的皇室点滴。

从小就被教育必须自己做家事，认识的朋友全和自己一样是寻常老百姓，我怎能说孟买不适合人住？孟买的硬件大环境的确有待改进，但我深信鱼与熊掌不可兼得是亘古不变的道理，所以真不适合人居住吗？平心而论，有待商榷，而对我这个懒人，蛮适合的！

过了几天同一家报纸又登了另一项全球性调查，当然又是斗大的标题：《笑吧！我们是全世界第四快乐的民族！》嗯，这倒是有道理，至少我在孟买街上看见的人，不论男女老少，有钱没钱，大多数是一口白牙笑嘻嘻的。头条下面还有个小标题：《不适合人住又如何？印度的快乐指数比英国和加拿大还高！》哈哈，拿两个英联邦的第一世界国家来比，肯定没错！

我弄不清楚孟买人究竟是听天由命或是天生乐观，但是不管是前者后者，他们倒是从英国人那儿继承来一些自娱娱人的幽默感。

爱尔卡来问："太太，晚上要吃红豆泥、黑豆泥还是绿豆泥？"我放下报纸自己在心里叹了一口气，如果非选不可的话："黑豆泥吧。"印度人餐餐要吃的各式豆泥当然有它们的名字，不过爱尔卡在教育我一阵子之后很快就放弃了，这个台湾人对豆泥有天生的排斥感，用颜色来分辨就行了，不必记住名字。

其中绿豆泥是真的用绿豆做的。没错，就是台湾人夏天当甜点的绿豆！这个印象中一定是加了薏仁麦片和冰块的绿豆汤，换了场景在印度被煮得稀巴烂之后，加上姜蒜洋葱西红柿香料，此时已经不是绿色的了，在我眼中是脏兮兮的泥巴色，颜色不对味道不对口感不对，我吃过一口之后就发誓绝不再吃第二口。

当晚我向菲尔重复着我说过数十遍，印度人完全不知道该怎么煮绿豆时，他告诉我一条今天的新闻。印度某个省份乡下有个人跟太太吵架后就住在树上，已经好几年了，当记者去采访他时，他说看他可怜的邻居偶尔会煮点豆泥给他吃，反正这个豆泥比他太太煮的要好吃多了，而且邻居不介意常给他煮豆泥，所以就这么在树上住下来了。

为了好吃的豆泥住在树上？从此我开始注意有关树的新闻。一日报纸标题：《学生从树梢保护总理安全！》咦，难不成这些学生也喜欢邻居的豆泥？这标题倒是起得好，深得我的赞许，因为立刻吸引了读者的注意力，一定要读！

这样的文章自然是要配上照片的，照片里一个中学生爬到树上看来是在站哨，说明是："总理的安危操之于孩子手中。"原来印度总理要出访某个乡下地方，由于近来恐怖攻击事件时有所闻，当地警方于是在总理莅临期间，以每天一百二十卢比的价钱，雇了二十个中学生，分别坐在总理预计经过的树上盯梢。

文中访问了一个当班的十年级学生达斯，他说警察说爬上树以后要小心躲好，如果看到可疑的人事物，立刻用力摇晃树枝，提醒在附近的警察。另一个受访的当地居民说："我们的警察都是中年人了，而且个个都有啤酒肚，怎么可能爬树？"所以他们就找灵活的学生爬上去盯梢，平时早上十点到下午一点半，吃过午饭三点再继续到晚上十点。星期六比较轻松，早上十点到下午三点就够了。

我乐不可支自己大笑起来。亚莎好奇过来问我笑什么。我很快说了这条新闻。亚莎翻白眼叹了一口气："印度警察真丢脸，我最讨厌他们了，只会在我们住的地方欺负我们。"亚莎念念有词走开，我接着读，希望这条新闻永远不要结束，最好可以让我读一整天！

这个追根究底的记者面面俱到，顾及新闻平衡，双方都得采访。当地一位负责总理到访安全事宜的行政官员表示，当地警察不知道这些孩子是学生，所以才雇他们当临时工。这个官员接着说，在一个学生打盹从树上跌下来以后，当地警察马上接到指示，现在已经把所有的学生从树上撤下来了！

这样日复一日，我津津有味读着各地的奇闻异事，多半令我拊掌大笑，但偶尔也会令人心酸不已。

一日读到一则特稿，是关于坐在路边专门帮文盲写信、面前摆了一台古董打字机的写信员。这是一项极为特殊的行业，因为印度有许多文盲在城市里工作，他们跟乡下家人联络的方式就是找个识字的人写信，因为老家是连电话也没有的，即使有，即使打电话不贵，邮票总要比电话费便宜多了。

这篇特稿里提及写信员的操守，就是他写过的信件内容，全部会跟着他进坟墓，不会透露半个字给任何人。生活稍稍过得去的人当然不需要这种服务，因为打电话是轻而易举的事。经常是在城市夹缝里生存的人，在把微薄的薪资寄回老家之后，附上一封信，问候家人，交代不要乱花钱，要家人不要为自己操心，一切都很好。

偶尔有些到城市寻梦却沦落为阻街女郎的乡下女孩来写信，写信员甚至会不收费写下她们在故乡家人面前编织的故事："我在一个宝莱坞片场找到工作了，经常为一些大明星伴舞。"最后还是同样一句："不要担心我，一切都很好……"

这些信极有可能是寄到老家某个写信员的家里，因为收信的家人也不识字，读了信之后，再口述回信，寄回给城市里的写信员。

从此每每经过坐在路边的写信员，心里总有一种特别的感觉，也说不上来是什么，不过当他们面前坐了一个衣衫褴褛或是一脸疲惫的顾客时，那么我很清楚那种感觉是心酸了。我相信写信员有一定的操守，但是要求写信的人完全不知正在振笔疾书的人，是不是真实写下他说的话，或是他苦思多日想出来让家人不担心的善意谎言。

但是我已经学得不再为这些事感到有罪恶感了，我继续强迫英语口语流利但完全不识字的亚莎每天认几个英文单词，继续到那格帕达教贫民窟的孩子几个英文字母，也许有那么一天他们其中一人不会需要写字员，那就够了！

伊尔凡的印度神像

第一次见到伊尔凡的印度神像是在朋友家里。

一进《华尔街日报》记者约翰家，他立刻带着我们进了书房，指着书架上的两个石雕佛像头很得意地说："刚买的，至少有好几百年的历史。"约翰的韩籍太太智阳皱起眉头重申立场："我们韩国人不喜欢砍下来的头，约翰居然还想把它们放在床头柜上，想都别想！"

几天后我独自依照指示在贼市里找到坐在小店门口和邻居聊天的伊尔凡，年轻高大的伊尔凡一口流利的英语，一听我是约翰的朋友，十分热络地带我进了他只有三人宽度的狭长店面。左右各一尺宽的架子上全是沾满厚厚一层灰的小东西，从印度神器到刻了英国皇室徽章的铁质大锁，很多一看就知道是工厂大量制造再泡到化学药剂里仿古的。

深而长的店面尽头是个小房间，摆满石雕的印度众神，有些缺手缺脚，还有好几个佛头。伊尔凡开始叙述各个石雕的历史，我半信半疑，不过很快看上了一座断了一只手的石雕印度女神像，长相凶神恶煞："她是谁？"

伊尔凡不可思议地看着我："太太，您不知道她是迦梨？亏您还住在印度！"我不好意思吐吐舌头，跟这个长相吓人的迦梨女神像一样："我才搬到印度不久，只认识象神，你告诉我吧。"

伊尔凡叫小弟买来一瓶可乐,我坐在满是苍蝇的路边小板凳上汗流如雨,他给我上了印度神话第一课,我在回家的路上停在史特安德书店买了本迦梨的书。

有四只手的迦梨断了一只手,手肘以下很可怜地靠在墙角,伊尔凡说:"没问题,太太,我修一修保证没人看得出她的手断过!"伊尔凡言出必行,三天过后我再到贼市迎接六肢完整的迦梨回家,成为菲尔在孟买的第一个生日礼物。

网上有一篇文章讨论迦梨到底有几只手,印度网友各说各话,迦梨到底有几只手我认定是不可考,但多数意见是四只手,最多则有十八只。其中有人引经据典之后一本正经写下:"这完全看作画或是雕塑的艺术家心情而定。"此时的印度,让我会心一笑。

印度众神多半是因为要打击恶魔拯救世界而产生的,迦梨也不例外。有一说是战神之母杜尔伽在大战恶魔拉克塔维拉时,用她各式各样的兵器砍伤了拉克塔维拉,怎知每一滴从拉科塔维拉身上滴到地上的血,居然立刻复制成另一个克隆恶魔!

说时迟那时快,杜尔伽毫不犹豫地从她的眉毛衍生出骁勇善战的迦梨,为何从眉毛衍生出来,谷歌令人失望没能给我答案,不过毁灭之神迦梨大开杀戒战胜恶魔后高兴得手舞足蹈,欲罢不能,接着迦梨极具爆发力的舞蹈几乎要摧毁这个刚从恶魔手中拯救出来的世界了!

湿婆神见状奋不顾身躺在迦梨脚下,终于拯救世界免于被迦梨践踏摧毁,当迦梨发现她居然踩在湿婆神身上时,惊讶地伸出舌头,这就是为什么迦梨的画像或是雕像总是吐舌头,踩在湿婆神身上。

目光赤红的迦梨肤色黝黑,代表黑暗、毁灭和死亡。一手拿着一把大刀象征万能的知识,一手提着一个她刚刚割下恶魔的头颅代表凡人无知的自我。我一边读一边赞叹不已:"说得真好!"另两只手则张开庇佑她的信徒，其中之一捧着一个小碗用来接着这个恶魔头颅流下来的血。迦梨脖子上有串用一百〇八个骷髅头做成的项链，腰间围着她砍下来敌人手臂做成的围裙。

我屏气凝神读完迦梨的传说：真是太了不起了！伊尔凡算是领我入了印度众神的大门，也开始了我们几年的贼市情谊。

迦梨进驻温德米尔后的周末，我和菲尔照例到贼市报到。伊尔凡问我们要不要到他的仓库看看，于是我们跟着他穿越羊肉街上卖喇叭卖旧木头拆汽车的重围，进入一家洗衣店旁铁卷门拉下三分之二的门口。

伊尔凡把铁门往上拉了一点，我们弯下腰跟着他钻进去。墙角几只看似老鼠的动物一溜烟从铁门旁跑了。伊尔凡神闲气定转身把铁门拉下一点，啪啪啪打开天花板上的大日光灯，霎时我们仿佛进入了阿拉丁的世界：没有窗户的大房间里摆满了各式各样的石雕木雕，两个工人坐在半开的铁门旁下修补石像。

伊尔凡的神像来自印度中部的神庙，下了火车还得开好几天的车才能到达的荒郊野外。伊尔凡说他在当地有些关系，找到这些没人管的神庙的当地农民会和他联系，或是他亲自去取货，或是有人会送到孟买来。我要他下回去取货带着我一起去开眼界。他满口答应，不过可想而知是不可能的。

我猜这肯定是极度不合法的行为，但是印度政府无力保护，多半也不想管到处都是的神庙，几百年的历史算什么？全印度放眼望去多的是几千年老的神庙！于是这些神庙在人迹罕至的印度乡下就这么被解体了。

我们要他小心别被逮着了，伊尔凡老神在在："我不是随便带人到仓库里来的，再说你们这些外国人买了之后，保存得比印度政府还好，不见得是坏事。"我自欺欺人认为他这个歪理其实还是有点道理的，我想哪天印度政府盖好了像样的博物馆要我交回迦梨，我一定会双手奉还，至于现在，还是让迦梨跟着我们吧。有一次参加一个聚会，伦敦《泰晤士时报》的记者大声批评印度非法古董买卖，我十分心虚不敢开口赶紧走开。

伊尔凡说他是读商的，从他做生意的态度方式可见一斑，不过就算是我们熟识之后，怎么进入这个买卖神像的行业他总是含糊带过。熟了之后他不再称呼我们先生太太，让人感觉十分亲切，常常给我们看手机里儿子的相片。

贼市里的伊尔凡喜欢讨论世界大事："我喜欢和你们这些记者聊天，太有意思了，我最讨厌古董捎客上门，不过没办法，我的东西只能卖给他们再转卖到欧洲。"他拿出好几本苏富比拍卖杂志，要我们仔细对照里面的照片和店里的神像，"要是我能直接卖到苏富比就好了，但是谁会相信我呢？"

是真是假我不知道，但是外行的我看来伊尔凡的神像和苏富比杂志上的没两样。

于是我们在他的店门口坐着喝了一瓶又一瓶的可乐，上至天文下至地理无所不谈，伊尔凡则是以他的古董知识教育无知的我们，加上一些贼市秘辛："你看看这头羊，多可爱！可是一过了斋戒月就要被宰来吃。所以我们会把它的羊角锯掉一只，这样它就不是头完美的羊，不能宰来祭神了！"

伊斯兰教一年一度的斋戒月期间白天严格禁食，一个月结束后则是大吃大喝盛大庆祝，羊肉是祭典主要的食物。

伊尔凡和百分之九十九的印度人一样是个板球迷，当他知道我们是板球俱乐部的会员时，眼睛亮了起来："真的？那么你一定见过好多板球明星了？"我很惭愧地说除了喜欢板球投手投球时优雅的姿势之外，我对板球没什么兴趣，也没有任何知识。

伊尔凡很可惜地摇摇头："这个世界就是这么不公平啊，你对板球没兴趣却是会员，有多少印度人连俱乐部的大门也进不了！"于是我们邀请伊尔凡有空到板球俱乐部喝茶，他也很爽快地答应了："一定，一定。"

可是他总是说没空，要不就是在约定的时间打来电话说临时有事。我们下了自以为是的结论：伊尔凡不确定是不是要把自己放在和他是两个世界的板球俱乐部里，不愿在他不熟悉或是不认同的环境里不自在。几次之后我们也就不再邀请他了。这和伊尔凡没有邀请我们参加儿子满周岁的典礼可能是一样的道理吧，不过我们很安于我们的交情仅限于贼市这个事实，从来不须讨论。

伊尔凡有时会阻止我买他店里的东西："教了你这么久怎么还看不出这个不怎么样？我劝你别买。"但有时又会推销不是古董的东西，一次他指着两个超大木雕神像头："这个湿婆神和帕华蒂不是老东西，不过不是很多人做，喜欢的话可以买。"于是湿婆神夫妇俩不须太多推销，很快就跟着我们回家了。

又有一回伊尔凡问起我们先前买的一个婀娜多姿的跳舞女神像："要不要卖回来给我？一个欧洲的客人看了我以前照的相片喜欢，我说卖了，他非买不可，你要愿意原价卖还给我，我高价转卖给他，多的钱我们平分。"我瞠目结舌说不出话来，万万没料到自己也成为贼市古董买卖的一环！

在孟买住了十年的朋友凯伊嗤之以鼻："别太天真了，他用这个伎俩让你相信他卖你的是真货！"姑且不论伊尔凡对我们真心与否，我由衷钦佩他的生意之道，即使受骗我也没有怨言，虽然我宁愿相信他是因为朋友才要我们买或是不买。

一回我们抵达他的仓库时，有两个法国人正在和他交涉两块有着那教神像图案的木头，三人口沫横飞说了老半天谈不拢，最后法国人说回去考虑转身走了。耆那教是源自古印度的宗教之一，创始人法达马纳出生于公元前五八九年，比释迦牟尼还早，教义主张非暴力。耆那教神庙以细致繁复闻名，令人叹为观止。菲尔拿起木头左看右看很是喜欢。

伊尔凡出声了："这些颜料都是天然植物提炼的，一辈子都掉不了，真不知道以前的人怎么会这么聪明！这是耆那教神坛旁的装饰，菲尔，你要是喜欢就买，不常见。"我要还价，伊尔凡摇头晃脑笑了："乔伊斯，我们是不是朋友？你听见我最后开给法国人的价钱吧？"

这下我可是无言以对了，讨价还价半天他最后给法国人价格是告诉我的两倍。伊尔凡接着说："因为我知道他们会拿回欧洲用二十倍的价钱转卖给艺廊，当然不能便宜卖给他们。你们不要没关系，我确定他们过两天会再回来买的。"

这是伊尔凡的逻辑，我们是因为喜欢而买，古董掮客是因为暴利而买，而伊尔凡从深山农民手里取来的神像成本极低，于是他可以偶尔根据自己的心情好恶，爱多少钱卖给谁就卖给谁！盗亦有道大概就是这么回事吧？

于是喝完小弟买来的可乐，这两块画有耆那教神像的木头又是不须太多推销，跟着我们回温德米尔了！

开车去神庙

自从从贼市里的伊尔凡处对印度众神有了一知半解的认识后，一直想亲眼见识印度神庙，朋友推荐了位于孟买北方奥兰加巴德市附近的埃洛拉和阿疆塔石窟。

"尼尔生，你去过奥兰加巴德吗？""没有，太太，那里有很多石窟，里面全是好几百年前的神像，您可以搭飞机，一个小时就到了。您也可以搭火车，晚上睡一觉就到了。到了以后找辆车，您可以住在那里的泰姬玛哈旅馆，所有的外国人都住在泰姬玛哈，就是温德米尔楼上塔塔大爷家开的旅馆。"

尼尔生为前一个雇主华格纳先生工作前在旅游公司开车，真是一点不假。但就这么搭飞机去，那岂不是太无趣？

我打断他："开车呢？"尼尔生眼镜下的眼睛亮了一下，摇头晃脑更厉害了，露出一口白牙："没问题，太太，'我们'可以开车去。"我也笑了："是的，'我们'开车去！"

菲尔到出发前一天还在问已经问过许多次的问题："你觉得尼尔生真的知道路吗？"我口气坚定地回答："路长在嘴上！"其实心里并不那么踏实，因为尼尔生没去过，却也不需要地图，这样到得了吗？

出了孟买往北走，在高速公路上很是无聊，但是下了交流道进入国道就有趣了，经常有牛群在马路中间散步，我们不赶时间，就这么慢慢跟着。

渐渐地我觉得不对劲了，尼尔生似乎有些着急又有些疑惑。经过一个没有英文的大路标时我按捺不住："尼尔生，这条路对吗？"他一边开一边说："应该对，太太。""路标上说什么？""我不知道，太太，写的是马哈拉斯特省的文字，我看不懂。"

印度全国通用的语言是印度话，但是方言有几十种，许多方言有自己的文字。尼尔生虽然会说多种方言，却只看得懂他家乡的泰米尔文和印度文。尼尔生此话一出，菲尔立刻提问："有没有地图？"我翻了翻白眼："就算有肯定也不管用。"其实是因为认为路长在嘴上的台湾人不太相信地图，买了也是浪费钱。

尼尔生摇下车窗，双唇吹气发出噗嗞噗嗞的声音，路旁一个赤脚卖香蕉的小贩立刻小跑步上前。这是我不能理解印度的千百件事其中之一，若是有人用这种我认为十分无礼的声音叫我，目的是要问路，我一定不管。

但在印度这似乎是个约定俗成的习惯，坐在车里的人只要发出一种特定的声音，路旁的人就会很快上前，站在车窗外不知是接受质问还是指点迷津。

两人开始冗长的对话，照例抑扬顿挫，比手画脚。眉心点了朱砂痣的小贩不时歪着头注视车里的两个外国人。菲尔看我："你觉得这个人知道吗？"我摇摇头："看他样子，肯定不知道。"

尼尔生把车窗摇上，继续上路。"这个人知道路吗？""是的，太太。"接着在马路上无预警地来个大回转。我们对看一眼：要是在我们熟知的任何城市这种行为不被开罚单才怪，但这是印度，没什么是不可能的。

我们接着在不同的路上回转无数次，尼尔生终于很抱歉地回过头来："太太，我下车去问路。"这回印度谷歌地图是个坐在店里看报纸的店员，看来很有希望。两人步出店门，站在路旁再来一阵比手画脚，从表情看来，很有希望。

再上路尼尔生似乎信心十足了，开始叽里呱啦说起印度的风俗民情。我们停在风景如画的路旁，打开保温箱拿出热水瓶，开始三人野餐。尼尔生对我准备的西式火腿三明治十分满意："太太，这个肉很好吃。"但是只加了一点牛奶的红茶，他喝了一小口后就不作声了。

我知道因为这不是印度甜腻腻的香料奶茶的缘故，故意问他："尼尔生，这个茶怎么样？"他不好意思笑了笑："跟我们印度人喝的不一样。"哈，真是当外交官的料！

我们走走停停，包括跟在一辆载满甘蔗的卡车后面。等红灯时，路人纷纷爬上卡车自己拿甘蔗，还不忘跟卡车后面探出头来的外国人打个招呼。傍晚抵达旅馆，第二天请旅馆准备了简单的三明治就出发了。

埃洛拉石窟是世界遗产遗址，建于公元五到十世纪之间，最令人叹为观止的是这三十四个石窟包括了公元五到七世纪的佛教石窟、七到八世纪的印度教石窟，以及九到十世纪的耆那教石窟。

这显示了印度历史上宗教的演变，从佛教到稍后的印度教以及耆那教，在雕刻这些石窟时，每个宗教都要超越前一个宗教，所以雕刻的神像和神庙内的壁饰也愈来愈繁复。

看见墙上的迦梨，想到向伊尔凡买来的神像，不禁有点心虚。一群跟着我们好一阵子的男孩和尼尔生聊起天来，叽叽喳喳一阵子："太太，他们想要跟您照相。"于是大家排排站，拍完了再争先恐后看相机里的自己，开心不已。

我读着旅游书，对前人鬼斧神工的雕刻技巧简直到了五体投地的地步，五百年之间在这个山谷里雕刻了三十四个石窟、三种宗教，不可思议啊！怎奈这个英国人的见解完全令人气结："我很好奇，这些和尚五百年期间吃饱没事，为什么在这鸟不生蛋的地方挖这么多洞？”

尼尔生看得出十分兴奋，拿着他老式的胶卷相机左拍右拍，当然许多是我和菲尔的画面，回去给邻居朋友看！我想起多年前尼尔生跟着前公司一位苏格兰来的老板去孟买旅游胜地象岛，老板却因外国人与本国人票价不同，愤而拒绝进入象岛石窟。多年以后，尼尔生总算进了石窟，而且是全印度最著名的石窟。

野餐之后我们前往阿疆塔石窟，尼尔生对于旅馆准备的三明治很是满意，因为里面有一层厚厚的、非常甜的美乃滋，非常适合印度口味。

旅游书上说，这些石窟是在十九世纪殖民时期一群英国军官在猎老虎的时候发现的。读到这里，立刻浮现脑海的竟然是伊格保王子和他太太猎花豹的画面。那个时候的人猎老虎猎花豹，现在的人钓虾捞金鱼。

阿疆塔一共有二十九个石窟，比埃洛拉石窟更早，建于公元三到七世纪之间。这些完全徒手凿出来的石窟由来众说纷纭，大部分是僧侣的起居空间，只有几个是神庙。

一般认为，这些起居空间是僧侣为了躲避每年几个月的雨季开凿的，渐渐有了规模，变成了修道院，也有了神庙，曾经同时住了二百多位僧侣。令人惊讶的是洞穴内十分阴暗，在一千多年前，靠着油灯和人力，他们是怎么办到的？

拜访完两处石窟回旅馆的路上，尼尔生发现新大陆似的：“太太，这个餐厅卖的是我家乡的食物！”于是我们停车，菲尔和我各要了一杯印度奶茶，尼尔生开心地吃起有家乡味的小点心，比三明治好吃。

这趟神庙之旅，我们自然是非常开心，但是最开心的，绝对是尼尔生！

雨季来了

在新加坡工作五年期间特别喜欢东南亚的雷阵雨，跟新加坡政府一样干净利落的雨哗啦啦下了一两个钟头就停了，一转眼又是艳阳高照，走在路上雨和泥土青草混合的味道强烈极了。接着到了悉尼，虽然位于港边，但大陆型气候明显，天气干燥异常，下雨的概率极小，也不再是哗啦啦的倾盆大雨，有点失望。

孟买呢？一年八个月不下一场雨，连毛毛雨也没有，然后是从六月开始的雨季，就像是台湾的梅雨季，几乎每天下，一下整整四个月！鞋柜里的鞋、橱子里的皮包皮衣，一不注意就长了一层白茫茫的霉。此时近乎神经质的我担心千里迢迢从台湾背来的食物在这种天气下要坏了，连酱油都得放进冰箱里。

雨季降临之前的五月闷热难耐，空气里没有一丝风，净是黏腻的湿气，就算是纹丝不动也要浑身是汗。我本着爱护地球的原则，不到生死关头坚决不开冷气，于是天花板下挂着的大吊扇死命地转，地上站着的立扇对着我拼命地吹，这时是连椅子也坐不住的，我成日坐在冰凉的大理石地板上处理所有的事，尽量不要活动，希望能把流汗的情形降到最低。

整个城市陷入一种半昏厥状态，中午休息的时间更长了，我不再喝热腾腾的奶茶，不停灌下一杯又一杯的冰水。朋友见面时的问候语总是：

"好热呀，雨季怎么还不来？"爱尔卡和亚莎在整理家务时只能用慢动作进行。厨房的吊扇是不能开的，这是印度令我百思不解的千百件事其中之一，为什么会把吊扇装在瓦斯炉的正上方？爱尔卡在做饭时不能开吊扇，我搬来两座电扇，只能稍稍减缓厨房里的温度。

尼尔生说，雨季开始的那一天，所有的人都会高高兴兴上街在雨中跳舞，迎接八个月来的第一场雨："如果雨季的第一天是在星期天，我也会带着我的儿子在雨中跳舞！"我脑海里浮现平日街上常见或是婚礼或是宗教庆典的打鼓跳舞，总是让人觉得很兴奋，不过在倾盆大雨中庆祝下雨？孟买人的确有他们可爱之处。

终于下雨了！我必须承认在八个月不见一滴雨之后，这真是令人兴奋的事，但是由于温德米尔靠近沙顺码头，这雨的味道不似新加坡或是悉尼，混着阵阵若有似无的鱼腥味，让我想起下雨的基隆渔港，居然有点似曾相识的感觉。

和台湾中度台风风雨不相上下的雨就这么开始下个不停，所幸孟买什么东西都是一通电话就送来，所以倒也没有在生活上造成什么困扰，一直到一天亚莎慌慌张张跑进书房："太太，餐厅进水了！"赶忙一看，果真偌大的餐厅三分之一进了水！由于风势的关系，雨就从窗框和墙壁的隙缝不停地渗进来了。

找了房东，不久两个落汤鸡般的工人来了。两人左看右看，交头接耳，会英语的把他们的决定告诉我："太太，只不过是雨水罢了。您看看这雨，现在绝对没办法修，雨季过了再说吧。"四个月以后？

不过他说得也有道理，只不过是雨水罢了！只不过是我们请朋友来吃饭时才派上用场的餐厅，有什么关系呢？孟买有一半以上的人口住在贫民窟里，他们的漏水情形不是我可以想象的，我抱怨一个月用一回的餐厅漏水，的确没道理。

　　于是我仔细观察水到底从哪里进来，就在那里放条毛巾，下面放个水桶，用毛巾把渗进来的水引进水桶，隔一阵子再把水倒掉，也把餐桌椅搬离窗户，这么一来虽然窗户下还是有点湿，餐厅地板不再积水，我对自己的妙招十分满意。

　　我看爱尔卡和亚莎每天打着把破伞来温德米尔，于是拿了钱让她们各自去买一把伞和一双塑料拖鞋。结果钱领了，她们还是每天撑着原来的破伞，塑料拖鞋倒是买了。尼尔生则是兴高采烈买了他认为最好的雨衣，方便他在雨中万一车坏了得下车处理。

　　我站在屋里向外看，滂沱大雨形成一层白色布幔，几乎看不见不远处的世贸中心大楼，心想今天的雨可非比寻常，接着菲尔电话来了。孟买南北交通全断，没有公交车没有火车，南孟买有些低洼地区水深已经及膝，孟买机场全面停摆，飞机完全无法起降。

　　我打开电视，不得了，淹大水了！赶紧打电话给尼尔生："告诉你太太今天回不了家了，住在温德米尔。"

　　雨季前我跟尼尔生打探雨季的威力，他说之前的德国雇主虽然是好老板，但是一丝不苟，每天早上尼尔生到了之后才能领车钥匙和老板给的手机，回家前再把钥匙和手机交还给老板，十数年如一日。几年前孟买淹大水，他下班到了火车站才发现所有陆路交通全断，无计可施之下跟着路上的人群开始步行回家。这个平日一小时的车程，他整整走了六个小时。怎么会？

　　"是这样的，太太，一路上全是水，我必须很小心，您知道孟买的街上有很多洞，淹水看不见洞在哪里，一不小心就会受伤。"第一个浮上我脑海的画面是不下雨时满街的垃圾，淹水时呢？如果受伤了，什么样的细菌会进到伤口里？

　　尼尔生比手画脚十分兴奋："我离开维多利亚火车站时淹水只有到

这里，"他指着小腿，"过了两个小时，水就到这里了。"他指着裤腰，"然后有一个地方水到这里。"他指着脖子下方！我不敢相信："尼尔生，现在你二十四小时有手机，再碰到淹大水，知道该怎么办吧？"他摇头晃脑笑了："是的，太太，我先给您打电话，然后给我太太打电话，然后回温德米尔睡一晚！"

我读过一篇报道，气象专家指出孟买一整年百分之八九十的雨量集中在雨季，而整个雨季百分之七十的雨量集中在七八月，而七八月的雨量有一半就只集中于几场倾盆大雨！最糟糕的是，如果一场超大的雨和阿拉伯海的涨潮正巧在同一时间出现，没有其他的可能性，淹大水就是了。淹水的严重程度不一，但是每年总是得来个几次淹大水。

孟买原来是七个小岛，有些考古学者认为其中的一些小岛远在石器时代就有人烟，经过时代变迁，渐渐形成今天的狭长的孟买半岛。孟买在十七世纪时由英国东印度公司承租，奠定了日后商业首都的基础，但是即使是印度的经济命脉，每年气象预报准确到哪一天会开始下四个月的雨，但是由于没有现代化的下水道系统，许多地处低洼的地区还是年年淹水，就连高架桥上也淹水！

当然政府十分腐败无能是事实，但是哪里来的经费整修这个古都的下水道系统？从何修起？可以住人的地方全是贫民窟，他们是死也不走的。结果就是孟买的两千万人视雨季为家常便饭，不过是下雨嘛！

雨愈下愈大，这下已经到了台湾强烈台风的地步了，餐厅里两个水桶满的速度愈来愈快，亚莎不一会儿就得去倒水，虽然只是住在十分钟脚程对街的贫民窟里，我还是要她们赶紧回家。爱尔卡用一种她惯有的"你们这些大惊小怪的外国人"的眼神看着我："太太，没问题的，我们把事情都做完了就回家，您不必担心，没问题的。"

是啊，爱尔卡四十多年来年年都有的四个月雨季，这些外国人，大惊小怪！

再不多时菲尔电话又来了，办公室有八个女孩今晚住温德米尔！南孟买是金融商业所在，房价自然是高得惊人，多数的上班族和尼尔生一样，住在离南孟买一小时车程的北孟买。现在交通全断，男同事就近在办公室附近有限的小旅馆挤一挤，住不下的女同事、总机、秘书、记者，全到温德米尔来了。虽然是睡佣人房，不过当晚尼尔生是唯一一个自己睡一个房间的人！

荷兰籍的朋友就在这次大水前任期届满，准备离开印度回欧洲。身高近两米的艾瑞克在淹大水当天，也就是他离开孟买的前一天，在办公室和同事做最后的道别，不多时发现：回不了旅馆了！他在办公室里待了一夜，第二天决定效法其他印度同事，开始涉水回离办公室不远的旅馆。他和尼尔生有类似的经验，水深从小腿到腰际到胸口，不同的是尼尔生对淹水一事习以为常，但是对有洁癖的艾瑞克，可就不是这么回事了。

根据艾瑞克事后形容，在水深过腰之后，他把笔记本电脑顶在头上，屏住呼吸，不去想不去看周遭漂浮的垃圾。在孟买贫民窟里当然没有厕所，加上公厕不足，随地大小便的情形处处可见。但是在看见离他只有几米处一头漂在水里的死羊时，他几乎要晕厥了。在馊水般的水里走了一个小时之后终于回到旅馆，他把所有衣物丢弃，在浴室里洗了又洗，几乎要刷下一层皮之后，太太告诉他机场已经第二天关闭，不知何时才能离开孟买！艾瑞克从来不喜欢印度，在这次的经验之后，更是怨恨印度，发誓有生之年绝对不会再踏上印度的土地一步。

我听说了一个在印度门旁的泰姬玛哈旅馆只有雨季才有的特殊景观，于是找了雨下得不大的良辰吉日，穿上菲尔爸爸送给我英国人莳花养草时穿的惠灵顿橡胶雨鞋，出发前往泰姬玛哈买面包兼看热闹。下车前我把雨鞋换了，虽然这双我原来嫌难看的雨鞋已经是我雨季的最佳拍档，还是不能跟着我进旅馆，否则门童可能不准我这村妇进入金碧辉煌的大厅！

果真发现了比平日要多出许多穿着阿拉伯长袍的客人，珠光宝气的太太颐指气使，娇纵任性的孩子横冲直撞，在一旁照料的菲佣追着他们满大厅跑。原来在经年不下雨的阿拉伯世界，倾盆大雨可是个奇观，于是有钱的阿拉伯人就携家带眷，住进宫殿般的泰姬玛哈旅馆，租下一晚好几百甚至好几千美金、正对阿拉伯海的顶级海景套房，赏雨来了！

史特安德书店

南孟买市中心一条绿意盎然小街上的史特安德书店可能不到十坪大，进门后四面墙从地板到天花板都是书，地板上也是到处成堆的书，不知是等着分类还是因为书架上放不下了。

我觉得是后者，因为在我看来这书店里的书根本没有分类可言，肯定是看似认识英文字母的店员随手往任何有空间的架子上一放。这些穿着西式衬衫的店员在小小的书店里有好几个，或坐或站分布在各个角落，多半是怕有人拿了书就跑，我想。

靠大门处有张小书桌，桌上也是堆满了书，戴着眼镜长相斯文的收银员总是微微笑着，拿着一个小计算器在他面前只剩三本书大小的桌面空间替坐在面前的顾客结账买单，然后一个看来像是没上过学、穿着传统白色印度衣裤的中年人默默拿个塑料袋把书装好，接着提着袋子走在顾客面前去打开大门，把袋子交给顾客后微微哈腰送行，再走回小书桌旁站着。

渐渐地，和印度许多事情一样，在这个看似杂乱无章的书店里我找出了一点逻辑。书店右手边尽头的角落是印度作家的书，前方则是旅游书。左手边是经典西方作家例如莎士比亚、詹姆士·乔伊斯，中间进门处是些当代畅销的硬皮书，后方则是工具书。上了狭窄的楼梯，二楼堆满了艺术、摄影、食谱，还有儿童书。

这些书在他们各自的范围内究竟如何分类上架，我至今还理不出头绪，不过可以确定的是肯定不是按照字母排列的。

搬到孟买之前我从未读过任何印度作家的书，到了之后经朋友介绍读了帕西族作家米斯垂的《微妙的平衡》，才读到一半我中邪似的马上到史特安德书店，站在书店右手边最尽头的角落，把架上所有米斯垂的书全搬到小书桌上。

管账的店员，不久之后成为朋友的史诺伊先生，抬眼从眼镜上方看着我，带着赞许的眼光微微笑着："太太，您喜欢米斯垂？"

那是个安静的下午，书店里没什么顾客，由于雨季即将结束，不再是哗啦啦整天的倾盆大雨。经过几个月的大雨清洗，空气中少了垃圾的腐臭味，太阳甚至露了脸，午后的阳光从窗外树叶间争先恐后进了书店，洋洋洒洒落脚在史诺伊先生摆满了书的书桌上，不知怎么地让人觉得信心十足。

此时的我初到孟买，对一切事物充满热情，立刻把我读了一半的书在史诺伊先生面前做了心得报告，外加班门弄斧对孟买下层社会生活的看法，史诺伊先生一边听一边摇头晃脑很欣慰地说："很好，太太，非常好。"

《微妙的平衡》一书主人公是一个住在孟买的穷困帕西族女人和她的三个房客，包括了从乡下来的大学生和属于贱民阶层的裁缝叔侄二人，故事就在这四人之间打转，生动而真实地描述在这个有两千万人的城市里讨生活的窘境。我绝非多愁善感之辈，但在读这本书时，我几度放下书深呼吸几口之后才能再继续。

史诺伊先生在他看来几乎要坏了的计算器上算好了总数："太太，米斯垂还有几本书我们现在没有，您有兴趣的话过一阵子有空再来，我们会把所有米斯垂的书给您全部找来。"

一个星期后再到史特安德书店，史诺伊先生很热情地招呼我："太太，真高兴再度见到您，您上回没买到的米斯垂的书全来了，看看吧。"

就这样我成为史特安德书店的常客，各个角落的店员见到我总是点头微笑，然后让出他们的板凳："太太，坐着慢慢看。"

这就是孟买的魔力了，这样一件事可以把之前令我发指、血压升高的好几百件事一笔勾销。

史特安德书店里的书各式各样，史诺伊先生在店里没什么顾客时会离开他算账的小书桌，站在我的身边跟我介绍他喜欢、认为有价值的书，一次他从成堆的书里拿出一本关于印度电影历史的精装书："太太，这本书已经绝版了，昨天我们刚拿到十来本，好书。"于是我买了五本，送人自用两相宜！

一日在报上读到了一部电影《水》的评论，叙述的是印度寡妇的生活。场景在瓦拉纳西，根据印度古老的传统，丈夫过世后的寡妇全部住进类似修道院的收容所。当然在现代的印度社会这个习俗已经极为少见，不过当时的寡妇必须理平头，过着深居简出的生活，外出时必须避开人群，因为她们是不吉利的象征。

在电影拍摄完成之后，一位著名的女作家把电影写成了小说。想当然我读完这篇报道立刻驱车前往史特安德书店，进了门往右手边的角落冲，无奈在几百本书中就是找不出这本根据电影写成的小说。站在一旁的店员观察一阵子之后，很清楚我是在找某一本特定的书："太太，能告诉我您在找什么书吗？书名是什么？作者是谁？"

侧着头找书的我几乎要扭到脖子了：这是印度，客服的观念几乎不存在，这个店员居然在我发问之前问我要找什么书！我所去过各国的书店从来没遇过种事，而且立刻惭愧起来：我以为他只是个懂几个英文字母的店员！

我告诉这个向来笑容不多的店员，我要找一本根据一部电影写成的小说，电影名字叫《水》。他若有似无地微笑："太太，作者？"我愣住了："不知道，是个印度女作家。"他不发一语默默开始在书架上搜索，一本又一本拿出好些个书名里有"水"字的书，全不是。

他在杂乱无章的书墙上找了好一阵子徒劳无功，忽然抽出一本书来："太太，你喜欢米斯垂的书是吧？这也是个帕西族的作家，您可能会喜欢。"我接过来翻了几页，道谢之后拿着书走向史诺伊先生的小书桌，接下来几个星期我把这个作家所有的书全买了。

一日我又站在书墙前侧着头找书。有人拿了一本书毫无预警地往我眼前一摆，硬生生挡在我和书墙之间："太太，我想这是您上回要找的书。"我接过一看，封面果真是电影里被理了平头的小寡妇！我看着要笑不笑的店员："谢谢，就是这本！"他笑容多了一些："没问题，太太，不过司德瓦不是印度人，是巴基斯坦人，她和米斯垂一样也是帕西族的。我想您可能也会对她其他作品感兴趣。"

不等我回过神来，他从书架上熟练地抽出好几本在不同方位中司德瓦的书递给我，再把一个板凳往我身边推，用眼神示意我坐下，然后一言不发又回去站在他在墙角的老位子。

就这样，我在史特安德书店度过无数令人透不过气来的孟买盛夏午后，书店里超强的冷气中弥漫着新书夹着旧书的味道，买书的人、算账的史诺伊先生、默默帮客人找书的店员，没有人提高声调，总是轻声细语，和门外喧嚣的街头形成强烈的对比。

某次出国回孟买后，不知为何两个月没有踏进史特安德书店，再度进入书店时史诺伊先生吃惊地看着我："太太，好久不见，我们还以为您离开孟买了！"我们轻声寒暄，仿佛是多年不见的老友，之后我照例前往书店后方定位在印度作家区。不爱笑的店员向我微笑示意，我则报以摇头晃脑。他转身从书架上拿出一本书："太太，这个作家不是帕西族的，不过他的文风类似米斯垂，我想您会喜欢……"

孟买，叫我怎能不爱你？

也来说宝莱坞

印度的全民运动是板球，全民娱乐是看宝莱坞电影。在仍然被阶级制度笼罩的印度，看宝莱坞电影、八卦宝莱坞明星时人人平等，不分男女老少富贵贫贱，全都可以把宝莱坞情节融入日常生活。

刚搬到孟买和尼尔生开车上街，满街广告广告牌代言人全是同一个灰白络腮胡的老男人，有些一本正经，有些幼稚可笑，从电信到房产到巧克力，想得到的广告几乎全可以看到他的络腮胡。不论广告主题风格为何，他深邃的眼睛和雕刻出来似的五官在我看来，真是太迷人了！

我问尼尔生他是谁时，尼尔生几乎要撞上前面的车了："太太，您不知道 Big B？"他惊讶的程度就好像我不知道吃素的人不吃肉一样。接着他十分兴奋一一细数阿米塔·巴强的每部电影，当时的我既没有研究宝莱坞电影，也还没习惯尼尔生提及板球和宝莱坞时的连珠炮英语腔调，鸭子听雷般只知道巴强是个巨星，而且是地位非常崇高的超级巨星。

后来才知道，巴强的昵称是 Big B，独一无二，举世无双的 Big B！

巴强从影半个世纪，二十世纪八十年代期间曾经从政，但是在短短三年后离开他称之为粪坑的政坛，真是太酷了！偶像的名字"阿米塔"的意思是永不熄灭的光，更是让我这个粉丝敬佩不已。

在一九九九年英国国家广播公司的一项世纪超级巨星排名调查中，

巴强的排名甚至超过马龙·白兰度、劳伦斯·奥利弗和喜剧泰斗卓别林。不过巴强事后淡淡地表示，这是由于印度人口众多的关系，他的调查排名才会高高在上。当然他说的也是事实，但是这么一说，他在我心目中的地位又提高了。

巴强的儿子阿布舍克和爸爸一样高大英挺，也是宝莱坞当红的演员，媳妇则是曾经摘下一九九四年世界小姐后冠，一度被称为全世界最美丽女人的艾许维亚·雷伊。我读着报纸看着他们三人一起拍的印度版教父宣传照，心里十分不平，怎么所有长得好看的全给他们一家占去了！

起初不好意思透露我是巴强的粉丝，觉得跟着几千万人当粉丝一点也显不出自己的眼光与众不同，但是几次不经意提起竟然立刻看见印度友人两眼发光，并且对我和印度寻常老百姓品味一致表示赞许，从此再也不隐藏我喜欢巴强这个事实了。

若要比较，巴强的地位也许可说是相当于好莱坞的罗伯特·德尼罗。不同的是好莱坞还有阿尔·帕西诺、柯林·伊斯威特、劳勃·瑞福等繁不及载。而在印度，只有一个巴强！

虽然曝光率高得吓人，巴强受欢迎的程度却从未稍减。并非印度没有其他举足轻重的演员，而是没有任何一个演员可以和巴强相提并论，他在印度的地位在我看来，几乎是半神半人了！一日，爱尔卡很忧伤地问我："太太，您知道 Big B 生病了吗？"我答道听说了，爱尔卡叹了一口气："真希望他快点好起来。"我看着爱尔卡慢慢走开的背影，仿佛看见整个印度了。

印度各大报连续几天头版刊登了巴强生病住院的消息，即使国难当前应该也不过如此。医院附近交通天天被从全国各地来的影迷搞得瘫痪，巴强经常去的印度庙宇设置了专门为巴强祈福的定点。

其间影迷在全国大小庙宇为他祈福，有一个在孟买开餐馆的死忠影迷为了能让巴强早日康复，从巴强住院开始，每天免费供应五十名穷人三餐，唯一的是要求他们必须为巴强祈祷，一直到这个万世巨星康复出院为止。结果当然就是每天引来好几百名穷人每天在他的小吃店外排队，本来就是偶像，本来就会为他祈祷，还有饭吃，何乐而不为？

就连《纽约时报》也专题报道，详细描述了巴强住院引起印度举国上下疯狂的行径，包括两个从北方徒步几百公里到孟买来的影迷，只为了给巴强送来恒河里的圣水治病。全国最大报《印度时报》在巴强出院之后，送给他一份特制全开二十四页的报纸，里面有超过一万则手机短信，还有一张有一万两千多则手机留言的光盘，全都是祝偶像早日康复的。

巴强在印度十多亿人口里的影响力，绝对远远超过任何一个他口中"粪坑"里的政治人物，这是宝莱坞不可思议的力量。

网上的数字众说纷纭无所适从，但是不难看出宝莱坞在印度的地位：每年拍七百到超过一千部电影，每年卖出三十亿到四十亿张电影票，每天有一千四百万人买票看电影。这些数字即使打了对折还是天文数字。

宝莱坞一词源自二十世纪七十年代，把好莱坞第一个字母改成孟买（Bombay）的第一个字母就成了宝莱坞，这个名称如今已经在牛津字典里占了一席之地。宝莱坞电影基本上是歌舞剧，没有歌舞的电影少之又少，票房通常也不好，因为印度观众希望他们花钱买的电影票物超所值，所以电影里一定要载歌载舞，剧情一定要高潮迭起，亲情爱情警匪惊悚之中一定也要令人捧腹大笑，如果能再加上点印度神话，那就是完美的经典宝莱坞电影了。

这类宝莱坞电影也被称为香料电影，各种辛香料都来一点！由于内容丰富，每部电影长达三小时，于是印度电影院也有国家剧院音乐会时的中场休息，正好可以喝杯印度香料奶茶再继续。

一次开车经过一处高级住宅区，尼尔生没头没脑地说："太太，亚莎住在这栋楼里。""亚莎不住在这里，她住在温德米尔对面的贫民窟。"尼尔生又是不可思议："太太，您最近不是常说宝莱坞电影吗？不是我们家的亚莎，是唱宝莱坞电影主题曲的亚莎！"言谈之间对我的孤陋寡闻甚是不屑。

我只好很惭愧地不耻下问虚心求教。尼尔生说比巴强出道还早的亚莎和姐姐拉塔是宝莱坞电影的主要幕后主唱，几乎所有的电影主唱都是她们两姐妹。"那么，她们比巴强还要老？""是的，太太，可是唱歌还是一样好听！"

维基百科说，根据一九八七年的金氏世界纪录，拉塔是有史以来录制过最多歌曲的歌手，在一九四八年到一九八七年期间，用二十种印度方言录制过三万首歌。拉塔很谦虚地说，她不记得录过多少歌，所以这个数字怎么来的真的不知道。其他一些世界纪录组织则说亚莎为超过一千部宝莱坞电影录过幕后歌曲，录制的歌曲总数超过一万两千首。

和印度朋友谈及此事方知在宝莱坞电影里各个因素都很重要，但是如果电影歌曲不好，剧情再怎么引人入胜也是没有用的。电影原声带通常在电影上映之前就早早推出，如果卖得不好，电影一定不卖座。

早期电影歌舞部分通常在风景如画的克什米尔拍摄，但是在克什米尔动乱之后外景转移阵地到欧美。男女主角前一个镜头在巴黎铁塔前卿卿我我，下一个镜头马上跳到纽约自由女神像前热歌劲舞。目前最受欢迎的宝莱坞歌舞场景在瑞士和奥地利。

这就是宝莱坞了，有钱的可以边看边回想某次的欧洲假期，然后回到三个司机五个佣人的家计划下一次。没钱的可以进入电影院逃离现实三个小时，编织几乎永远不能实现的白日梦，然后回到家徒四壁的贫民窟，开始存下部电影的门票钱。日复一日，电影市场永无翻黑的一天。

一位美国朋友知道我开始看宝莱坞电影之后，很热心地要引我到多数孟买外国人加入的布瑞吉坎迪俱乐部上专为外国太太开的宝莱坞舞蹈课，但我有自知之明同手同脚完全没有韵律感，婉拒了她的好意，还是安安分分地坐在板球俱乐部的草坪上喝茶吧！

贱民

在孟买我最不愿意见到的除了没鞋穿、浑身脏兮兮、衣不蔽体的小乞丐之外，就是皮肤黝黑、头上顶个小铁盆、在工地里里外外搬运泥土的妇女。

同情女人从事这类劳力工作听来似乎有点歧视男性的心态，倒也不是，看见男人头顶小铁盆赤脚穿梭在工地一样觉得难受，但总是比不上看见穿着纱丽的妇女在做同样的工作，尤其在读到一则新闻提到这些以劳力讨生活的女人，每天的工资竟然比不上永远不会喊累的驴子之后，再看到她们就更难受了。

这些在工地里干活的人许多属于印度种姓制度里什么阶级也排不上的"不可碰触"之人，顾名思义，他们脏得令人不愿碰触，中文翻译成特别难听充满歧视，但某种程度上又十分贴切的"贱民"。

之后他们有另一个名称"达利特"，虽然不再是不可碰触，还是有破碎和被压抑的含义。稍后印度圣雄甘地则把这些名称改为"哈里江"，意思是上帝的子民，但是这个名称一般说来不普遍。

印度的种姓制度把社会分成四个阶层：从事祭师工作的婆罗门是最高级的，接着是战士阶层刹帝力，然后是商人地主的吠舍，和农工阶层首陀罗。这四个阶层之外是贱民，他们的社会地位非常卑贱，或者严格说来，他们根本没有所谓的社会地位，被排斥于印度社会的框架之外。

一位婆罗门阶层的朋友告诉我，不仅他本身谨遵印度教的礼仪，他住的公寓更是一丝不苟，调查了住户的祖宗八代，身家高尚清白够格才准入住，还得写下保证书保证连肉也不会带进公寓大楼一步。我当时只是纳闷：那么如果贱民不吃素，可以进入大楼打扫厕所吗？

见过网络上一张人形图很清楚地解释了种姓的阶级：婆罗门是头，刹帝力是双手，吠舍是双腿，首陀罗是脚掌，而贱民则被踩在脚底下，不属于人身范围。

肤色黝黑的印度人不见得是贱民，可能是任何阶层，但是如果从事的是捡垃圾或是工地打杂的工作，多半就是贱民了，肤色比较黝黑。虽然印度宪法已经明文禁止种姓制度，但是几千年下来的传统，不是说不存在就不存在的。

搬到孟买后时有耳闻贱民在乡下地方如何被歧视，但这种情况在都市里毕竟比较少见。一日在报纸一角看见一则新闻，只有短短几段，简单叙述属于贱民阶级的一家四口因为土地纠纷，在离孟买七八百公里远的一个小村庄被谋杀了，警方正在调查。过了一阵子和几个印度记者聊天才知道这并不是单纯的土地纠纷，而是牵涉到根深蒂固的种姓制度。

原来这个贱民家庭因为拒绝让村子里的上层阶级毫无道理地从他们拥有的土地上开路，一天晚上一群人冲进他们家中，当场杀死两个儿子再绑走母亲和十七岁的女儿，她们接着被五花大绑全裸游街示众后加以杀害。尸体就被丢在路边的大水沟里，这种近乎石器时代的野蛮行为在报上只占了小小的一个角落。

一些媒体开始调查，发现在这个只有一百多户人家的小村落里，风声鹤唳没人敢说话，社工拍下的照片中显示两个女眷在被五花大绑全裸游街之后，竟然还在大庭广众之下被凌虐轮暴后才被杀害。村民偷偷告诉记者这一家人被谋杀的经过，但是法医鉴定却表示强暴完全是无稽之谈，警方很快逮捕了一些人后草草结案。

不久后印度最大报《印度时报》一名女记者做了深入采访调查报道，标题是《不过是另一个强暴案件罢了》，强烈讽刺遇害的贱民受到非人对待，而他们的冤屈在印度却永远无法获得平反。

和尼尔生谈及此事，他告诉我南部家乡的真实情况。在路边的饮料摊，贱民有钱可以去买，但是他们不能用一般人用的玻璃杯或是不锈钢杯，必须用椰子壳，喝完就丢。这种极端的歧视虽然在城镇已经渐渐少见，但在偏僻地区贱民还是有许许多多的限制，例如不能经过印度神庙，即使是祭师的家也得绕道而行。

一日在史特安德书店找关于贱民的书，问了戴眼镜的店员，他转过身抽出一本薄薄的书递给我，微微点头一言不发又回到他的老位子站着。

《不可碰触之人》是著名作家安南在一九三五年出版的第一本书。有着英国剑桥大学博士学位的安南是印度最著名的英文作家之一，著作以描述印度下层生活居多，有印度狄更斯之称。

这本书的主角是贱民阶层的厕所清洁工巴卡，书中描述巴卡一天的生活，他必须边走边喊话，好让大家知道"不洁之人"来了，赶紧避开。在宗教至上的印度他不仅不能进神庙祷告，还必须绕道而行。除此之外，也得毫无怨言全盘接受任何人对他的辱骂或是冷嘲热讽。

安南为本书做了令人心酸的结束：巴卡在一天结束之后，发现只有现代科技可以解救贱民悲惨的命运：冲水马桶。如果家家户户有了抽水马桶，印度就不需要专门打扫厕所的贱民阶层了。

就在《印度时报》深度报道贱民全家被谋杀的惨剧之后，孟买所在的马哈拉斯特省陷入一种淡淡的不安气氛，每隔一阵子就要听说某个地方有贱民聚集抗议。来自印度底层的愤怒，终于在安倍卡博士铜像在街头被污损之后爆发了。

出身贱民阶层的安倍卡是印度早期少数接受大学教育的贱民之一，还在英国和美国拿到法律政治经济等的学位，终其一生为争取贱民应有的人权而努力。安倍卡由于父亲在英属东印度公司工作的关系，得以在公立学校上学。他曾描述上学的情形：如果学校里的打杂工不在，他就没有水喝，因为贱民是不允许直接接触饮水和装水的容器的，以防水和容器被污染。

尽管安倍卡在学术上有优秀的表现，在他学成归国任职的学校里，同事们还是不愿意和他共享一个水壶。在一九二七年他终于忍无可忍，踏上漫长而艰苦为贱民争取人权之路，从呼吁贱民可以在公共饮水站饮水，可以进入印度庙宇祷告开始。

一九三五年，安倍卡宣布他打算离开种姓制度的印度教改信佛教，并且要求追随他的信众也改变宗教信仰。一九四七年印度从英国殖民独立，安倍卡成为印度独立后的第一任法律部长，参与制定印度宪法。一九五六年安倍卡正式离开歧视贱民的印度教成为佛教徒。

虽然在安倍卡的努力之下，贱民可以在公共饮水站喝水，可以进入印度神庙祭拜祷告，但根深蒂固的观念还是存在，偏远地区还是有神庙不准贱民进入。奥瑞沙省一座神庙在一位出身贱民阶级的部长造访之后立即关闭，举行印度教净化仪式来清洁被贱民拜访过的神庙。

安倍卡终其一生争取贱民人权和他孜孜不倦的做学问精神，赢得来自不同阶层的敬佩，尤其是人口上亿的贱民阶层家中，安倍卡的相片常常和印度神像并列。公共场所随处可见戴着眼镜的安倍卡一手拿书另一手指向前方的铜像。由于安倍卡在孟买接受高等教育，孟买所在的马哈拉斯特省对安倍卡的崇拜更是不可言喻，所以可以想象安倍卡的铜像一旦被污损，会煽动什么样的群众情绪了。

　　我坐在电视机前看着各地被烧毁的火车、公交车，愤怒的民众眼露凶光手持木棍石块，攻击政府单位甚至路过的无辜车辆行人，心情十分复杂。我是绝对反对暴力的，可是我连贱民阶层几百年来受到的千万分之一的歧视都没有经历过，我能发表什么意见？

　　不久前新闻报道里那个在抵抗被强暴之际，眼睛被硬生生戳瞎的十四岁贱民阶层小女孩，不是我的亲人朋友邻居，我怎能体会他们在做出这种不理性的暴力行为之下，是何等不为人知的绝望？

　　这起持续三天的暴动，在印度警方派出数千名警力在各地维持秩序，逮捕了上百人之后终于落幕。警方稍后逮捕了几名贱民青少年，据称他们对警方承认是在喝酒之后，酒醉闹事污损了安倍卡的铜像，以致引起一连串的暴动。是真是假，不得而知。至于杀害贱民一家四口被逮捕的八名冷血村民，几年官司下来，两人无期徒刑，其余六人二十五年有期徒刑，没有一个人被判印度并不罕见的死刑。

　　这件喧闹一时、惊天动地的贱民一家四口被谋杀一事，很快地就被媒体遗忘了。接着每过一段时间，又要在报纸的一角读到短短的几段：贱民女孩惨遭强暴、贱民土地被强占、贱民坚持进入神庙被聚众殴打。

　　再怎么热爱印度如我，此时我对她是心存怨恨的。

火车快飞

有些画面对我而言是和印度画上等号的。

穿着鲜艳纱丽女人的背影；街上打赤脚打板球的青少年和围观的路人；破旧洋房外叫得凄惨的乌鸦；路边衣衫褴褛却笑容满面的小乞丐；留着大胡子头发打结、眉心点了朱砂痣、身上随便披一块橘颜色布的修行者。

再来就是人满为患的火车。

车厢里满满是人，车厢顶上坐满了人，车门车窗外面更是挂满了人，让人触目惊心之外也不得不佩服印度人视死如归的勇气。光是孟买每天就有六七百万的火车通勤族，火车发车次数频繁，靠站的时间有时不到一分钟，火速上下车，赶不及的连跑带追跳上没有门的车厢，导致孟买每年有四千人因赶车跌落月台，或是从急驶的火车上一不留神没抓紧掉下来，或是坐在车厢顶误触铁道旁的高压电线而丧命。

一天大清早尼尔生打了电话："太太，今天要晚到，您赶快让先生搭出租车去上班吧，我被警察抓起来了！"原来尼尔生下火车之后跟着人群抄快捷方式跳下月台穿越铁道，逮到机会的警察怎能放过这个赚钱的好机会？不过尼尔生不久就抵达温德米尔，我问他怎么这么快，他说交贿款三百卢比可以马上离开，他赶紧交了钱走人。"那没钱的呢？""我也不知道，太太，也许他们关到下午可以交比较少的钱。"

我掏了三百卢比给尼尔生，警告他再有下次绝对不会替他交买路钱了，尼尔生摇头晃脑露出一口白牙："谢谢太太，以后我一定走天桥！"朋友凯伊知道以后再度坚定她的信念："替司机交罚款？这个台湾人真的没救了。"其实是最近在报上读到个小专栏，专门采访从事奇特工作的人，其中让我印象最深刻的就是专门在火车轨道上收尸的人，移走每个尸体二十卢比。我可不想他们认识尼尔生！

火车在民风保守的印度还有个特色，就是有女士专用车厢。一位印度火车族朋友告诉我，上班时间在车厢内会出现卖小饰品的大婶，而下班时间大婶卖的东西换成青菜，专门服务职业妇女！吃素的她并不反对这种方便的服务，除了有一回竟然有人在车厢里卖起鱼来，让她一下车就到站长室去投诉。

雨季前闷热难耐，于是我们计划在周末搭火车到孟买近郊的避暑胜地马特朗去瞧瞧。马特朗位于山上，从殖民时期开始就是孟买人的最佳避暑胜地，从孟买出发大约一个小时车程，然后搭出租车到山脚继续步行或是骑驴子上山。

尼尔生要开车带我们到山脚下，我要搭火车他十分不赞成但也无可奈何，只好让步提议当天早上从他家出发花一个小时到温德米尔，然后开车送我们到十分钟车程远的维多利亚火车站。我不可思议盯着他："尼尔生，我认为我们绝对可以自己去火车站，没问题！"他很为难地搔搔脑袋："那么我直接到维多利亚火车站等您和先生，我先买好票，送您和先生搭上正确的火车。"

因为我是太太，尼尔生只能听我的，待在家里放假，我很清楚他对我们的关心是我代他付的三百卢比买不到的。

我们周五出发避开上班时间人潮，买票上车下车十分轻松容易，我没有上女士专用车厢，加上是难得一见的东亚脸孔，引来不少瞩目。我们在殖民时期的大房子回廊里度过了安静凉爽的周末。

有了这次经验，我信心十足安排搭夜车到南部的果阿省海边度假。因为是外国人买州际火车票，我费了千辛万苦才在人潮汹涌的火车站里找到专门服务外国人的窗口，售票员说要看护照时，我几乎要在没有空气的火车站里昏倒了。但在印度这不是没道理的事，是自己没想好，只好摸摸鼻子回家拿了再来。再回到火车站、一群脏兮兮的背包客和售票员不知道为什么争得脸红耳赤。

等啊等的，又有一个孟买新发现，原来不只是去逛贼市，到火车站买票也得喷防蚊液。好不容易终于轮到我了，我满心欢喜递上护照，售票员连翻也没翻就还给我，然后面无表情地看着他的计算机，好一阵子才说："太太，头等卧铺没有了。""那来两张二等卧铺吧。"他看也不看我："没有。""头等坐铺？""没有。""二等坐铺？""没有。"我提高声调："那到底有什么？""三等卧铺，没冷气。""好，买！"

数了钱放在柜台上，售票员终于抬头看我了："外币换卢比的换汇证明在哪里？"此时熟悉的感觉马上出现，怒火中烧、血压上升，不多时就要失去理智了。所幸为了这两张就在眼前的车票，我乖乖低声下气解释我是住在孟买的外国人，不是旅客，不必换汇，在冗长的说好话还要语带威胁胡说我的朋友在政府当官，终于卖票大爷同意收下卢比把票给我。

出发当晚到了火车站找到月台，菲尔很疑惑地看着我："这真是我们要搭十二个小时的火车吗？""是啊，因为这是我唯一可以买到的票了。"我兴高采烈上了车，开始有点怀疑自己的决定。百味杂陈此时是可以运用在这里的，因为各式印度咖喱的味道弥漫了整个车厢，还加上脱了鞋之后的脚臭味。面对面各有三层卧铺，像是记忆中廉价绿色塑料皮坐垫。我们两个床位在底层，楼上芳邻看着两个外国人一点也不想睡，两眼直视坐在我们的床位上。

我明示暗示，总算楼上的上床睡了。才刚躺下，菲尔一坐而起，指着身边墙上的大蟑螂，我跟着坐起来。此时一个可能没买票、有也是站票的路人甲说时迟那时快，拿起脚上的拖鞋啪的一声，蟑螂应声落地。我看着他还没反应过来，他老兄摇头晃脑露出一口白牙："没问题，太太。"

火车摇摇晃晃前行，咖喱的味道还是没有散去，我半睡半醒之间忽然觉得床角有东西，一跃而起，一个穿着纱丽的中年妇女坐在我的床角对着我笑！我告诉她这是我的位子，她不能坐，她摇头晃脑表示听见了，往床沿移了两英寸。我再度请她离开，她又移了一英寸。看来她是打定主意不走了，无计可施只好再躺下，鸵鸟般地觉得闭上眼睛看不见就好了。

天际渐渐亮了起来，此时我和这个中年妇女已经是比肩而坐了，她拿出袋子里的不锈钢便当盒，冷却的咖喱味再度飘来：早餐时间。她把便当盒往我面前送，里面有几块小面饼和一团黏糊糊的咖喱。我笑笑摇头，她也不坚持自顾自吃了起来。

我看着不远处一位妈妈用手指挖起一团豆泥塞进小男孩嘴里，心里想着台湾的蛋饼早餐。卖茶的小弟边走边喊："茶，茶，热茶。"此时我顾不得是 A 型 B 型还是 C 型肝炎："来两杯！"这杯热腾腾甜腻腻的奶茶下肚，果阿也到了。

这趟旅程之后菲尔很严肃地告诉我："亲爱的，我知道你有台湾人节俭的美德，不过我们的经济能力是可以负担得起好一点的火车的。"

于是下一次的火车之旅我及早安排，在两人一间的头等舱内度过了十七个小时。一上火车笑嘻嘻的火车管家马上送上报纸奶茶，不久在我们面前打开折叠桌，从前菜主餐甜点咖啡一道一道上。我喝完餐后奶茶，自己出发到火车厨房里，再来一杯！

菲尔对于这次的选择十分满意，因为车厢内冷气奇强，没有蟑螂了。不过结果是必须在半夜起身，拿报纸封住冷气口，把行李里所有的短袖衣物层层裹在身上腿上，一夜哆嗦到新德里！

火车爆炸了

那天是个安安静静没有新闻的日子，雨季已经开始，我不再老是出门，只能成日没事开着电视批评印度新闻报道。

菲尔难得六点以前已经到家，爱尔卡和亚莎早已下班。英语电视台里记者正在极尽夸张地连演带喊报道一件微不足道的小事，我开玩笑说这风格和一些台湾新闻台还真像，大吼大叫激动不已不打紧，还要加上蹩脚现场表演。

我们在客厅里各做各的事，忽然之间主播的音调高八度，几乎是歇斯底里了，我抬头看："下午六点二十四分，一个装有炸药的高压锅在一节拥挤的孟买火车车厢里爆炸了。"

菲尔的电话同时响起，摄影和电视记者已经赶往现场，还在办公室里的文字记者已经发新闻，这可能不是意外而是恐怖攻击事件！就在菲尔不停以电话联系各方人马之际，又有一个装在高压锅的炸药在另一节火车上爆炸了，又有一个，又有一个……

从六点二十四分开始接下来的十五分钟之内，一共有七起爆炸，全是在孟买主要的火车干线上引爆。这下不必是反恐专家也可以知道，一定是经过精心策划的攻击事件，否则不可能在这么短的时间内有七个爆炸点，而且全是在下班高峰期拥挤的火车上。

尼尔生刚下班，正在回家的火车上！

此时调度新闻的事宜已经是次要，菲尔和联络上的同事开始逐一打电话给还没联络上的同事，确定没有人在这些火车上。菲尔的电话没停，我则是拼命拨尼尔生的手机却完全不通。此时孟买全市的电信陷入空前未有的大瘫痪：这个有两千万人口的都市里每天有好几百万人靠火车上下班，所有的人都跟我们一样在打电话！

我打了尼尔生家里的电话，他不会说英语的太太害怕得说不出话来，我问她尼尔生回家了没有。"没有。""他打电话回家了吗？""没有。"我的心直往下沉。尼尔生的太太在电话那头开始哭泣，我试着用最简单的英语告诉他："尼尔生一有消息就打电话给我，知道吗？"她还是不停哭泣："是的，太太……"

接下来的两个小时之内我不停地打尼尔生完全不通的手机。很幸运地办公室的记者全数平安，手机不通的也想其他办法报平安，但是尼尔生呢？我隔一阵子就打电话到尼尔生家里，会说英语的史薇蒂已经回家，我告诉她一有消息就打电话给我，十四岁的她声音发抖："妈妈一直哭……"

我想起一九九三年发生在孟买的爆炸案，当时在两个小时之内全市有十三起爆炸，造成超过二百五十人死亡，受伤的更是不计其数，是印度史上最严重的爆炸事件。起因是一九九二年政府拆迁一座伊斯兰教教堂，引起伊斯兰教徒极度不满，于是原来就有着极深歧见的印度教徒和伊斯兰教徒在这件事之后，彼此的怨恨更深了。

新仇旧恨交错之下，来年就在商业首都孟买发生了连环爆炸的悲剧。印度当局认为是基地位于世仇巴基斯坦的伊斯兰教激进组织指使的，同时也把矛头指向印度鼎鼎大名的黑社会首脑，和本·拉登有密切关系的伊斯兰教徒易卜拉欣。

当年的连环爆炸从孟买证交所开始，一辆装有炸药的车子在证交所的地下室引爆，当场造成了五十人死亡，接下来在孟买人潮拥挤的商场饭店也陆续发生爆炸。易卜拉欣至今仍是印度的头号通缉要犯，据说也是藏身在巴基斯坦。

这次恐怖分子干脆一不做二不休，专注在孟买的商业命脉火车上，而且是在短短的十五分钟之内，好让当局来不及应付。我看着电视上死亡人数不停上升，给尼尔生家里打电话时愈来愈心虚，在史薇蒂说爸爸还没消息时我只能无言以对。

电视不断播出爆炸地点令人惊心动魄的画面，已经得知消息的亲属呼天抢地，警察带着警犬开始在各个公共场合巡逻。菲尔一直在书房里，不是在计算机上和办公室联机看稿就是在打电话。我独自坐在偌大的客厅里，电视里记者夸张激动的嘴此时特别令人反感，我想把电视关掉却又担心错过任何一个细节。

我生平第一次感觉对别人的安危有责任，万一尼尔生出了事怎么办？

终于家里的电话响了，我赶忙接起来，是尼尔生！我放下心里一块大石头："你在哪里？"电话那头十分嘈杂，尼尔生几乎是用喊的："太太，我在排队……公共电话……我太太说……每人只能打一次电话……很多人排队，我又排了一次……"我打断他的话："没事就好，快点回家！"接着史薇蒂也来电话了："爸爸打电话回家了，他没事！"

这是我搬到孟买之后最快乐的一刻。

尼尔生回到家后打电话向我报告，他在爆炸发生后才到火车站，当时以为只是一般事故，于是开始转搭公交车，等他发现事态严重，电话已经完全不通了，加上所有的人转搭公交车，路上交通一团混乱，他整整花了三个小时才回到家，包含排队打公共电话的时间。

　　我告诉尼尔生这么多爆炸点，明天火车多半不开了，菲尔可以自己去办公室，不要担心如何来上班。尼尔生急着回答："没问题，太太，明天我会比平时更早到温德米尔，先生一定要很早上班的！"

　　第二天一大早尼尔生就出现在楼下花园。我站在阳台往下看，一群司机手舞足蹈兴奋地讨论爆炸案。他们是怎么来上班的？

　　打开电视一看，箭头还是指向和宿仇巴基斯坦有关的激进伊斯兰教组织，昨天的爆炸造成至少二百人死亡。不过火车受损的路段已经全部连夜赶工修缮完毕，其中有一条线甚至在午夜之前就修好了，今天早上火车全线通车如常！接着股市开了，收市时逆势上涨了百分之三。

　　此时我不得不对印度佩服得五体投地。十一年前在伦敦遇上了爱尔兰恐怖分子在地铁里引爆了三枚炸弹，第四枚则是在一辆双层巴士上。当时交通一团混乱，不仅是地铁，连公交车火车全都受影响，还记得当时的我叫天天不应，叫地地不灵，只能完全靠走路，走了好几天交通也没有完全恢复，印度是怎么办到的？

　　爱尔卡和亚莎当然按时上班，因为她们就住在对面的贫民窟里。路透社办公室里，记者不用说，连财务业务工程各个部门，没有人缺席，全都准时来上班了。我完完全全地混乱了：这是修个冷气要三个人，送个瓦斯要两星期的孟买吗？

　　印度记者朋友告诉我他的看法，火车是孟买的经济命脉，每天有六七百万的人搭火车上下班，如果火车不走了，整个城市要停摆，这对印度来说是绝对不能发生的事，所以无论如何一定是要在上班之前全修好。至于股市收红，他认为印度人已经受够了三年五载就要来一次的爆炸悲剧，再也受不了了，绝对不能示弱，表现在股市上是最直接的！

　　火车爆炸事件后我对印度有了新的看法，结论是印度的效率是两极的。我一直认为毫无效率官僚至上的孟买，她的效率在某种程度上其实无与伦比，哪一个城市可以在几个小时之内把被炸的七个火车路线完全修复通车？路上的行人办公室里的员工卖水果的小贩，在经历过这样大的冲击之后，依旧努力地让这个两千万人的城市照常运作，印度人特有的韧性对我而言在此表露无遗。

最重要的是火车，至于修冷气送瓦斯，这些都是琐事，先喝杯热腾腾的奶茶，慢慢再说吧！

第五部　居家

太太，我要借钱

刚搬到印度就有朋友耳提面命，不多时佣人就要借钱，千万别借，不过我们过了一年多才有这个经验。

话说印度种姓制度根深蒂固，所以家中三个印度成员也有自己的一套。尼尔生帮英国白人先生开车，地位最高，管家爱尔卡负责厨房排第二，而亚莎在三人中垫底，负责所有的清洁工作，除了我们的浴室。清理卫浴在印度向来是低下的工作，但是我们是外国人，所以爱尔卡决定她要负责我们的浴室。

亚莎不准动用厨房的任何东西，因为清洁工在印度人眼中是不干净的，所以形成一种对我而言十分特殊的情况，就是亚莎要喝奶茶时，爱尔卡必须煮给她喝。

平时爱尔卡很有威严地差遣她唯一可以使唤的亚莎来问我要不要喝茶，然后亚莎回厨房汇报，爱尔卡煮茶。不过有好一阵子，爱尔卡总是亲自来问要不要喝茶，我隐隐约约感觉这是某个事件的开端。

一日，爱尔卡很温柔地问我："太太有空吗？我想问您一件事。"我当下就猜到她要问什么了。果不其然："太太，我要借钱。"她要借钱在她住的贫民窟里买下现在住的房子，其实就是一个四面墙的房间，可能有一个窗户，没有自来水没有卫浴。

爱尔卡要借十万卢比，房子的价格是十一万，她的月薪是五千。

爱尔卡曾经很骄傲地给我看她的存折，在日本工作那几年存了四万卢比。"钱呢？"爱尔卡无奈地说亲戚借光了，她现有的一万是过去一年存下来的。我觉得不可思议，她却觉得借钱给亲戚天经地义，因为她曾经在日本工作，现在雇主又是外国人，不帮助亲戚是绝对不行的。

我虽然觉得她的逻辑完全不合理，倒也没有继续细问，毕竟国情不同，不必试着了解究竟钱是给丈夫喝酒喝光了或是真的借给亲戚。我喝了一口茶，脑筋里很快地计算了一下。"每个月养家需要多少钱？"爱尔卡答道两千五百卢比。爱尔卡家里有三个没工作的大男人：公公、丈夫、儿子。

"如果我借你十万卢比，加上现有的一万积蓄全用来买房子，接下来的二十个月你把薪水分期还给我，全家吃什么呢？"爱尔卡很有威严地摇头晃脑："太太，您和先生离开印度时带着我，我继续工作还我借的钱。"

我可真是没想到这个令人大吃一惊的方案，我们怎么可能带着她离开印度？愈扯愈远了。这是许多印度市井小民的生活态度，解决了今天的问题，明天的事就明天再说吧。

我郑重告诉爱尔卡，带她离开印度是不可能的，不过她可以预支未来一年半个月的薪水，因为她一家四口还是要吃饭的。我很清楚一旦没有饭吃，她的问题又会变成我的。

爱尔卡很快算了一下："不行的，太太，我需要十万，三万不够。"这回是我很有威严地告诉她："只有三万，要我现在就去银行取，多的没有。"爱尔卡闻言心平气和地说："太太，还要再喝一杯奶茶吗？"我说不要。她转身离开，买房子的事就这么不了了之。从此，爱尔卡又是每天差遣亚莎来问要不要喝茶，她继续待在她的厨房王国里等着亚莎汇报。

我问了印度朋友，得到的答案是印度人家的佣人薪水极低，比方伊格保王子家里有五六个佣人，每个人只做固定工作没有弹性，加起来的薪水可能比爱尔卡一个人的薪水还少。但是他们会在伊格保家里工作一辈子。他们的子女说不定也会继续为伊格保的子女工作，所以伊格保当然有义务解决佣人家里的一些问题。

如此看来，外国人付几倍的钱雇一个佣人其实也不为过，因为他们的工作只有两三年保障。

再过不久，爱尔卡又来了，这回是很有威严地来替亚莎借钱："太太，亚莎想要个手机，您先借钱给她买吧。"我叫来亚莎，问她有多少存款，她说没有。我拿了一个不用的手机，告诉亚莎借给她，借手机总比借钱好，然后再给她上一课储蓄的重要性。

就这么平淡无奇过了一阵子，有一天亚莎很兴奋地说，爱尔卡的儿子过了雨季要结婚了！第一个闪过的念头是爱尔卡又要多养一个人，第二个念头是爱尔卡又要来借钱，第三个念头是也许她从此会轻松点，因为媳妇至少会帮忙做饭洗衣服。

当爱尔卡开始自己来问我要不要喝茶时，我知道时候到了。

"太太，我的儿子要结婚，我要借钱。"我问她需要多少，她胸有成竹地说三万。这下我不能说太多，因为是我自己定的数，于是领了钱给她，接着等着去参加婚礼。

当晚我们穿戴整齐过街到爱尔卡住的贫民窟去参加婚礼。爱尔卡黄澄澄的金饰加上一身鲜橘色的纱丽，比她皮肤黝黑又怯生生的儿媳妇更加年轻美丽。她忙里忙外，一看见我们，简直高兴得不知所措：外国人来参加贫民窟里的婚礼！爱尔卡不停地把我们介绍给亲戚朋友，整晚我们身边聚集了比新郎新娘身边更多的好奇人群。

　　这个婚礼和之前参加过的钻石婚礼想当然有天壤之别，不过与会的人一样兴奋，不时手舞足蹈，拉着我们要用我们的相机照相。爱尔卡很抱歉地说她先生身体不舒服，所以没能来跟我们打招呼。

　　婚礼过后我把相片洗出来交给爱尔卡转交给她的亲戚朋友，随口问了一句："你先生好一点了吗？"爱尔卡沉默了几秒钟："他在婚礼还没开始之前已经喝醉了，根本没办法出来接待客人，真是丢脸。"

　　我一时不知如何接话，爱尔卡接过我手中的照片："谢谢您的照片，太太，要喝奶茶吗？"

华格纳先生

华格纳先生初登场是在尼尔生应征时的推荐信中，他是尼尔生工作了十三年的德国雇主。介绍信言简意赅，大概是说尼尔生是个负责任的司机，从不迟到，交代他办公室影印送件跑腿等任务从未失误，最后加上一句：我慎重推荐尼尔生，他是一个好司机。

接下来四年，华格纳先生和太太就仿佛是我们和尼尔生共同认识的多年好友，不停介入我们孟买生活大小事。

华格纳先生服务于一家德国铁路顾问公司，派驻在孟买协助铁路工程。从介绍信中看得出是一丝不苟的德国人，一句废话也没有，更看不出任何感情。尼尔生说华格纳先生是办公室里唯一的外国人，我无法想象效率至上的德国人，管理字典里找不到"效率"二字的印度人。

第一次领略到华格纳先生的用处是在抵达孟买不久之后，菲尔第二次要剪头发。第一次是到所有外国人都去的五星级饭店里的发廊，菲尔大爷对于造型师必须花一个钟头剪他的头发极度不满："浪费时间，剪头发还要调查我祖宗八代，没有下一次了！"

我建议菲尔尝试路边剪发。顾客脖子上随便围了块不知道哪里捡来脏兮兮的毛巾，坐在满是垃圾的路边板凳上，理发师嚓嚓两三下就剪好头发。接着是刮脸，然后最重要的是修剪几乎每个印度男人都有的蓄在上唇的小胡子。

　　比较像样的可能有个小店面，理发椅是几根捡来的木头钉成的，也许是桌子脚也许是坏了的窗户框，废物利用玩具似的却有模有样，不仅有椅背还有靠头的地方。人多的孟买理发生意可是竞争很激烈的，于是脑筋动得快的就在理发店内兼做点小生意，比方说卖洋葱，剪头发还可以顺便买菜！

　　菲尔叹了一口气："不要再胡说八道了，求求你帮我找个干净不啰唆的理发店。"我跟尼尔生提及理发事宜，他想也不想："没问题，太太，我带先生去华格纳先生剪头发的地方，华格纳先生说剪头发的人从来不跟他说话，而且动作很快。"

　　一日菲尔剪了短发回家了，十分满意地封尼尔生为"管家吉夫斯"，吉夫斯是英国家喻户晓畅销小说中的人物，他对主人提出的任何问题总是有解决办法。

　　原来尼尔生下班之后载着菲尔到火车站旁的凉风男士理发厅，顾名思义，冷气开放！根据菲尔形容，窗明几净，一排穿着干净制服的理发师坐在门口，十五分钟解决顶上大事！这家理发厅是工作繁忙铁路局上班员工的最爱，华格纳先生因为工作的关系也跟着在这家效率高、理发师不说英语的店里理了许多年的头发。

　　接下来四年，菲尔继承了华格纳先生的传统，在回家的路上花十五分钟剪头发，没人跟他啰唆半句话。

　　尼尔生知道菲尔十分满意华格纳先生的凉风理发厅，接着介绍我华格纳太太的美容院："太太，中国人开的！"结果没在美容院剪头发，却意外发现美容院老板娘兼卖馄饨皮！这可是比剪头发重要一百倍的信息，谢谢华格纳太太，虽然她不知道可以在美容院买馄饨皮。

　　华格纳太太再度发挥功能则是在买牛肉时。我问尼尔生哪里可以买到牛肉时，他得意扬扬地说："没问题，太太，去华格纳太太买牛肉的地方！"接着是华格纳太太在这里买罐头在那里买意大利面。

我抱怨亚莎偷懒时尼尔生说："太太，华格纳太太觉得佣人偷懒时就拿张白色的卫生纸在角落擦过一回，然后叫佣人看这张纸！"我笑着把这件事告诉亚莎。她吐吐舌头："太太，您才不是这种人，不过您放心，我会好好掸灰尘的。"哈，华格纳太太另一用处，吓唬亚莎！

一板一眼的华格纳先生给尼尔生一张椅子，就在办公室门口，办公室没事太太不出门的时候，尼尔生坐在椅子上待命。有一次尼尔生坐在椅子上打盹被华格纳先生发现了，立刻训斥他："你可以喝茶看报纸看杂志，但是绝对不可以睡觉，我不是花钱雇你来睡觉的。"乍听之下觉得这个德国人可恶之至，但不多时我完全可以体会华格纳先生必须在他的办公室里定下规矩，否则全部的印度人有样学样，一定会跟进没事就睡觉！

在太太带着放暑假的孩子回欧洲时，华格纳先生一人在孟买，于是带着尼尔生一家人开车到孟买郊区避暑胜地马特朗度假，之后把照片全部放到一张光盘上送给尼尔生。我十分狐疑地问："你有计算机吗？"

尼尔生摇头晃脑："当然没有啊，太太。华格纳先生在办公室的计算机上给我看了照片，他告诉我留着光盘，以后如果我有计算机就可以看了。"两年后我们的计算机升级，尼尔生接收了旧计算机，终于可以看全家在十年前和华格纳先生一起去马特朗度假的照片了！

我喜欢华格纳先生和员工相处的态度，界限十分清楚，不似我老在模糊地带挣扎。

一回一个苏格兰老板到孟买出差，华格纳先生问尼尔生是否去过孟买外海的象岛，搭船大约一个小时。华格纳先生说苏格兰老板打算自己去，不过如果尼尔生也想去，放他半天假陪着苏格兰老板一同前往。

当天尼尔生兴高采烈地和苏格兰老板从印度门搭船前往象岛，根据尼尔生的形容，苏格兰老板在烈日下就跟煮熟的龙虾一样。下船后气喘吁吁爬上小山丘去参观石窟里远古时代的石雕，到了售票处发现外国人居然必须付本地人二十倍的钱买门票，虽然不是很多钱，苏格兰老板坚决不接受不平等待遇。

我听得津津有味："然后呢？""然后我们就在售票处外面的凉水摊休息，苏格兰老板喝了两瓶啤酒，我喝了一瓶可乐，然后我们搭船回孟买。""所以你最后还是没有进去象岛石窟？"尼尔生摇头晃脑："没有，太太，不过我去过象岛了！"

二十世纪九十年代的孟买进口物资十分缺乏，于是团结的德国人利用德国使馆和德航的关系，每个月从德国运来物资，抵达孟买当天，所有德国家庭的司机聚集在机场等着领取专程空运来的家乡食物。要是每个月有台湾物资到孟买该有多好！

飞机上都是什么东西？尼尔生一一数来：德国香肠、干酪、牛奶、面包、鸡蛋……我听得瞠目结舌，连鸡蛋都得空运而来？不过再想想，即使在今天的孟买还是有挑剔的外国太太要用矿泉水洗脸，外国先生西装只在出差到新加坡才干洗，十多年前要进口鸡蛋牛奶其实也不为过，更何况是使馆安排的，不要白不要！

华格纳先生离开孟买时把许多家电用品送给尼尔生，不过尼尔生为了省电，冰箱并没有插电，只当柜子用。华格纳太太留下电动缝纫机，让会裁缝的尼尔生太太可以多做点缝缝补补的小差事贴补家用，不过为了省电，电动缝纫机也从未插电，尼尔生太太还是踩着她的传统式胜家牌缝纫机。

而华格纳先生太太留下来的孟买求生全记录，就经由尼尔生，世代交替传给我们了。我常想，我对华格纳先生的工作态度、处事原则、居家生活几乎到了知己知彼的地步，也许我该循着尼尔生推荐信上的联络方式，和华格纳太太交个朋友！

孟买水，大不易

去听了外国人举办的演讲，主题是水。演讲的外籍女医师提醒大家，千万别吃印度人最爱的各式腌菜酱料，肯定是生水做的。放弃外面的生菜沙拉，因为店家不会仔细冲洗。自来水当然不能喝，那煮过的过滤水呢？也不行，一定要喝瓶装矿泉水，还得是特定品牌，没见过没听说的，不能喝。小吃店拿上桌的，先检查瓶盖有没有被开过，可能是空瓶再利用装入生水的……我听得瞠目结舌，不会吧？

女医师继续把家中该注意的事项一一数来：除了吃的喝的用来做饭的之外，连刷牙漱口也必须全部是瓶装水，基本上只要是进入嘴里的就非瓶装水不可，这个说法我倒是没有意见。当时正当肝炎流行，女医师说孟买的肝炎已经不只是Ａ型或是Ｂ型，还有ＣＤＥＦＧ型，孕妇为了安全起见，应该把瓶装矿泉水煮过十五分钟再饮用……什么？

不过我还真是一直以为肝炎只有Ａ型和Ｂ型，今天又增长了一智！我看了一眼坐在不远处一个大腹便便的金发孕妇，心里十分同情，肯定被吓坏了，说不定回家后马上要收拾行李，逃离孟买。

是不是危言耸听我无法得知，不过我们倒是真的非瓶装水不喝，尽量不外食，非不得已在外则只吃熟食，家里的生菜沙拉一律用消毒婴儿奶瓶的消毒片浸泡之后才下肚。至于刷牙漱口，也是一律瓶装水，初到孟买这样近乎疯狂地小心了几个月，没有许多外国人常见的肠胃问题，在我们的胃入境随俗之后，开始尝试小店的食物也没什么大问题。

一日爱尔卡来报告大楼要停水一天，于是开始在浴缸储水，不过最后终究照常供水。这水，自然要留着利用，但爱尔卡和亚莎却不论我如何明示暗示，就是听而不闻，一定要用水龙头流出来哗哗的水擦地打扫，所以浴缸里的水只能我们自己用来冲马桶。

一日菲尔回家后把我叫进浴室，指着浴缸里的水对我说："我想公司是要惩罚我才派我们来印度的，真是对不起……"我们四目相望，幸好还能哈哈大笑，我赶紧拿来相机照下这惊人的画面。

由于楼上进行整修，电钻威力强大，把窗户震得嘎嘎作响，这种规律性的震动在浴缸底部震出图案，而这图案，就是来自水龙头流出来的水里的泥沙所形成的！

孟买的下水道系统是英国殖民时期一八五○年前后，英国总督埃芬斯敦公爵任内建立的，一百多年来也没怎么整修，当时的英国人恐怕做梦也没想到日后孟买会有上千万的人住在有一寸盖一寸的贫民窟里吧？

这些贫民窟当然没有设置自来水管路，结果就是市政府每天定时定点派供水车到各个贫民窟。没有工作穿着纱丽的妇女提着大大小小的水桶来装水，她们聚在规定的地点大声嬉笑怒骂，无所事事的青少年、没穿鞋的小孩也全出来了。依序装满水之后，各自头顶着彩色的塑料壶，消失在迷宫似的贫民窟里，结束日复一日的八卦时光。

印度中上阶层人家都有个佣人房，温德米尔也不例外，爱尔卡和亚莎的佣人房大小与我们在悉尼的客房不相上下，还是个套房。房间有个后门，连接着佣人专用的楼梯：仆人是不能和主人共享出入口的！所幸帕西族房东的塔塔家族从事慈善事业出了名，并不坚持这个规矩，所以爱尔卡和亚莎和我们一样从大门进出。我知道她们家中连自来水都没有了，更别提浴室，就让她们在温德米尔洗澡，另供应专属毛巾、香皂、洗发精。我还记得她们看到全新浴巾时的兴奋表情："太太，这个毛巾好大好软啊……"

过了一阵子，爱尔卡派亚莎来找我。因为亚莎年纪轻，常常口无遮拦与我胡说八道，爱尔卡稍长我一岁，所以许多她不想直接说的事就差亚莎来跟我开口："太太，您知道我的头发为什么这么黑吗？""因为你比我年轻许多啊！""不是，是因为我们洗头发之后还要用椰子发油保养，那就是我们头发又黑又亮的秘密，您也该试试。"聊了几分钟我才顿悟：要头发油！于是家用支出从此就多了椰子发油这一项。再过不久，不必来问又多了香喷喷的痱子粉一项。

每天下班前，爱尔卡和亚莎轮流在她们的浴室洗澡，偶尔还小声哼着最新的宝莱坞主题曲，洗头后及腰的长发总是上了一层油腻腻的椰子发油。过了不久亚莎又来了："太太，爱尔卡老是要我先去洗澡，她凭什么要我先洗？我也想在回家前才洗澡啊！"

和一位印度朋友提及此事，她哈哈大笑："你把佣人都宠坏了，接下来她就要把家里的衣服拿来洗，然后全家搬进来了！不过你可以学学我一个外国朋友，让她们一早来就先洗澡，这样佣人全天干干净净，也不会计较谁先谁后，就是你由着她们回家前洗澡才有这个问题！"

在印度某些看似过分的行为再想想时可以理解，许多事不是非黑即白只有两种说法。如果这个外国人的佣人和爱尔卡与亚莎一样住在贫民窟里，而家里有小孩要她们带，那么，是小孩的清洁还是佣人的自尊对妈妈比较重要？

但是我的家里没有小孩，是绝对不会要她们这么做，何况她们跟我一样，是每天洗澡的！于是我另定一项可笑的家规：两人每星期轮一次先洗澡，洗澡前要先告知对方时间征求同意，以免有任何想也想不透、说也说不清的误会！

不过印度朋友果真料事如神，一日亚莎小声预告："太太，您可别说是我说的，爱尔卡想把她家里的衣服拿来这里洗，我跟她说我不管。"我陷入天人交战，我很清楚爱尔卡的作息，每个周末要洗全家的衣服，在没有自来水的状况下，可想而知是多么麻烦的事，而我们偌大的家里有十几个水龙头，只有两个人。这回不再问印度朋友了，转问已经第二次派驻印度、打算在南印度退休的英国朋友施薇亚。

施薇亚没有给我答案，只是问我："如果她要求用你的洗衣机呢？""当然不可以！""如果她想把衣服晾在佣人房呢？"我无法想象那个房间里吊满爱尔卡丈夫儿子和公公的衣物："也不准，不过如果她手洗衣服带回家晾呢？"施薇亚笑了："如果亚莎也要把衣服拿到你家洗呢？尼尔生呢？我不是告诉你该或是不该，但是这是印度，你必须想清楚后果。"

回家的路上我想了又想，很多事的确不是表面上那么简单，虽然心里还是不能完全肯定最后的决定，终究把爱尔卡和亚莎叫来："从现在起，你们两人的衣服在这里洗，在这里晾，我负责你们两人从头到脚的个人卫生清洁，但是不能把我给你们的清洁用品带回家，也不能把你们家人的任何物件带进来。"

说完仿佛是了一桩大事松了一口气，却还要一边不停说服自己：我不要为这些事感到抱歉难堪，我对她们是很好的，我不必负责她们的家人，我还得在这个国家待好多年……

亚莎回乡下时找了同住贫民窟的邻居安洁娜来顶替她的工作，安洁娜年纪很轻，没有经验不会英语，不过只是短期擦地掸灰尘倒也无所谓。奇怪的是只要安洁娜在厨房里，总是把水龙头开到最大，哗啦啦的水溅了她一身一地，她在客厅房间擦地板时水流声变小了但依旧能听见。

　　我好奇进了佣人房浴室，她并没有把水龙头完全关紧，水就这么细细地流着，从水桶里不停地溢出来，我把水龙头拧紧回到客厅。安洁娜再进清洁房换水出来，水声又继续，我进去再看，水龙头的水不停流，缓缓地从水桶里溢出来。

　　问了爱尔卡是不是安洁娜不知如何使用水龙头，她笑笑说："太太，她家里没有水龙头，不过她是知道的，她只是喜欢水一直流着……"

　　原来如此！爱尔卡和亚莎不似安洁娜，不会放着水龙头的水不拧紧，但是也不喜欢用浴缸里储的水，因为从水龙头里哗啦啦流出的水声对她们而言，也许是一种莫名的愉悦吧。这和她们喜欢用全新的垃圾袋，而不是台湾人一定留下来再用的超市塑料袋是一样的道理，不过就是想要一个她们没法过的日子罢了。

　　爱尔卡看着我恍然大悟的脸："太太，喝茶吗？"

吃在孟买

初到孟买心中大喜，肯定是上辈子修来的福气，不仅有佣人、司机、居然还有厨子！爱尔卡每天做新鲜的咖喱，现做的面饼，我心想人生至此，夫复何求？不过在得知爱尔卡没有例外每天天还没亮就得起床，为家里三个没工作的大男人做三十个面饼外加几样咖喱之后，不敢再说要吃面饼。我若是她，肯定一听到做面饼就会一肚子火。

美其名是体贴爱尔卡，其实是吃咖喱面饼吃怕了。

对吃惯了大火现炒青菜三分钟的台湾人而言，最不能适应的就是一定得煮得又软又烂糊糊一团、味道还行但卖相很差的印度料理。对我而言最糟的，就非混合生姜大蒜洋葱西红柿后捣烂的咸绿豆莫属了。

雪上加霜的是，印度人专吃根茎类：马铃薯、胡萝卜、包心菜、茄子、洋葱、青椒、四季豆。是因为食物必须煮很久所以要煮根茎类吗？那为什么不吃容易煮的？这就像是鸡生蛋、蛋生鸡的问题一样，我百思不得其解。

第一次在克劳福批发市场看到我向来不爱吃的空心菜时，几乎要喜极而泣了。

比我早到孟买的亚洲朋友告诉我，一个卖豆腐的中国人就住在温德米尔附近的一栋大楼里，这可是千金难买的求生消息！要了电话立刻就打:"我要买豆腐!"电话那头是个印度人:"要买多少?"虽然有点怀疑,但此时又目光如豆胸无大志地觉得我的人生会因为这块豆腐大有希望!

卖豆腐的住在印度多久不可考,但可以确定他是华人,一句中文也不会却做得一手好豆腐,板豆腐!他在公寓房子里神神秘秘卖豆腐,大门上写了"邝"的英文拼音,每每去买豆腐要事先定好:一公斤还是两公斤?隔天按照豆腐邝规定的时间去领。

一回去早了,按了门铃豆腐邝门开了个小缝,用英语告诉我时间未到,砰的一声门又关上。我在脏兮兮的公共过道上数苍蝇罚站了十来分钟他老兄才又露面,从门缝里递出一袋豆腐,数完钱砰的一声门又关上。

就这样买了几年豆腐,除了他姓邝,我对这位豆腐兄完全不知道:豆腐是怎么做的、用什么做的也无所谓,在吃到麻婆豆腐那一刻,人生真是充满希望啊!

我不是素食主义者,但也不是特别喜欢吃肉,所以在印度这个许多人吃素的国家其实是蛮适合的。但是随着年龄的增长,长年不在台湾,对非中餐的容忍度不但没有增长,反而愈来愈低。基本上连着两天吃西餐或是印度咖喱之后,最起码也得来碗千里迢迢从台湾扛来珍贵的统一肉臊米粉,才能再继续奋斗下去。

没肉问题不大,但强烈要吃中餐的欲望这个问题就大了,因为世界各大城市都有的中国城在孟买没有。唯一的解决之道就是所有的酱料干货,都从宝岛台湾千辛万苦地带回孟买。

没肉问题不大但是偶尔还是要吃肉的。印度教不吃牛肉,伊斯兰教不吃猪肉,于是鸡在没有宗教意识的情况下,无辜地成为最容易被宰的对象,其次是羊。初来乍到我如初生之犊,勇气十足到附近的克拉巴传统市场逛了一圈,看见卖鸡的小贩坐在门口看报,可怜的鸡就挤在笼子里。

　　小贩一见我放下报纸弹簧似的跳到笼子旁就要抓："太太买鸡吗？我现在就杀！"这其实不是什么大不了的事，但是一靠近时浓浓的牲畜加上垃圾的腐臭味，我在烈阳下几乎要呕吐了。现杀的鸡固然新鲜，但我决定从此在超市里买杀好装好的鸡胸肉，眼不见为净。

　　菲尔一日很可怜地说，要是能吃块牛排该有多好！我才意识到忘了他是英国人，麻婆豆腐或是统一肉臊米粉是不能打发的。我在车上提及此事，尼尔生摇头晃脑说："没问题，太太！"接着把我载到了一家大约两米宽四米深的小杂货店门口，前一任德国雇主华格纳太太买肉的地方！

　　这就对了，买豆腐问亚洲人，买牛肉就得问喜欢吃肉的德国人！

　　这是很阶级意识的说法，但是我必须精确地形容，小杂货铺的门口挤满了来买杂货买肉的佣人，他们应该是在什么都吃的帕西族人家工作，会自己来买菜的通常是外国人。一见我从车上下来，那些佣人自动在柜台前让出一个小缝来，说不要也没用。

　　里头的年轻老板，后来成为朋友的弗朗西斯很热情地招呼我："来来来，太太，要什么？"那些佣人退缩在一旁毫无怨言地看着我。在印度如果取了西方名字的多数是基督教徒，比方说尼尔生，弗朗西斯也是，店里摆了个十字架和耶稣像，四周不免俗地也和象神一样有好些小霓虹灯闪闪发亮。

　　小杂货铺前半段卖食品干货，从本地货到进口罐头都有，后方则是个肉铺，拿着大刀的屠夫使劲地切肉，由于距离太远，闻不到肉的腥味，也看不见绕着生肉飞的苍蝇，顿时让人当起鸵鸟信心十足。

　　当晚菲尔是全孟买最幸福的人了，不是沙朗牛排但至少有牛肉的味道，外加烤马铃薯！

　　买了一阵子牛肉之后，有一回弗朗西斯问我："太太，吃羊肉吗？

今天的羊腿特别好，刚来。"就在我还在考虑之际，他拿出一条羊腿，一条完完整整连皮带骨带血的羊腿！

　　弗朗西斯把刚从这头可怜的羊身上砍下来的腿在我眼前晃呀晃，至此我已身经百战处变不惊："可是我的锅子没这么大呀！"弗朗西斯放声大笑，切肉的苏拉吉从杂货铺后方挥舞着他的大刀："没问题，太太！我一定会帮您切好的！"于是苏拉吉熟练地把大约整条羊腿的三分之一瘦肉小心切下，其余的三分之二肥肉羊骨，爱尔卡和亚莎高高兴兴拿回家加菜了！

　　但是中餐里最多的猪肉上哪儿去找呢？因为买不到，想吃狮子头的欲望就更强烈了！台湾朋友艾咪和新加坡朋友艾斯特不知哪里打听来有个卖猪肉的大盘商，三人兴高采烈浩浩荡荡地出发买猪肉去了！

　　尼尔生在大街小巷钻来钻去就是找不到这家店，抵达小巷子时艾咪和艾斯特已经到了，两人站在满地垃圾的路边一脸茫然。我在门口下了车，一阵肉腥味随着热浪扑鼻而来，刚刚宰杀的温体猪肉一块一块泡在大铁桶的血水里，上头净是此起彼落的苍蝇。

　　这是我有生以来买肉最恐怖的经验了，不过三人中了邪似的，不买到猪肉绝不善罢甘休，当下开会决定，既来之则安之，印度所有的肉都是这么处理的，自欺欺人买了看起来像是里脊肉的肉各自回家了，继续当鸵鸟。

　　回到家愈想愈不安心，脑海里不断浮现水桶上方黑压压一片的苍蝇，但是想吃狮子头的念头愈来愈坚定了，于是做了件空前绝后的疯狂事：把肉仔细清干净后，再用洗婴儿奶瓶的药片用水泡着消毒。

　　消毒过后我把猪肉放进食物调理机打成绞肉，加上好不容易从克劳福市场找来的大白菜、台湾带来的金兰酱油香油、容易买的生姜和青葱，我满心欢喜打开傅培梅食谱，按部就班开始做我日思夜想的狮子头。此时厨房充满了做中餐时才有的油烟，先下葱姜爆香，煎狮子头，接着加入高汤开始炖，嗯，这个汤头还不错，但是有那么一点说不出的奇怪味道。

上桌了，菲尔很怀疑地问我："哪里来的肉？"我跳过苍蝇的部分很快地叙述了买肉的过程，英国人坚决不吃，我自知理亏，不能强迫他，但台湾人有的吃怎能不吃呢？更何况花了这么多工夫！

于是我拿着汤匙，壮士断腕切下一小块狮子头送入嘴里……一股前所未有的腥味直冲脑门，我连忙吐了出来，菲尔在一旁幸灾乐祸："我告诉你别吃吧？"这是我在印度四年期间唯一一次的买猪肉经验。

结论是，印度人吃素是很有道理的。

客人房里有臭虫

菲尔多年前的路透社老板来信，刚从大学毕业的儿子想到孟买找工作。家境优渥的独子，从小在父母呵护下一路顺畅，居然想从伦敦到从来没来过的亚洲找工作，还是凡事难上加难的孟买！

我们讨论了一下，旧老板和菲尔多年来亦师亦友，所以决定让这个社会经验全无的牛津毕业生马提斯先在温德米尔住下再慢慢找住处。此时善良热情的台湾人本质出现了：让尼尔生去机场接他，否则他一出机场就会被出租车司机和苦力吓坏了。菲尔反对：他必须自己找着来，他不是来玩的。

马提斯下飞机已过午夜，出关再到孟买最南端要一个钟头以上，我认为应该等门，但是菲尔坚信堂堂牛津大学毕业，父亲是路透社资深编辑，不会是娇生惯养、不知世事的纨绔子弟，所以不该不睡觉等他。最后我们在没有上锁的大门外留了一张字条，交代他自己开门进来。夜半我朦朦胧胧仿佛听见他来了，不过也没起身。

第二天马提斯近中午才起床，说昨天下了飞机就被一个出租车司机绑架到一辆破破烂烂的车子里，司机看来不是坏人，但车子的外观让他十分怀疑是否能发动。哈，孟买第一课！

他告诉司机地址后就往南出发，怎知这个司机可能跟马提斯一样初来乍到孟买，除了知道往南走，其他不知道。不过一路上牛津英语和印度半吊子单词倒也相谈甚欢。一直到在没有交通的路上超过一个小时之后，马提斯开始觉得大事不妙，司机亦然。

司机在路旁停了下来，下车叫醒一个睡在人行道上的人，两人摇头晃脑讨论一阵，司机回驾驶座，这个睡眼惺忪的路人甲坐进前座，三人继续往前开。两个印度人是聊天是找路不得而知，英国人一头雾水。再过一阵子，马提斯看见我先前跟他形容的小渔村，如释重负地告诉司机："往前往前，再五分钟就到了。"但是过了十分钟，还是没看见温德米尔。

司机再停，这会儿他探头出去问了个走在马路中间的路人乙，摇头晃脑一阵，路人乙对马提斯做了个往里坐的手势，进了十分狭小的车内，和人高马大的马提斯挤在一起，一行四人继续往前开，现在有三个印度人在找路聊天了。

根据马提斯非常绅士的形容，车内的味道不太好。虽然是半夜，他还是很惊讶怎么有人走在马路正中间。我告诉他就算是大白天也会有人这么走的。

我一边给马提斯倒咖啡，一边观察他的表情，所幸他一点也没有被吓到，反而兴高采烈加油添醋说个不停。最后这辆味道不太好的破车终于找到温德米尔，马提斯付钱下车，和另外三人握手珍重再见，再花十分钟叫醒温德米尔的警卫出来开花园大门，上了楼连洗澡的力气也没了，筋疲力尽倒头就睡。

从此我们的生活中多了一个马提斯，每天回家总是向我兴奋地报告他的所见所闻，包括哪个印度女同事眼睛如何大、五官如何深邃、身材如何惹火，活生生宝莱坞电影里走出来的女主角！

马提斯在一个印度新闻台国际部实习，和印度人一样挤公交车换火车上下班，从来没有抱怨看来随时要抛锚、弥漫着印度人特有体味的大众交通工具。他也很快有了许多和他年纪相仿的印度朋友，周五通常彻夜不归，和朋友喝啤酒跳舞去了！周六凌晨，有时甚至天亮了他才蹑手蹑脚地回来。

一日亚莎来问我："太太，客人受伤了吗？地上有血迹。"我开始有点担心，不会是和人打架了吧？当天马提斯回来后赶紧问他，他尴尬地说只是一张纸割破了手。再过几天，亚莎做错事般进了书房："太太，来看！"

我跟着进了客房，湿热的印度，床上只有一件被单，亚莎指着床沿地上黑芝麻似的黑点，我皱起眉头："是什么啊？"亚莎掀起床单，白色的床单上也看见这些芝麻似的黑点，再仔细一看，还在动！"太太，客人的床上有臭虫。"我倒退三步，我还真没见过臭虫啊！

亚莎这才说在客房发现血迹后，她和爱尔卡下结论血迹是客人抓到臭虫再压死的证据，接着她们就发现臭虫了！接着买了她们口中的"药"洒在床上杀虫。我觉得不可思议："怎么不告诉我？"亚莎很体贴地说："因为我们不想把您吓坏了啊，可是这臭虫真多，怎么杀也杀不完，现在只好告诉您。"

我听得恶心极了，叫爱尔卡打电话给固定来收旧报纸的小贩，要他立刻把这个床搬走。小贩来收旧报纸时爱尔卡不准他走大门，规定他得走仆人的楼梯，所以这个头上缠了一块脏兮兮毛巾的小贩从来没有进过我们家，这下他得进来把床搬走，一进门左看右看，眼睛瞪得老大。他站在床前考虑了许久，和爱尔卡印度话叽叽咕咕讲了一大串。我心想哪这么麻烦，快点搬走就是了，光是臭虫的念头就让我浑身发痒，更何况还看得见！

此时听见两人的对话中出现九百这个数字，我马上打断对话："怎么可能要九百卢比，太贵了，只是把它搬走罢了，这个枕头床单全给他，床垫枕头里有虫不要了，可是床单洗一洗还可以用的，是全棉的当成抹布也行啊。"就在我对这个一脸茫然的小贩用他不懂的英语晓以大义时，亚莎忍住笑说："太太，他是说这个床很好，是外国的，他用九百卢比跟您买！"

好不容易把这个双人床加上枕头床单被单全扫地出门，我先要爱尔卡和亚莎用杀虫剂把房间每个角落喷过一回，再把房间的门紧紧关起来，仿佛里面有个传染病病人似的。接着我打电话给马提斯："你的房里有臭虫？"

他支支吾吾说不出话来，我可以想象这对生性拘谨、礼貌至上的英国人是如何难堪的事："为什么不告诉我？"马提斯这才告诉我，一开始他睡前在身上喷了防蚊液，但是臭虫的情形愈来愈严重，他索性睡到大理石地板上，反正也比较凉快！受不了时就开始抓臭虫，再咬牙切齿地把它们拧死，留下血迹斑斑！

我和菲尔的结论是，马提斯薪水不高，周五晚上和印度年轻朋友去的地方不会是什么像样的酒吧，那里的旧沙发里肯定藏满了臭虫，跟着他的衣服裤子回来了。而他每次玩累了回来不洗澡不更衣，倒头就睡，就这么把臭虫带上床，从此住在客房的床垫里。

当天马提斯一回到温德米尔，我冲到他的面前："现在立刻洗澡！全身加上皮箱里所有的衣物放在一旁，明天全部消毒！洗完澡后到另一个客房睡觉，但是你的东西留在这里，不准出这个房间一步，因为可能还有臭虫！"

羞愧万分的马提斯低着头不敢说话，我和菲尔再也忍不住放声大笑，他抬起头看着我无奈地说："对不起，不过我知道我这辈子是绝对逃不过你用这件事来捉弄我了。"

就这样马提斯在搬出温德米尔前，就过着一进家门必须立刻洗澡，行李放在一号客房，但是必须睡在二号客房的日子。而马提斯和臭虫的故事也从此不停被我转述给朋友听。

马提斯搬走后不多时，就与我们熟识的印度美女主播伊兰陷入情网，恋情稳定后在一次聚会中碰面，伊兰一见到我立刻说："马提斯特别交代，我们见面时马上要告诉你，我已经知道臭虫的故事了！"

再过两年，马提斯和伊兰修成正果，在伊兰的故乡加尔各答举行了传统的印度婚礼。马提斯也顺利考进路透社继承父志，成为记者。高大的马提斯穿着印度长袍特别好看。我常想，他在牛津读书时，一定没有想到几年后会把臭虫带进别人家中，然后落脚在印度，成为半个印度人吧。

欠我的钱呢？

从悉尼到孟买的前两年，一直替中央社兼职写稿，后来社里决定印度需要一位专职的特派员常驻首都新德里。虽然社里表示还是欢迎我从孟买自由撰稿，我不知为何兴趣缺缺，多半是我们每三四年搬一次家，把我也变得没定性了吧。加上有点想回到老本行写英文稿，最后决定结束和中央社几年的愉快合作。

就这样过了一阵子，朋友问我对印度媒体有无兴趣，心想也是个经验，于是应允，隔天一位叫纳丁的印度编辑给我打电话，问我是否愿意为一家印度航空公司的头等及商务舱杂志写稿。

从路透社到中央社，现在居然替机舱杂志写稿！虽然稿费少得可怜，总是件新鲜事。因为隔月出刊，赚的钱连付亚莎的薪水都不够，不过如此一来我可以了解一下印度除了司机佣人送信收旧货之外的职场文化！

隔日我依约前往纳丁的办公室与他当面会谈，了解我负责的内容。办公室位于孟买最有名的印度门和泰姬玛哈旅馆附近观光客最多的地方，离家只有几分钟车程。

这家外资出版社在印度的众多出版品中，包括了这本商务舱杂志。我和温文有礼的纳丁相谈甚欢，一直到他解释了要我编辑五到七页的内容时，我开始有点犹豫。我负责的是上网查一查这家航空公司国际航线所及的各大城市有什么大型会议或是展览，整理介绍内容，基本就是上网一大抄，根本不是什么写稿！

路透社十多年的训练后，我深信抄袭是最最令人不齿的行为，但是再想，不过是汇整这些展览会议的官方内容，并无任何敏感之处，主办单位应该也很愿意有免费的广告吧？于是回话给纳丁说可以。

就这样我为这个商务舱杂志在网上找主办单位的官方网页，依版面编排重写后附上网址，倒也没有违背新闻道德的大原则。每次轻轻松松六页编下来无须用脑毫不费力，也从来没人对内容有只言片语的疑问建议，要不是他们按时寄来出版的杂志，我几乎怀疑自己是不是真的在替他们工作。

虽说可以知道世界各大城市有哪些会议展览，也算增长见闻，但渐渐觉得无趣，于是一年后很委婉地告诉纳丁请他另外找人。但这差事，只要是懂英文会上网有点概念的都能胜任，所以纳丁很爽快向我道谢，倒也没有留我，当下觉得浪费了先前婉转的说辞。

其间我的稿费一直在出版社欠着，起初因为会计部门的种种原因，后来则是因为稿费实在少得可怜，我入境随俗也变得凡事满不在乎，老想着等稿费多一点一起领。终于我不干了，欠我的钱呢？

纳丁由于编辑工作繁忙，看来也真不知付款的细节，透过他传话可能更麻烦，于是要了会计的姓名电话，拿起电话找负责的伊丽卡："我已经不做了，可以把我的稿费结清吗？"仿佛她是总编辑："是吗？那真是太可惜了，明天你到办公室来请款吧。"

隔天依约前往出版社办公室，伊丽卡神龙见首不见尾，还没上班。我傻傻地坐在沙发上半个钟头之后，得知她已经在路上，等一下就到。就这样等一下，稍等一下，再稍等一下，伊丽卡始终没有出现。最后一个答案是："伊丽卡决定吃过午饭再进办公室，下午再来。"这是什么态度啊！我血压上升心跳加速，交代请伊丽卡给我打电话另约时间后，气呼呼地离开出版社。

再次到出版社时伊丽卡照例不在，我决定给她十五分钟，谢天谢地她在我准备离开的关键时刻出现了。她见了我没有一声抱歉："来来来，坐这里，我找个表格给你填。"我问伊丽卡有没有可能给我现金，反正不多，省得双方麻烦。"哦，不行的，我们一定要汇入你的银行，这是一定的程序。"

就这样我在她的办公桌旁坐了大半个小时，等她从计算机里调出我的档案。接着把表格印出来，填妥之后她仔细检查，发现新大陆般喊了一声："哎呀，这个表格是错的，你不是我们的员工，不能填这个表格！"仿佛是我的错一般，伊丽卡念念有词，重新回到计算机上再花个十来分钟找出正确的表格，我没好气地填妥个人资料后，伊丽卡交代一星期后再来。

想当然你过了一星期出发前在电话里得到的答案是："明天。"过了好几个明天之后，总算有了答案："你的资料有问题。""什么问题？""你在印度没有银行户头。""没错，所以你要我把台湾户头给你。""是的，可是我们和台湾的银行没有往来。"我深深倒吸了一口气，多说无益："好，那接下来怎么办？""你给我们另一个海外账号吧，重填一份表格。"

再度坐在伊丽卡面前时，我仔细问了出版社要哪个银行：台湾的第一银行不要没关系，新加坡、澳洲、法国，任君挑选。伊丽卡左思右想，可能因为地理位置最靠近的关系，她选了新加坡的星展银行。我填好资料再三确定没有问题后，回家继续等着我几乎不想要的稿费。

徒劳无功继续打了两个星期电话之后，伊丽卡出乎意料主动来电了："这个问题比较复杂，有空再来一趟吧。"我正好要出门，于是顺道到出版社一趟。这回我学聪明了，买了一杯咖啡带进去，准备长期抗战。

伊丽卡在约定的时间又不在，我闭上眼睛深呼吸：每次没有例外迟到甚至不出现也太离谱了吧？就在我极度不满的情绪濒临爆发点时，她总算回来了。

我在伊丽卡的办公桌前坐下，这个从不为迟到甚至是不到感到不好意思的人面带微笑，仿佛刚刚解决了一个艰深的物理程序："是这样的，我们从来没有处理过这种例子，你听仔细了……这个至今已经延迟了一年的稿费，由于必须汇入新加坡银行，所以出版社必须把印度卢比换成新加坡币。"多半是伊丽卡自己凭空臆测想象，决定这卢比必须先汇到位于美国的某银行去换成美金，再把这美金从美国汇到新加坡换成星币。

我听到这里，差点被一口刚喝下的咖啡呛到："你说什么？"

伊丽卡再度重复一次这个天方夜谭般的换汇手续，加上一句："所有经手银行的手续费必须从你的稿费里扣。"我突如其来用力把咖啡纸杯往桌上重重一放，所剩不多的咖啡全都溅了出来了："你们这么大的出版社为什么要赖我的稿费？我不稀罕这一点钱，可是你们也别想不给我！"话一出口立刻后悔：我和那些令人厌恶的外国太太有什么两样？但是已经来不及了。

原来在喝茶聊天的全停下来了，办公室霎时一片死寂："这个台湾女人真凶啊！"

在气头上的我顾不得形象了，开始连珠炮似的把我来请款却一再被退回的过程高八度批评加注。伊丽卡很显然吓了一大跳，不知如何是好。虽然理智经验告诉我他们不是要赖账，只是在不知道该怎么做的情况下，不负责任地信口开河，但是我还是失心疯似的无法控制几个星期来的愤怒，反反复复把这件事无条无理，几乎是歇斯底里般扯着嗓门说了一遍又一遍。

没来由地心里觉得委屈极了。我为什么要在这里和这些人周旋呢？

我曾经是堂堂路透社外调新加坡的特派员，采访过亚洲大大小小的国际会议，成就没有但是至少是个知识分子，今天居然在这里为了几个臭钱，先得看人脸色接着还要把自己贬到泼妇骂街的地步！可怜自己虎落平阳被犬欺，愈想愈伤心，难过得几乎要放声大哭了。

结果是没被人凶过，没见过抓狂的台湾人，深信管钱就是老大的伊丽卡，惊慌之余打几个电话后告诉我："我们可以开一张现金支票给任何一个有印度银行账户的人，你只要找这个人代你领出来就行了。"

就是这么容易。于是我在另一份表格上填好和伊丽卡第一次见面就已经建议的菲尔的印度银行账号，拿起我甩在她桌上的咖啡杯，转身离开仍然处于寂静状态的办公室。

出版社外盛夏午后的太阳正热，立刻把人晒得发昏，路上车辆震耳欲聋的喇叭声此起彼落没有间断，远处泰姬玛哈旅馆的宫殿式屋顶在蓝天下如画一般。我没有打电话要尼尔生把车开过来，独自站在树下调整这堆积已久、如火山爆发般不理智的情绪。

路边卖水果的小贩毫不掩饰地盯着我，苍蝇在半腐烂的水果上方盘旋，他也懒得挥手赶。不远处一个连印度种姓制度中最低阶级都排不上、皮肤黝黑的"贱民"背着一个破麻袋，两手伸进人行道上已经倾斜的垃圾桶，试图找到可以变卖的废纸或是宝特瓶。对街两个手牵手的小乞丐站在一家外国人常光顾的咖啡店门外，没有走过来向我要钱，反而看着我笑了：长得不一样的外国人啊！

忽然之间对自己这微不足道的小困难感到极度惭愧：不论如何我的生活肯定是玫瑰色的，放眼望去周遭的印度人恐怕连做梦也不敢梦见和我一般的生活，而我竟然会可怜自己可怜得要哭了！此时心里的难受不是因为请款的离谱过程，而是居然会为了一件对我的生活无关痛痒的小事，就要认为全世界都对不起我的自怜心态。

可是过了今天，明天还是要继续和芝麻绿豆事奋战，每隔一段时间我还是会无法克制，对人大呼小叫发泄情绪，然后再充满罪恶感地埋怨自己，后悔不已。若要问我最恨印度什么，不是贫穷脏乱，不是毫无效率凡事比登天还难，而是这充满矛盾的复杂情绪，不论我如何坚决抵抗，过一阵子就要排山倒海而来试探一下，不是一杯热腾腾的奶茶就可以解决的。

这，就是我又爱又恨的孟买了。

最著名的地标：印度门。

管他什么顾客，先睡再说。

孟买著名的送便当系统。

路边兼卖洋葱的理发摊。

在供水站等着提水回家的民众。

孟买露天洗衣场。

洗衣场里的工作通常是世袭的。

市场里的鸡肉铺。

孟买许多商家店员无数，但是某些店家却只留一个一问三不知的店员，例如我去的锁店。

01
在路边洗锅的妇女。

02
即使住在贫民窟，印度人也懂得自娱娱人。

03
多数欧式风格的洋房因为房租控管条例而破旧不堪。

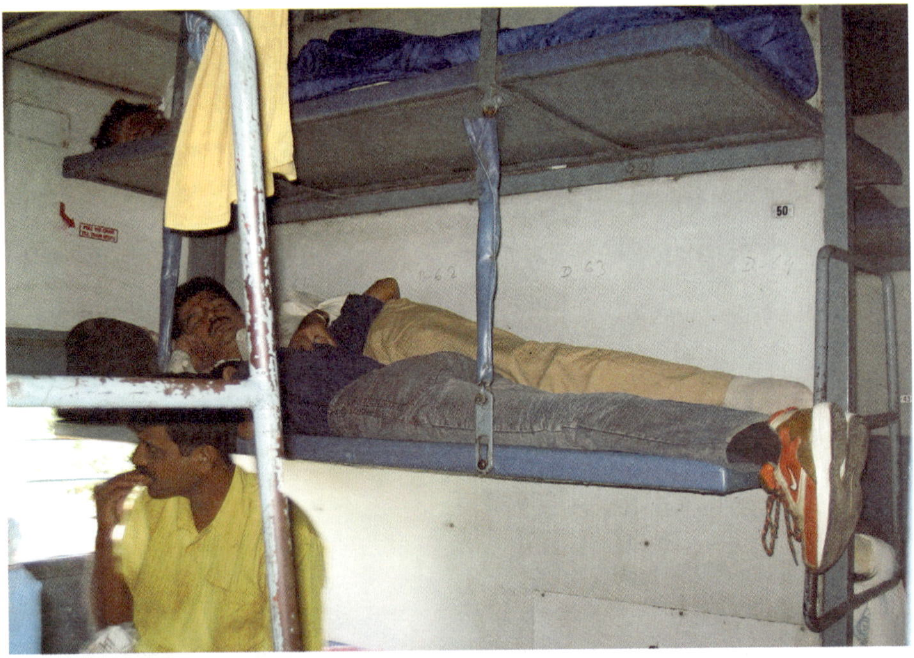

火车三等车厢的睡铺。

台湾太太来了，午茶时间到了。杜佳玛塔的装修工人。

爱尔卡谈恋爱

亚莎四下张望，确定爱尔卡在厨房不会忽然出现，小声地说："太太，爱尔卡谈恋爱了！"她去年结婚的儿子最近刚当爸爸，所以大我一岁的爱尔卡已经是祖母了，她和谁谈恋爱？

亚莎继续压低声音："他们是在准备她儿子婚礼时认识的，而且他比爱尔卡年轻五岁！"原来拉吉是印刷厂的送货工人，在送喜帖时认识了爱尔卡，于是开始交往。我大吃了好几惊，一向威严十足的爱尔卡竟然发展出婚外情，还是姐弟恋！

我还想再问细节，亚莎却快步走向阳台开始擦窗户。爱尔卡进了书房："太太，要喝咖啡吗？"爱尔卡刚学会如何用意大利咖啡机，每天总要问一回要不要喝咖啡。亚莎站在爱尔卡身后拼命眨眼暗示我千万别说溜嘴问了不该问的事，根本不想喝咖啡的我赶紧答好，把爱尔卡送回厨房！

亚莎回到书桌旁，万般陶醉："太太，她男朋友好爱她啊，他说爱尔卡是全世界最美丽的女人！"我忍不住笑："宝莱坞电影看太多了！"但同时我也不禁担心，接下来要怎么发展呢？在每个人的家务事都摊在太阳底下的贫民窟，这段婚外情恐怕无法藏太久，爱尔卡无业嗜酒的丈夫一定不会放她走的。

爱尔卡明显地心情大好，在厨房里哼着小调就差没有拿着锅铲翩然起舞，每每和我说话总是笑嘻嘻的，一天来问好几回要不要喝茶喝咖啡，煮出来的咖喱特别好吃，也终于记得我告诉她千百遍，煮饭时不要加油加盐。许多印度人煮饭总在米里加点盐加点油。

我冷眼旁观，不知道究竟该为爱尔卡高兴还是担心。从开始为我们工作以来，爱尔卡总是抱怨丈夫一无是处，却还是认命地赚钱养一家老小，如今总算脸上有了笑容。但是在印度这个保守的社会，尤其是在贫民窟，婚外情会有什么后果呢？

尼尔生年轻时从南方来孟买工作，父母在家乡给他找了现在的太太，要他回去见面准备结婚。他告诉我当时工作太忙，没空回去见面："我在结婚当天才在教堂第一次见到我太太，然后我带她来了孟买，一直到现在，二十五年了！"尼尔生深信媒妁之言比自由恋爱要来得可靠："太太，媒妁之言婚姻的成功率百分之八十，自由恋爱只有百分之二十！"

我不知道他的数据是哪里来的，不过在印度几年后却也觉得这个说法有其可信度。媒妁之言的婚姻双方背景事先配对，在家世相当对彼此没有太多期待的情况之下，认命地经营婚姻似乎比较没有波折。

不过在乡下地方，嫁妆不足的新娘在婚后被活活烧死，夫家却辩称是因为新娘不会使用煤气炉才把自己烧死的例子，在报端时有所闻。尼尔生在女儿上小学时就给她开了一个户头开始存嫁妆，但是已经十八岁的儿子至今却还没有银行户头："我儿子结婚时我不要女方给嫁妆，不过我女儿结婚时，男方一定会要，我得给她存够钱，她才不会被欺负。"

爱尔卡和尼尔生一样，媒妁之言的婚姻超过二十年，虽然时常抱怨却也没什么大问题。认识了年轻有工作的拉吉之后，酗酒丈夫的一无是处，无可遁形。

现在爱尔卡的手机不时响起，她放下手边的事接起电话走进佣人房，轻声笑语不断传出，久久不挂电话。亚莎好生羡慕："她的男朋友真爱她啊！"慢慢地这种羡慕变成投诉："太太，您看她，每次讲电话讲那么久，工作都不做！"

一日，爱尔卡来请假："太太，明天我带我先生去看病，下午要请假。"我不假思索答应了，爱尔卡的先生的确是有癫痫的宿疾，这也是他不工作的理由。她才转身，亚莎就来了："太太，她根本不是要带她先生去看医生，她是要去约会！"原来爱尔卡的先生已经耳闻这段婚外情，但是全家生计全在爱尔卡身上，他也无计可施，只能每天到温德米尔的大门口等爱尔卡下班，这下爱尔卡只能利用上班时间请假约会了。

隔日，爱尔卡吃过午饭就洗澡洗头，一边哼着小调，平常工作时穿的印度长衫裤装换成了纱丽，每天挽在脑后的长发也放下来了，梳了个公主头，还别上一串白色的小花。恋爱中的爱尔卡一点也没察觉，这种打扮谁会相信她要带先生去医院？

隔天，亚莎说爱尔卡和拉吉在孟买情侣最爱的滨海大道上度过了一个愉快的下午，所以她决定从此每隔一阵子就请半天假约会去。我也决定每个月准一次，工作总有病假可请。

接着是尼尔来报告："太太，爱尔卡的先生每天来等她，楼下的司机全都知道爱尔卡交男朋友。"接着亚莎又来了："太太，爱尔卡要和她男朋友结婚了！"我皱起眉头："爱尔卡已经结婚了，怎么能再结婚？"亚莎像煞有介事："太太，她和她丈夫结婚时在印度神庙，不算。现在她要和她的男朋友去市政府登记结婚，爱尔卡在市政府没有结婚记录。"

印度法律我不懂，这复杂的感情我更不懂，决定不管。

再不久，亚莎预告爱尔卡又要来借钱。"为什么？""爱尔卡说拉吉在印刷厂的工作不够好，她要给拉吉买辆电动三轮车，自己当老板，这样爱尔卡就不必再工作了。"根据爱尔卡对亚莎编织的美梦，三轮车每天可以赚五百卢比。我叹了一口气："三轮车一趟要多少钱？""十卢比，太太。""所以他每天要拉五十趟三轮车，还要加油，可能吗？"亚莎恍然大悟："不可能呀！"

终于，爱尔卡来了："太太，我要借钱。""为什么？""我儿子要开店做生意，我要借三万卢比。"我问她儿子结婚时借的钱还没还清，怎么办？"太太，我儿子开店就会赚很多钱，很快就会还您的。"此时我再也忍不住了："楼下的警卫司机全都在讨论你丈夫每天来等你下班的事，还有一个每天给你打电话的人，我猜你不是为了你儿子借钱吧？"爱尔卡低下头不发一语。虽然于心不忍，我还是狠下心来："不借。"

菲尔十分不赞同我拆穿爱尔卡的做法，认为这是她的私事，我没有理由质问她工作以外的行为，但是能怎么办呢？爱尔卡的丈夫已经进到花园大厅来等爱尔卡，以防她从后门偷偷离开温德米尔。我们决定要警卫不准爱尔卡的丈夫进花园，只能在大街上等着。

就这样，爱尔卡继续谈恋爱，继续向亚莎编织她离开酒鬼丈夫后和拉吉双宿双飞的幸福美梦，她的丈夫继续在温德米尔大门外等她。我不拆穿偶尔准她半天假带丈夫去看医生，其实是和拉吉在滨海大道上散散步。

是对是错我也不清楚，而我们在孟买的日子，就这么继续过下去了。

孟买罪恶感

在孟买我最恨的是对人对事的罪恶感，有时和自己无关，有时是由于自己一时冲动造成的，不论如何，这种罪恶感出现的情形十分频繁。

刚到孟买还住在旅馆时，常在克拉巴大道上闲逛。离印度门不远的克拉巴大道骑楼下全是摊贩，卖衣服饰品、盗版光盘、从贼市买来十倍价钱再转卖给观光客所谓的古董、专门给没钱进泰姬玛哈旅馆的背包客去的餐厅酒吧咖啡店，应有尽有。

一日我进了西雅图极品咖啡，点了一杯咖啡一个蛋糕坐在窗口看人。虽然不如台北，但是在满街路边摊中，倒也是个时尚的咖啡店，光顾的除了老外还有许多时髦的印度年轻人。窗外许多金发碧眼的背包客，穿着印度印花布衫夹脚拖鞋，有些眉心也跟着点了个朱砂痣。我喝了一口咖啡，一个外国人边走边吃走出咖啡店，入境随俗把还沾着鲜奶油的蛋糕纸随手往地上一丢。

咖啡店外两个脏兮兮的小女孩，看来似乎是姐妹，这张蛋糕纸一落地，年纪比较大的女孩立刻以迅雷不及掩耳的速度捡了起来，先递给妹妹，妹妹贪婪地舔了几口，然后交给姐姐也舔一口。姐姐接着把纸上还有的蛋糕屑用藏污纳垢的指甲刮下来要妹妹吃，两个人就这样把这张纸舔得一干二净。

此时摆在面前的蛋糕怎么也吃不下了，这是什么样的世界？我身处印度最富有的城市里最繁华的街道之一，这两个小女孩连鞋子也没有，只能在外国人常去的咖啡店外等着，经常会有张还有点鲜奶油的蛋糕纸可以舔。我花在一杯咖啡、一块蛋糕上的钱，足够她们买米至少过一个月！我拿起还没吃的蛋糕，走出咖啡店交给她们，仿佛做错事一般落荒而逃，中了邪似的为自己过的生活感到不该。

不过这是刚到孟买时的情形，渐渐地看多了街上的乞丐，我变得麻木了，也许还没有到不仁的地步，但也学得尽量不为他们的处境感到有罪恶感：不是我的错啊！

隔了几天我从旅馆到附近超市买东西，那是在我们找到尼尔生之前。我拦了一辆出租车，谈好载我到十分钟车程远的小超市，等十分钟，再回旅馆。我很清楚来回车钱只要二十卢比，不过我要他等，说好了五十卢比。

买完东西回到旅馆大门，司机要八十卢比，我开始跟他争执，旅馆的门童上前问究竟，我气急败坏说我们谈妥了五十，现在他要八十。这下连大厅经理都出来了，交代门童把我的东西提上楼："太太，您别生气，交给我。"经理接下五十卢比交给司机，然后是一连串的印度话大声责骂。司机顿时变成缩头乌龟，拿了钱就一溜烟把车开走了。

经理很专业地向我赔不是："太太，印度的出租车司机真是太糟糕了，以后再有这种情形您就叫我们出来处理。"此时门童已经把我买的东西送上房间，我独自在上楼的电梯中忽然觉得丢脸极了。经理知道我们两房一厅的房间一个月要多少钱，在旅馆喝一杯咖啡远远超过三十卢比，而我和一个什么也没有的出租车司机计较这一点钱！

虽然不是我的错，这类事却没有例外总是可以让我难受甚至羞愧好几天，尤其是在搬到孟买的初期。但有时候就真是我的错了。

那是一个闷热的午后。早上买水果时我拿起一颗木瓜，认识我的小贩说："三十卢比，太太。""木瓜满街都是的孟买一个只要十卢比，为什么我得多付？"小贩嬉皮笑脸："太太，您是老顾客了，二十卢比就好了。"我放下木瓜转身要走，小贩把木瓜放进塑料袋："太太，十卢比吧。"我怒火中烧："为什么认识我还要骗我？"

接着在要把人晒得发昏的烈日下办了几件事，全是一样令人为之气结的过程，没有一件办成，此时呼吸的空气又多了几分令人作呕的腐臭味了。平日多半能无伤大雅与人开玩笑周旋，但是那天实在是太热了，回家后我的怒气还是不断上升，应付这些人简直是浪费生命！

不久门铃响了，我找碴似的冲出去开门，收报费的，不过不是我认识每次要推销过期杂志的那个，是个不懂英语的小弟。

没见过面的小弟怯生生地把收据交给我，数学很好的台湾人很快计算了一下一个月的报费：居然连两卢比都要坑我的钱！我耐着性子要他算给我听，可怜的小弟不知道为什么这个太太脸色铁青，说什么他一个字也听不懂，只是很疑惑地我说完一句就摇头晃脑。

我提高音量："为什么要多收我两卢比？你难道不知道每次来收报费我给十卢比小费吗？为什么要骗我的钱？现在你连一卢比也拿不到了！"

就在我提高音量之际，爱尔卡出来了，我转向她："你告诉他，骗我两卢比的结果就是损失十卢比！"爱尔卡接过收据看了一眼："太太，星期天的报纸比平常多五毛卢比，上个月有四个星期天，一共是两卢比。"

这时我恨不得有个地洞可以钻进去，刚来的我为了三十卢比和出租车司机起争执，现在的我不仅为了两卢比和无辜的小弟脸红脖子粗，还没道理地把他痛骂一顿，全是因为我的心情不好！小弟喝了杯凉水领了十卢比小费，无缘无故被骂也值得，高高兴兴离开了，留下十分惭愧的我急着向爱尔卡解释。

其实为什么要向爱尔卡解释呢？只不过是补偿心理罢了，觉得只要向一个印度人解释我为什么毫无道理骂印度人，就能把所作所为一笔勾销，就能让自己好过些。

爱尔卡一头雾水："太太，平时是我在付钱，您本来就不知道报纸星期天比较贵，没关系的，小弟说从来没人给他十卢比的小费，他可高兴了。"

又过了一阵子，我感到愧疚的对象轮到爱尔卡了。一日我进了厨房发现流理台上放了好几瓶矿泉水，正想把它们放到一边，发现全是开过的，叫来亚莎才知道瓶子里是爱尔卡准备带回家的过滤水。亚莎说爱尔卡的丈夫有时候错过了供水站的时间，家里就没有水，所以她从温德米尔提几瓶过滤水回家，这种外国人还要煮的过滤水在贫民窟里是可以直接喝的！

我立刻把爱尔卡叫来："绝对不能把这些装了生水的矿泉水瓶子就这么放着，一不小心我们喝了怎么办？在孟买不是矿泉水是不能喝的！你要拿滤水器滤过的水回家可以，煮了再带回家也可以，但是把瓶子上的标签撕掉，这样我才不会搞错。"我唠唠叨叨说了一阵子，爱尔卡只是低着头不发一语，过了一阵子才说："对不起，太太，我知道了。"

回到书房我后悔极了，不过为时已晚。听我说不是矿泉水不能喝时，爱尔卡是什么感受？她工作一个小时才能买两瓶我们喝的矿泉水。她喝了四十多年的自来水，严格说来是供水车上提回家的水，连自来水也不是，现在只不过是想方便一点罢了，我竟然可以说上一大串！我想到古代何不食肉糜的昏君，自责的难受不是言语可以形容的。

就这样日复一日我在须有莫须有的罪恶感之间徘徊，倒也学得了一点应对之道。

　　一日爱尔卡和亚莎坐在佣人房地上吃午餐，两人有说有笑。我探头看她们。亚莎很热情地说："太太，爱尔卡今天带的午餐好好吃，您吃一口吧！"印度人吃饭是不用刀叉汤匙的，就是用手。亚莎撕下一块面饼，包了一小撮泥浆色黄糊糊的咖喱递给我。

　　这件事的前提是，我相信还是有印度人上厕所不用卫生纸，只用水。虽然他们有严格规定左手由于主管比较肮脏的事，所以绝对不会用左手拿食物，不过心理作用加上不理性的偏见，还是觉得不舒服。虽然我百分之百承认不该有这种心理，仍旧不能说服自己这是人间美味，一口把它吞了。

　　我接过这块颜色不仅不能令人食欲大增反而大减的咖喱面饼，道谢后回到书房，拿出一张纸把面饼小心包在里面，虽然比较麻烦必须专程拿到外面丢——因为丢在家里的垃圾桶亚莎会看见——但至少这么做，我可以避免伤了任何人的自尊之后再让自己懊悔不已的情形发生！

亚莎的三角习题

电影《贫民窟的百万富翁》的人物剧情在最熟悉不过的孟买的贫民窟里穿梭，脑海中浮现的却是亚莎穿着印度长衫瘦小的身影和一脸的笑容，还有她在对我的所作所为不赞成时拉长的声调："太——太——"她现在在哪儿呢？

我们去欧洲休假前亚莎说她要结婚了，姐姐的婆婆安排了人家。虽说在印度家人安排婚事是再平常不过的事，但亚莎个性独立前卫，她和前夫不顾世俗眼光自由恋爱结婚，怎知婚后丈夫外遇，把供养公婆的经济重担全推给亚莎，亚莎于是"离婚"了。至于是真的签字离婚或是就此离开夫家，我从来没问过。

我细细问了原委，亚莎说经过前车之鉴她再也不相信自由恋爱，于是由姐姐的婆婆代为安排。她喜滋滋地拿出一张彩色照片，照片中的男孩看来相貌堂堂，背景则是一个中上家庭、布置现代的客厅。"这是他家吗？""是啊，很不错吧，太太？""是很不错，可是你怎么知道这是真的呢？""不会错的，太太，他的背景我家人全查过了。"

我极端怀疑，因为这是个中上阶级的现代化客厅，这个男孩肯定是上过学的，家里肯定有一两个佣人外加司机的，亚莎虽说聪明伶俐，从来没上过学也不识字，是个住在贫民窟里给人帮佣的离婚女人。在门当户对为前提的印度相亲制度之下，这是怎么也不可能的，因为男女双方除了家世种姓，连吃荤吃素都得先说清楚。但是看亚莎对婚姻充满期待，我也不忍浇她冷水，只能再三叮咛，一定得亲自见了对方，查清楚他是否身心健康，等等。

再过两天，亚莎告诉我结婚的日子已经定了，就在一个星期之后，我问她为何如此仓促，为何不等我们度假回孟买之后再结婚。我十分清楚我们的出席，一定会给亚莎在夫家加分，就如同我们去了尼尔生家，参加了爱尔卡儿子的婚礼，让他们在邻里之间十分有面子。亚莎说对方不愿张扬，所以就简简单单办个手续，不必麻烦我们了。

回到孟买亚莎已经嫁作人妇，她告诉我她和丈夫还在商量住在哪里，因为我们在孟买最南端，亚莎住在对面的贫民窟，而她的丈夫住在两个小时远的郊区。我才想可得开始重新找佣人了，亚莎却说绝对不会放弃在我们家的工作。我虽然希望如此，但也了解印度女人结婚后一切以丈夫为主，因此没有表示意见。

再过几天，亚莎告诉我，丈夫搬来贫民窟与她同住了。我大吃一惊，什么人会愿意从那个现代客厅搬到没水没厕所又脏又乱的贫民窟？亚莎淡淡地说，那个公寓是丈夫租的，丈夫的老家在印度北方，现在丈夫刚刚丢了工作，只好搬来与她同住。我一颗心往下沉：这个人多半看上了亚莎在外国人家帮佣的背景，弄了张像样的照片先结婚，然后就可以靠亚莎一辈子赚钱养家！

亚莎接着开始偶尔抱怨丈夫没有尽力找工作，渐渐地她也陷入了爱尔卡的一人养全家模式。

亚莎在婚前对爱尔卡家里三个大男人一点也不帮忙家务的批评言犹在耳，如今她也开始了给失业丈夫做早午饭后才能出门工作赚钱，回家后还得做晚饭洗衣的日子。又过了一阵子，亚莎丈夫的表弟从乡下到孟买来找工作，理所当然住在表哥表嫂家。这么一来，亚莎不仅是我们家的佣人，还得伺候家里两个男人，赚来的薪水几乎是完完全全用来养这两个失业男人了。

亚莎对丈夫和表弟愈来愈不满，我虽然为她感到不平和不舍，却也知道最好不要表示意见，她婚后的生活我是不能参与的。

一天早晨亚莎没出现，这可是破天荒的大事，因为除了生病无法来之外，亚莎每天都是提前上班，待在我们家可比她在贫民窟的家好上千百倍，还可以逃离家里两个没用的男人，所以她经常是一边哼着小调一边做清洁工作。

我正在纳闷之际，亚莎打电话来了，电话那头她边哭边说丈夫前一天因为小事动手打她，今天恐怕无法出门。我告诉她印度刚刚通过家暴法，如果丈夫再动手，一定要马上到派出所去。当天晚上我打了电话给亚莎，她已经恢复以往十分专业的谈吐："太太，真是对不起，今天没法上班，已经没事了，明天见！"

第二天亚莎又没出现，我才拿起电话，爱尔卡吞吞吐吐："太太，亚莎可能出事了。"和亚莎同住在贫民窟的爱尔卡说，前一天晚上亚莎家传出打闹叫喊声，警察也去了，不过爱尔卡不敢上前凑热闹，对事情原委说不清楚。此时尼尔生刚送菲尔上办公室回来，于是立刻要他带我到亚莎贫民窟的派出所去。

才刚走近贫民窟，立刻有一群小孩围了上来，十分好奇一路跟着。进了派出所，外头聚集了更多人盯着我，看来十分腐败的警察大吼一声，这些人倒退了几步，却也还是不愿离开。

我和尼尔生坐在值班警察的办公桌前，室内充满垃圾腐臭加上消毒水的味道，好几只苍蝇在我们头顶盘旋，天花板上的电扇有意无意转呀转，我不停擦汗，额头脖子全身是汗，几乎连脚底板都湿透了。

　　印度话给我的印象一直是特别冗长，我说一句，尼尔生得花三倍的时间翻成印度话给警察，这么一来一往，终于得到我最不想要的答案：亚莎被丈夫的前女友刺伤，今天凌晨已经送到医院急救了。

　　和尼尔生步出派出所，我的大脑一片空白，雨季前的湿热加上贫民窟特有的腐臭味令我几乎无法呼吸。尼尔生好像在和我说话。我说："对不起，你说什么？""太太，亚莎丈夫在结婚前的女朋友，可能是被温德米尔二楼人家解雇的女佣亚露娜。"

　　这时派出所的警察追了出来，和尼尔生又开始另一段冗长的对话，我站在一旁看着他们两人比手画脚，只希望警察来说一切都是误会。结果是警察对我这个恐怕是第一个踏进他管区的外国人充满好奇，追出来要告诉我更多细节。他告诉尼尔生亚露娜是印度教徒，趁亚莎丈夫不在拿刀冲进亚莎家时，身上却穿了伊斯兰教妇女从头盖到脚、只露出眼睛的黑色罩袍。这几乎是宝莱坞电影的翻版了。

　　回到温德米尔，我把大楼的司机警卫门房全都叫来。这个情杀案不到几个小时的光景，已经是街坊最耸动的大新闻，大家你一言我一语，总算把前因后果像拼图一样凑出一个大概来。

　　亚露娜在楼下邻居人家帮佣时和亚莎偶有交往，被解雇后她要亚莎帮忙找工作，不多时又要亚莎同时也为她的男友留意，并且留下联络电话。怎知亚露娜的男友和亚莎竟然开始交往并且论及婚嫁，至于是因为亚莎和此男子情投意合，还是对方看上亚莎在外国人家帮佣的背景而移情别恋，就不得而知了。

　　这件事在大楼的司机门房警卫之间是个茶余饭后磕牙的好题材，亚露娜几番到大楼来和亚莎谈判并且在大楼花园里吵了起来，警卫最后禁止亚露娜再进花园，因为她已离职甚久。亚露娜于是撂下狠话，要警卫告诉亚莎，如果真的横刀夺爱，一定会把亚莎杀了。

我告诉尼尔生到医院去，尼尔生有点迟疑："太太，那个地方很脏很乱的，您真的要去吗？"看我坚持，他只好开车带我去位于孟买市区里的一个公立医院。

医院的结构是殖民时期留下的挑高屋顶和大楼梯，虽说可以看出以前欧洲建筑的气派，但是在印度独立之后从未整修，加上是穷人来的公立医院，即使有经费也早已被无数贪官污吏拿光了。医院大厅的高屋顶有许多鸽子飞来飞去，地上则是处处可见鸟粪。再往里走，走廊地上零零散散坐了看起来几乎像是乞丐的病人，发出似有似无的呻吟声。

我在人满为患的医院里走着走着，仿佛和亚莎、她的丈夫和丈夫的女友一样，进入了一个宝莱坞的电影情节。

我们在询问台和当班人员纠缠许久，完全没有办法得到一点头绪，决定直接到病房去找。我们小心翼翼穿过充满或坐或躺的病人和家属的长廊，除了绕着他们的苍蝇之外，还得当心头上飞过的鸽子，终于到了一个女病房，尼尔生自然不能进去。

在这个有几十个病床的大房间里，我开始一个病床一个病床找。所谓的病床其实就是一张行军床，上面没有床垫也没有床单，就是一张木板床，多半女病人用她们的纱丽把脸遮了起来，也许是挡苍蝇吧。我在病房走了两回，决定亚莎不在这儿。这时尼尔生在窗外向我拼命招手，他说问到了，亚莎刚刚从手术房出来。

我们又花了好几分钟才在迷宫似的医院里找到手术房。到达时，亚莎已经被推出来应该有好一阵子了吧，这个再简陋不过的病床就这么被搁置在苍蝇乱飞的走廊一角，走近一看，我不禁失声痛哭。这个乖巧伶俐、善解人意的女孩，现在左脚左手和胸部全被绷带胡乱包了起来，身上连块床单也没有，她的纱丽上则布满了斑斑血迹。亚莎不能说话，只是不停流泪。

　　这时我们身旁围了一大群不相干的人，盯着我从头到脚不停打量。尼尔生大声叱喝要这些人走开。我才意识到自己已经成为医院里最受瞩目的焦点了，多半也是因为从来没有外国人会踏进这个医院一步吧。

　　我擦擦眼泪镇定下来，要尼尔生找来亚莎的母亲到医院大门外谈话。亚莎的母亲和她一样十分瘦弱，不停拉着脏兮兮的纱丽一角拭泪。我拿出钱要尼尔生告诉亚莎的母亲，这是医药费，千万别给任何人，只能交给医院付钱。亚莎的母亲收下钱点点头，哭得更伤心了。

　　这时两个男人走上前，和尼尔生开始用近乎吵架的口气谈了起来。亚莎的母亲低下头不再哭泣。在冗长的对话中，我只听懂几个单字像是太太和电话号码。我打断尼尔生要他翻译，他却用从未有的严肃口吻告诉我："太太，请您不要说任何一句话。"然后继续和这两个男人交涉。接着其中一人拿出一沓收据要交给我，在我不知所措之际，尼尔生用力推开这个男人，转身向亚莎的母亲说了几句话之后对我说："太太，我们回家。"

　　就这样我像是失了神似的跟着尼尔生往停车场走去，两人一路无语，一直到上了车，尼尔生才开始说究竟。

　　原来这两人声称是亚莎姐夫的堂兄弟，要留下我的电话和地址，尼尔生说太太不会说印度话，你们不会说英语，留下电话做什么？接着他们把医药费账单掏出来，要我买单。我告诉尼尔生医药费我会负责，因为我知道亚莎没有钱。尼尔生摇摇头："太太，我们怎么知道这两个亲戚是谁？我们怎么知道他们拿了钱之后会不会跑了？"

　　尼尔生沉默了一阵后接着说："太太，如果我是您，我也不会把钱交给亚莎的母亲的。"我愣了一下，这是多么悲惨的一个社会！"连母亲也不能信任吗？"尼尔生说："不是的，太太，您要帮亚莎，就只帮亚莎，等到她可以回到温德米尔来找您的时候，您爱给她多少钱，就给她多少钱，至于现在，您不会知道钱会被谁拿走。钱，只能交到亚莎的手里，不能经由任何人。"尼尔生说他告诉亚莎的母亲，太太会照顾亚莎，但是现在谁也别想来拿任何钱。

我们的车子开过爱尔卡和小男友最喜欢的滨海大道，海湾另一边的夕阳在孟买极端的空气污染中竟有一种病态的美感。我回想亚莎告诉我要结婚时快乐的神情，而她告诉我一切关于相亲、男方租来的房子，全都是假的。现在她躺在医院里，因为左手被刀砍得太深，可能会失去功能……

我仿佛打了一场大仗，一句话也说不出来了。

行凶的亚露娜在警察局里待了一夜，因为早有准备，身上带了现金，买通警察后现在又是自由之身，并且来到温德米尔楼下告诉以往熟识的司机门房："告诉楼上那个外国太太，如果她还继续雇用亚莎，我连她也杀！"

其实我一点也不担心，因为亚莎一年半载内是回不来了，我无法置信的是亚露娜把亚莎砍成重伤，怎么能隔夜就被放出来？尼尔生不以为然："这有什么？太太，如果您对我不满意，只要给警察一点钱，他们立刻把我抓起来关。"他估计亚露娜付了五千，最多一万卢比就可以脱身，这个钱就平分到每个警员，每人五百到一千不等。

至此我也没了方寸，不知道该不该再去医院探望亚莎。尼尔生说他可以请在医院当清洁工的朋友打听亚莎伤势再汇报，当下决定我们谁也不再去医院。隔天尼尔生的朋友来消息了，有一位警察到医院去警告亚莎，告诉她亚露娜已经出了警察局，而且放话要继续追杀她。

从事情发生至今，每天都有令人无法置信的发展。是什么样的警察，拿了贿赂的钱之后，良心发现，所以去警告亚莎呢？这一切就像是宝莱坞的电影情节，我百般尝试却无法找出一个合理的解释。

之后陆陆续续听说亚莎好多了，出院了，但是我给她的手机却一直打不通。几个月之后亚莎终于来电话："太太，我还有一些东西在您家里，我请我弟弟去拿，我和我丈夫要搬到德里去了。"我不知为何狠狠打断她："你为什么要对我说谎？你知道我有多担心吗？"电话那头一阵沉默，然后说好一个时间后就挂电话了。亚莎的弟弟来取东西之后，亚莎就消失了。

我常想，是不是自己太过天真，竟然以为可以改变一个人的命运。教亚莎读书识字，给她建议，以为这样她就可以过好日子。我回忆起亚莎常说的："太太，您对我最好了，我真是幸运！"她真的这样觉得吗？我过着茶来伸手饭来张口的玫瑰色人生，我的行为，对她而言恐怕只是有钱人家闲来无事的消遣罢了。

事过境迁我和一位印度的记者朋友谈及此事，她说这一类的情杀事件在贫民窟层出不穷，他们一无所有，只能在宝莱坞电影里寻求安慰，然后把电影情节移情到真实生活中。一旦这类意外发生，多半会被警方归类为清官难断的家务事，加上腐败，往往花很少的钱就可以杀死一个人，而即便出了人命，还是被归类为家务事。

现在想起当时听闻亚莎被砍一事后的惊吓，仿佛只是一场电影情节。当时我的心情随之剧烈起伏，但是落幕之后生活很快恢复平静，偶尔忆及亚莎，不能避免淡淡的哀伤，但也就是这样了——曾经震撼我的一个印度插曲。

爱尔卡私奔了

亚莎出事后就凭空消失了，仿佛这个人从来不存在。爱尔卡一人默默做了所有的工作，虽然只清洁不必做饭她也不抱怨，我却很清楚她对清洁一职向来是瞧不起的，于是积极开始找人顶替亚莎。

不久尼尔生来汇报，房东塔塔夫人众多司机之一找来同住在对面贫民窟里的年轻女孩凡吉娜，温德米尔很多司机是看着她长大的。不会说英语的凡吉娜在塔塔夫人司机的丈母娘家每天两个小时做清洁工作多年，爸爸已经为她安排好过两年结婚。尼尔生下了结论："那个男孩也住附近，好几个司机认识，应该可靠。"我想，这样的背景应该不会再有情杀事件了。

我安排凡吉娜来家里和爱尔卡面谈，瘦小黝黑的凡吉娜看来十分害怕，不敢正眼看我，连大气也不敢喘一下。面谈结束，爱尔卡很满意地宣布凡吉娜是个单纯的女孩，知道怎么做家事，就是她！于是凡吉娜成为新的亚莎，不敢和爱尔卡顶嘴只会默默做事的新亚莎。

凡吉娜每天早上八点来十一点离开，到供水站去扛水回家，吃过午饭后到温德米尔大楼后方的人家去做两个小时的清洁工作，下午三点半回到温德米尔两个小时。爱尔卡说凡吉娜最近还找了新工作，晚上到附近另一个印度人家里去洗碗一个小时，存钱为两年后的嫁妆做准备。

　　凡吉娜来了之后爱尔卡继续她厨子兼管家的工作，偶尔见她在厨房里交代各项事宜，我大略听出她在教凡吉娜如何打电话跟什么人叫水叫杂货，洗菜洗碗时也把凡吉娜叫到一旁实习。

　　爱尔卡手机响起的次数愈来愈多，有时笑声不断，轻声细语，有时口气冰冷，急忙要挂电话。前者是印刷行的小男朋友，后者是酒鬼丈夫。我看在眼里，心里已有准备。

　　一日，爱尔卡又在厨房对着凡吉娜说个不停。她从柜子里拿出茶叶，我只听懂两个字："大爷，塔塔金牌。"应该是在说茶叶要买菲尔喜欢的塔塔金牌。凡吉娜一走开，我故作漫不经心："在教凡吉娜吗？你对她满意吗？"

　　爱尔卡心虚地说："是的，太太，如果哪天我请假了，凡吉娜家里大大小小的事都知道，这样您就不必操心了。她很聪明，我说一遍她都记得。"

　　凡吉娜很快就进入状态，可能是有好几份工作的关系，她的动作十分利落，总是很快就把该做的事做完。爱尔卡对她十分满意，常听见她们有说有笑。再过不久，爱尔卡每天早上端奶茶来的时候老是欲言又止说些无关紧要的奇怪事。最后我忍不住了："爱尔卡，家里一切都好吗？没事吧？"

　　爱尔卡深呼吸了一口气，停了几秒钟下定决心似的说："太太，以前带我去日本的那个钻石商人家又要去日本了，他们要我一起去。"我已经料到这是迟早要发生的事，倒也不惊讶，只问她印度雇主什么时候要走。爱尔卡答不着急，等找到新的厨子她交接妥当再离职。

　　我心知肚明爱尔卡根本不是要去日本，因为她已经说过绝对不会再离开印度，在海外帮佣的生活没日没夜伺候雇主一家人，尤其在日本言语不通，如同坐牢，她痛恨极了在东京的那几年。更何况怎么会有一个要搬家到海外的印度雇主会让她决定何时开始上班？

　　我确定爱尔卡是要离开她的酒鬼丈夫和小男友私奔了，但也没有拆穿她，只说我不打算再雇厨子，她只要交代凡吉娜家里的一些琐事，告诉我离职的时间就可以。爱尔卡点点头："谢谢您，太太，我一定会把所有的事教会凡吉娜才离开。"

　　接下来的几个星期我看着爱尔卡认真交代凡吉娜家务事时，总觉得处于一种超现实的状态。想起初到孟买之际，因缘际会找到尼尔生、爱尔卡和亚莎，和他们从陌生到熟悉，我和他们相处的时间比和菲尔相处的时间还多，完完全全知道他们生活中的喜怒哀乐，他们几乎是我印度的亲人了。

　　如今除了尼尔生，被砍伤的亚莎已经不知去向，不快乐的爱尔卡要离开她一手建立支撑的家，小男友可靠吗？尼尔生说爱尔卡的丈夫天天站在温德米尔大门外等着拉长一张脸的爱尔卡。爱尔卡小男友打电话来的次数更频繁了，爱尔卡在电话里有说有笑之后总是站在厨房看着窗外陷入沉思。

　　爱尔卡又来了："太太，所有的事凡吉娜都学会了，您什么都不必操心，她有问题时会打电话给尼尔生。我儿子结婚时还没还清的钱，我会交代我儿子拿来还。"我叹了一口气："我不指望你儿子还钱，算了。"爱尔卡想了想："太太，我再做一个月吧，这样可以把钱还清。"

　　爱尔卡离职前要我写封推荐信，以后找工作时可以用。我写了信交给爱尔卡："爱尔卡，你看清楚，我写的是你要回家照顾孙子所以离开我家，不是去日本。"她心虚地说："我要到日本工作啊，太太，否则我是不会离开您的。"

　　我看着她："爱尔卡，你记得当初你来面谈时告诉我你曾经在日本工作吗？""是的，太太。""我是不是要看你的护照，证明你的确去过日本？""是的，太太。""所以如果我在推荐信上写了你因为到日本工作而离开我家，你的下一个雇主可能要看你的日本签证，可能要打电话给我问一问你的工作情形。如果你不是要到日本去的话，最好还是别写在信上吧。"

爱尔卡低着头站在书桌旁一声不响，过了一会儿我才发现她开始掉眼泪。我一阵难过："我猜你是要离开你的丈夫吧？"爱尔卡哭得更伤心了。我拿了张面巾纸给她："别哭了，我不会因为你要离开丈夫而觉得你是个坏女人的。"

爱尔卡说谎的原因就像亚莎第二次自由恋爱结婚却说是家人安排的一样，身处印度下层社会的女人，离开丈夫或是自己选择婚姻是不对的。我猜她们只是不愿意我用世俗的眼光判断她们，所以为自己的行为找了理由，因为对我说谎她们一点好处也没有。想到这里，我更难过了。

爱尔卡擦干眼泪："是的，太太，我要离开他，我不能再待在南孟买了，这样下去只会给您添麻烦，那个没用的酒鬼整天站在温德米尔门口，我不能再这么下去了。"我不愿意再多了解她的婚姻感情生活，只问她接下来有什么打算。爱尔卡说计划搬到北孟买好让她的丈夫找不到，然后再找帮佣的工作。

接下来一个星期爱尔卡亦步亦趋跟着凡吉娜，从打电话叫水到用消毒药片泡生菜，用印度话千交代万交代。很多朋友说不要浪费时间和印度佣人建立关系，但是从爱尔卡身上我知道自己没有浪费时间，因为她大可以一走了之，没还清的钱也不要还了，反正这辈子再见面的概率几乎为零。我明白爱尔卡对这几年下来的相处还是有感情的，她没有一声不响地离开。

爱尔卡走的那天我给了她一万卢比："这是给你的，不可以给任何人，明白吗？你要知道保护自己。"爱尔卡接过钱眼眶又红了："谢谢您，太太。"我不放心再度交代:"你听清楚了吗?不可以给任何人,存到你的银行里,是给你的,你给了任何人我都会很失望的。"爱尔卡边擦眼泪边点头,我只希望她明白我不要她把钱给小男友,就像她几十年来一直把钱给酒鬼丈夫一样。

爱尔卡,就这样和亚莎一样,也从我的生命中消失了。

第六部　房事

房东，求求你

在孟买这个寸土寸金的城市租房是所有外国人的噩梦，我们初到印度时很幸运直接搬进菲尔前任同事租约未满的温德米尔，不似多数人必须花两三个月找到价钱地点都合适的地方。

房东亚璐是印度数一数二建商的女儿，她的丈夫诺尔塔塔则是塔塔集团的第二顺位继承人。我们偶尔在楼下大厅遇见，点头微笑没有交集，就这么我们在温德米尔度过一年无忧无虑的生活。

在我毫无心理准备的状况下，一天接到一个电话："史密斯太太，您好，我叫苏利曼，是负责温德米尔大楼的经理，代表塔塔太太跟您拜个年，送到您府上的干果收到了吗？"我看着餐桌上一篮精美的干果，才想起来其实应该是我给干果篮上的名片打电话，谢谢他在印度新年还给我们送礼物。

苏利曼听来是个高级主管，因为他面对的是温德米尔里面除了我们之外有钱有势的住户，谈吐十分专业，问我在孟买住得习惯吗，喜欢印度吗，没有涉及祖宗八代的调查。寒暄过后他不着痕迹地切入主题："您的契约快要到期了，我们必须讨论续约的问题。"

我们搬到孟买之前，印度正处于高利率时期，银行存款利率高达百分之十二，于是造就了一种特殊的房租付费方式。许多房东愿意收下几百万甚至是几千万的押金，附上正式的银行担保在租约期满时全数奉还，而房租则是低得离谱。我们住的温德米尔就是签这种合约。

"太太，您是记者，一定知道现在的利率只有两年前的一半，我们必须重新讨论租约……"我听着听着一颗心直往下沉。苏利曼继续："押金对我们而言一点也不划算，所以我们打算把押金退还，房租改为没有押金的现金，一次付清十一个月加三个月押金。"苏利曼接着宣布，"既然巨额押金退还贵公司，以往的高额利息和通胀都必须一并加在房租里，房租现在要涨……二十倍！"

的确不可思议，但我对天发誓，句句实言！

虽然没有担心到茶不思饭不想的地步，但是在看过听过许多外国人找房子的惨痛经验后，我着实非常担心。要公司付二十倍的房租是想都不用想的事，人事部门要我们开始看房子搬家。

看了几间公寓后我开始觉得人生无望。孟买的房价是没有住过孟买的人无法想象的，脏乱不堪的环境，毫无公共设施可言，房租从二十万台币起跳，而这可不是想象中的豪宅，雨季时会漏水，屋内设施也必须全面整修。我在无计可施的情况下，厚着脸皮给苏利曼打电话。

我使出三寸不烂之舌，把自己吹捧成高级知识分子，服务于全球最大的国际通讯社，往来都是有头有脸的上流社会人士，完全符合入住温德米尔的基本要求。苏利曼四两拨千斤表示房租谈不拢没关系，不要担心，慢慢找，找到新屋再搬，不必限期搬家。

走投无路之余，我拿出国外带回来珍贵的顶级巧克力烤了一个巧克力蛋糕，写了一封文情并茂的信给房东塔塔夫人，信中泣诉我们是如何融入温德米尔的上流社会，如何在孟买找到温暖的家，虽然没有钱，却很希望继续住下来……这是什么逻辑呀？写完之后连自己都不敢再看一次，提着蛋糕往六楼去，把蛋糕和信交给塔塔家的佣人后就一溜烟地跑了。

隔天塔塔夫人送来一张谢卡："谢谢你送来好吃的蛋糕，至于租约，让我去问问看怎么回事。"当天下午苏利曼电话来了："史密斯太太，租约考虑得如何了？塔塔夫人很关心。"我心虚地回答他，从事记者工作是没钱的，二十倍的租金公司不准。苏利曼在电话那头笑了起来："不要开玩笑了，路透社可是大公司呢！您再去跟公司谈一谈吧，房租多少是要涨的。"挂了电话我知道我们是不必搬家了。

过了几天苏利曼的电话又来了："史密斯太太，怎么样了？我昨天晚上在一个酒会上碰到塔塔夫人，她要我赶紧解决您的问题呢！"我趁势提出加码押金，不要退还给公司，另外意思意思把每月租金提高，这样是符合公司原则的。苏利曼迟疑了几秒钟："最多就是这样吗？""是啊，如果你不能接受，我们只好搬家了。"苏利曼笑了："史密斯太太，您真是喜欢开玩笑啊，我什么时候可以把照您说的合约送去史密斯先生的公司呢？"

租约再续后一阵子在楼下花园遇见诺尔塔塔，我上前谢谢他帮忙让我们得以继续住下，他挥挥手："小事，小事。租约签了几年？够吗？"

这就是印度，凡事靠关系，甚至是从来没有过的关系。我猜想塔塔一家人根本不管租约的琐事，而对于一个印度的顶尖集团，我们一家的房租算什么呢？毕竟我们是在路透社工作的高级知识分子！

又到了午茶时间了，我坐在阳台上欣赏楼下绿油油的花园，再来一杯热腾腾的印度奶茶吧。

孟买找房记

在温德米尔住了三年后一天电话响了："史密斯太太，您好，我是约瑟夫，温德米尔新来的大楼经理，最近好吗？公寓里一切都顺利吗？"我的心立刻往下沉：租约到了。

我按捺住忐忑的心和他打哈哈："一切都很好，我们住在温德米尔实在是太开心了！"他干笑了两声："很好，太太，您大概知道贵府的租约到期了，我们谈谈续约的事吧。"接着约瑟夫用十分坚定的口吻告诉我印度什么物价都涨，就是银行利率一直跌。结论是，路透社付的巨额押金双手奉还，房东不要银行利息钱了，请改付每月现金一万英镑。

我闻言差点昏倒，一万英镑即使在伦敦市中心也能租到宽敞的豪华公寓还绰绰有余，温德米尔在孟买虽属上流社会，但是水龙头流出来的水充满泥沙，冷气开了之后比卡车还响，餐厅一到雨季就漏水，窗外经常传来沙顺渔港的鱼腥味，出门就是满街的乞丐垃圾，一万英镑？

我们很快认清现实，这个天文数字是不必再去讨价还价的，从何谈起？而且在我厚着脸皮做蛋糕哀求房东塔塔夫人再续两年租约后的今天，故技不可能再重施了，只好摸摸鼻子说搬家。约瑟夫倒也挺爽快："您慢慢找，不必租约一满就搬家，找到合适的再搬。"

我想起几年前一位有两个小男孩的澳洲朋友丽贝卡搬到孟买，一直没办法找到价钱地点都合适的公寓。刚开始她还信心满满，一个月过了，公司付的酒店式公寓到期，只好搬到三星级的旅馆继续找，偶尔有朋友出国度假就到朋友家落脚两星期，朋友回来了再搬回三星级旅馆。

一日傍晚，我在板球俱乐部的草坪上喝茶，电话响了，是丽贝卡。她先是若无其事地和我话家常，渐渐我觉得不对了，丽贝卡停顿的次数愈来愈多，我问她怎么了，她在电话那头很沮丧地说："我找不到房子，看好了一间再回去跟房东谈他马上把原来的房租涨百分之二十，钱不够，怎么办？"我由于没有找房子的经验，只能言不及义安慰她慢慢来，别着急。

此时电话那头传来两个小男孩尖叫打闹的声音，丽贝卡先是叫小孩别吵接着开始啜泣："路上全是垃圾，车子横冲直撞，我没办法带着两个孩子在路上走……"两个小男孩尖叫的声音更大了，丽贝卡开始放声大哭，"我恨印度这个鬼地方，我恨这个旅馆的房间，我快被逼疯了！"

我放眼望去一片绿油油的草坪，会员悠闲地聊天喝茶，可怜的丽贝卡和两个要把屋顶掀了的儿子被困在一个旅馆的小房间里，找不到付得起房租的公寓，眼见小孩的幼儿园就要开学了，心虚地觉得自己过的生活实在是太舒适了："别哭了，明天带着小孩到我家来吧。"

丽贝卡抽抽噎噎地说："你知道我这两个儿子，五分钟就把人家家里搞得天翻地覆，我哪里也不能带他们去。"我想起的确已经领教过这两个澳洲小男孩的功力，于是顺势不再邀请。谈了一阵，丽贝卡终于恢复正常："谢谢你听我发牢骚，我现在得开始想晚餐要给他们吃什么。"

三个月后丽贝卡总算找到合适的房子，再过几个月厨子佣人司机保姆全都打点好，日子也就舒服了。我想自己算是幸运吧，三年后的今天已经适应了孟买之后才必须找房子，问题应该不大。

房屋中介佩亚穿金戴银，开着高级的进口车来载我去看房子。我下楼时一楼的达斯瓦尼先生正在和她说话，一看见我达斯瓦尼先生马上皱起眉头："要你们搬家真是太不像话了，大家都是这么多年的好邻居了，房东也太贪心了！"接着问我，"房东要收多少钱？"我打哈哈轻描淡写跳过他的问题："你和佩亚认识？""是啊，她是我表妹。"

我倒也不惊讶在孟买两千万人口里我们的房屋中介是邻居的亲戚，上流社会嘛，达斯瓦尼先生说过只有两百人。

佩亚先载我到了一栋古色古香类似温德米尔的大楼："史密斯太太，我知道外国人喜欢什么，这栋楼和温德米尔一样，最有特色。"上了楼梯我就知道我们肯定负担不起的，接着佩亚指着一屋子穿金戴银的家具布置："这些都是古董，房东人特别好，全部留下来给你们用。"我默默不语，即使菲尔可以接受这些可怕的家具还是免谈，因为我们付不起房租。

接下来一个月看了许多各式各样的公寓，有些在海边，面对着海景和贫民窟，孟买住久了这种景对我而言，不是海的浪漫而是贫民窟的沮丧。有些开窗就看见邻居快要倒了的楼，一举一动绝对都会在好事的印度邻居监视中。有些还在赶工，价钱离谱是一回事，混乱的工地看来十分没希望，加上屋主的生活习惯品位和我们大不相同，总是觉得不对。

有一间老式公寓远眺大海，对面也没有邻居，站在客厅从宽敞的大窗户看出去绿树点点，一望无际的心旷神怡。如果我是孟买菜鸟，可能想都不想立刻签约，但是如今的我第一个闪过脑海的念头是雨季刮风要是从海面往内陆吹，这个客厅就得淹大水了！

我给自己两个星期马不停蹄看了几十间公寓，最后选了离温德米尔只有一百米远，外部盖好内部一团糟，还在兴建当中的杜佳玛塔大楼的八楼。

新式的杜佳玛塔若是施工完成肯定也能跻身孟买上流社会，由于占地不大，每层只有一户人家，五楼有个孟买极为少见的露天游泳池，整层的健身房三温暖，再往上还有好几户跃层。如果温德米尔是王公贵族，杜佳玛塔代表的则是孟买新贵。

新家面积是温德米尔一半，但对我们两人已经绰绰有余，价格合适是因为这个只有二十户的大楼目前只有一户人家进驻，是跟我们一样因为房租涨了好几倍，没钱继续住下去被迫搬家的澳洲夫妇赛门和弗兰。

整栋楼百分之八十还是工地状态，两个穿着纱丽提个小水桶在大厅擦地板的女人充满好奇地看着我和菲尔，我不明白为什么她们在此时此刻要蹲在地上擦地，大楼内外满地的钢筋铁钉模板，成日灰尘满天飞，震耳的机器声不绝于耳，擦地毫无意义。

房东丑话先说在前面，大楼施工完成至少是半年以后的事了，否则房租肯定再加百分之五十。

我们要搬进去的八楼刚刚把隔间隔好，四面凹凹凸凸水泥墙上电线外露，卫浴全无，不过帕西族的房东答应派个会英语的工头跟着我让我指挥监工，同是帕西族的室内设计师看来很讲信用，答应我一个月一定交屋。孟买三年下来，我明白凡事得靠运气，而且如果真要相信什么人，我会相信帕西族，就这么办吧。

接下来就是一个月的夜以继日，从零开始不停赶工，看看我们是不是可以如期在温德米尔租约期满之前搬家了！

杜佳玛塔前传

杜佳在印度文里有不可亲近的意思，是印度神话里美丽的女战神，有时骑着一头狮子有时则是一头老虎，手上拿着各式各样的武器十分威风。杜佳有好多只手，时多时少，符合印度凡事没有一致性的大原则，不过多半时候有十只手。

话说远古时代印度神话世界面临一股恶势力的威胁，湿婆神应众神要求，下令三名女神创造一股新势力以相抗衡。三名女神合力创造出来的杜佳外表自然分外美丽，加上众神纷纷赋予她强健的手臂，终于成功地驱逐恶魔拯救地球。

传说中的杜佳从此保护世人免于邪恶势力的迫害，例如自私、怨恨、愤怒和自大，等等，她手上的各式武器就是用来打击林林总总的恶势力的。这在印度应该是挺有用的，一只手拿一个兵器打击一件令人抓狂的事。

我很喜欢印度神话里的众神，虽然肤浅的我看来他们全部都有七手八脚大同小异，却各自有各自的传奇故事，老是打打杀杀十分热闹。随时开电视至少两三台播着神话故事，基本上就是云山大儒侠史艳文大战藏镜人之类，但全是真人穿着神仙道士妖魔鬼怪的戏服，在布景蹩脚满是干冰的摄影棚里演的。

言归正传，我们即将搬进去的杜佳玛塔大楼就是以杜佳命名的，玛塔是母亲的意思，所以杜佳玛塔可以算是战神之母吧，多神气！

澳洲朋友介绍了大楼里唯一的住户给我们认识，赛门是西澳州政府派驻孟买的商务代表。我打了电话给他的太太自我介绍，弗兰在电话那头爽朗地笑了："欢迎成为我们唯一的邻居，过来工地喝一杯吧！"

于是一天傍晚，我从温德米尔步行前往拜访弗兰。一个穿着整齐没见过我的警卫站在杜佳玛塔深锁的大门前："太太，有事吗？""我是这里的住户。"他很怀疑地看着我："真的吗？这里面只住了一对外国人。"我解释之后他明白了，不过还是要我在大街上等着，他进去里头通报，确定我不是恐怖分子后才领着我踏进没有花也没有草，只有水泥模板和一堆堆废土的花园。

我小心翼翼以防踩到钢筋穿过如同废墟的花园进了大厅，前一次见到的两个穿纱丽的女人还是蹲在地上擦地板，看到我抬头很亲切地笑了，然后继续毫无意义地在尘土飞扬中擦地。我一走过，她们忙不迭跟在身后擦我和警卫沾满了灰的四排鞋印。

电梯里四面都是木板，应该是怕工人搬建材刮伤了，因为还没有装空调，电梯里充满了没洗澡的工人的味道。带我上楼的警卫说不久就会把这些木板拆掉，因为已经有两户人家要住进来，这会是住户专用电梯，工人运货专用的电梯就快建好了。

为什么不把运货电梯先安装好，或是至少跟一般电梯同时安装？这是印度逻辑，无须解释，没有答案。

上了十四楼总算是到了文明社会，每层只有一户的电梯间十分干净，后来才知道每天大楼派人蹲在地上擦，唯一的住户还是要照顾。弗兰和我想象相差不远，标准的直爽澳洲人，笑起来震天作响，让人觉得很开心。弗兰家里望出去就是远处一望无际的阿拉伯海："我把门一关，倒杯啤酒坐在阳台上，立刻忘了我住在工地了，哈哈！"

于是我们坐在阳台上喝着冰凉的印度啤酒，看着远处的阿拉伯海，缅怀水龙头出来的水可以直接喝的澳洲。如果没有楼下机器施工隆隆作响，杜佳玛塔倒也是个不错的居住环境。

赛门和弗兰与我们一样，原来在一栋殖民式建筑的老公寓里住了两年，近一年前房东无预警地宣布，如果原来已经是天价的房租不涨两倍就得在两个月内搬家。找到了没有半个人住、工地般的杜佳玛塔大楼，新房东答应在一个月内装潢完毕，价钱还算合理。一个半月以后，赛门和弗兰就像难民似的搬进来，成为第一个受印度战神之母保护的住户，接着就是我们了！

杜佳玛塔多数的屋主买了是要自己住的，只有少数几层用来出租。弗兰告诉我顶楼是三层的跃层，往下则是好几户两层的跃层，全都在装潢中。她下了个结论，等到邻居全都装潢完成搬进来，这栋有游泳池健身房的现代化大楼肯定是南孟买数一数二的顶级豪宅，不过到那个时候我们大概也要任期届满离开印度了。

半年多来与工人为伍进出大楼，赛门和弗兰已经习惯了身旁的灰尘和噪音，至少房租负担得起而且位于精华地段。一听我每天自己来监工弗兰瞪大眼睛："你疯了吗？你知道这儿的灰尘有多大，没冷气有多热吗？"弗兰家的水电费全由西澳政府买单，所以冷气除了他们出国之外全年无休，灰尘挡在全年密封的门窗外。

但是她很快地认为我的决定也许不是件坏事。

由于赛门和弗兰完全没有介入施工，搬进新家以后发现了一些问题。浴室里的卫生纸架在淋浴莲蓬头的正下方，就算淋浴时可以把卫生纸拿开不让它跟着洗澡，可是坐在马桶上根本够不到远处的卫生纸架！

号称干湿分离的浴室只是挂了张浴帘，糟糕的是淋浴处的地板高于另一端洗手台的地板，中间没有间隔，于是洗澡时水往低处流在浴室的另一方形成了个小池塘。弗兰不知是乐天知命还是听天由命："客房浴室地板是没问题的，淋浴的部分比较低，所以我们都在客房洗澡。"

面对阿拉伯海的夕阳再喝一杯啤酒，弗兰想到件大事："来来来，这个很重要。"我跟着她走到没有窗户一片漆黑的客房浴室门口，开关呢？开关在往里开的门正后方角落，所以必须进了浴室关上门，摸黑找开关开灯。

我认为这些完完全全是监工工头的错，施工的工人怎么知道西式的浴室是怎么回事？卷筒卫生纸架在莲蓬头正下方，一样是不锈钢的铁制浴室用品，一条直线放在一起对家里连厕所也没有的工人而言绝对合理，而且为了他们眼中的美观，把开关放在门后眼不见为净也不难想象。

接着进了厨房，弗兰的房东十分大方，安装的是整套进口厨具，因为工人不会安装，弄坏了烤箱至今还没人会修。因为我们的房租便宜，房东给的设备也少，我很庆幸我们要用自己的旧烤箱。客厅天花板从东到西有一条长长的裂缝，弗兰说是正在装修的楼上震出来的。房东说等楼上装修完毕换全新的天花板，弗兰说只要不会掉下来，说什么也不会再让工人进家门的。

两杯啤酒下肚我也该走了，弗兰很认真地说："来监工时骂完人就上楼来喝杯冰水再下楼去继续，否则你会疯了。"开了大门，一个工人就大剌剌地躺在电梯口睡觉！弗兰大声叫醒他："起来，起来，这是我家，到别处去睡觉，不要再来了！"工人睡眼惺忪看着我们，慢慢起身走进楼梯间下楼去了，可惜了这个又干净又凉快的好地方。

弗兰看着我叹了口气："我不必再说什么了，你很快就会过这种日子的。"

我停在八楼进去探望新家。电梯门一开我几乎走不出堆满建材的电梯间，好不容易侧身进了大门，一群工人灰头土脸全停下来看我，穿着十分整齐的工头脸上堆满了笑："太太，您来了，工作进行得很顺利。"

客厅落地窗前，三年来每天回温德米尔都得经过的小渔村现在就在眼前，船影点点树影婆娑充满异国风情，另一头厨房窗外橘红的夕阳即将落入我看不见的阿拉伯海。此时眼前的景致少了嗅觉听觉触觉，穿着纱丽，眉心点了朱砂痣，不按牌理出牌的印度浪漫异常。

我看着乱七八糟的客厅，堆满水泥木头的水泥地，外露的电线还是一样在墙上张牙舞爪，一个工人坐在摇摇晃晃拿几根木板临时随便架的鹰架上，一不小心一定要立刻摔下来的。很顺利的定义是什么？

这就是印度了，永远不会改变的印度。明天，再继续奋战吧。

当台湾太太遇见印度工人

新家签约后第二天我前往杜佳玛塔一探究竟，才出电梯门就听见帕西族的室内设计师安杰尼尔（Engineer）先生在大声指挥工人，让人十分有信心。

帕西族姓氏非常有意思，不似一般印度教姓氏有些历史种姓的含义，许多帕西姓氏是根据行业而来的，所以安杰尼尔先生，顾名思义他的祖先是工程师，现在他从事设计装潢，也算是勉强有点相关。

一次在印度朋友家的大型酒会中和一位初见面的帕西族老先生相谈甚欢，过了好一阵子才请教他大名，老先生慢条斯理掏出名片，我接过来差点忍俊不禁：琴瓦拉（Ginwala），他的祖先是卖琴酒（gin）的？瓦拉（wala/walla/wallah）印度文的意思是做某件事的人，比方说卖茶的就是茶瓦拉（tea walla），在厨房里打杂的人可称之为厨房瓦拉（kitchen walla）。

帕西族的朋友一点也不介意我觉得他们的姓氏有趣："除了琴瓦拉我们还有苏达瓦拉（Sodawala，苏打水？），我的邻居是达科特尔（Doctor，医生？）太太，大学同学里有人姓瑞斯特朗（Restaurant，餐厅？）、罗伊尔（Lawyer，律师？）、雷迪欧瓦拉（Radiowala，收音机？）、瑞迪马里（Readymoney，钱庄？）。"

言归正传，满头白发慈眉善目的安杰尼尔先生一看见我脸上堆满了笑："乔伊斯，你来得正好，我正想打电话问你浴室瓷砖要用什么颜色。"不等我回话他立刻大声吆喝会说英语的工头路帕克："把瓷砖目录拿来。"路帕克小跑步拿来目录，递给我之前很尽责地用衬衫袖子抹去目录上的灰尘。

放眼望去整个客厅没有可以走动的地方，满屋子建材七横八竖叠在地上，连水电都还没接上，已经到了选瓷砖的地步了吗？还没学会走路就要跑是不是会跌倒？不过我二话不说，以迅雷不及掩耳的速度选了三间浴室的地板和墙壁瓷砖。"墙壁颜色呢？""不必选，全部白色。"安杰尼尔先生再问："壁橱木板的颜色式样？"路帕克很快又拿来一本橱柜目录，不忘擦去上面的灰尘。

我完完全全不认为现在问这些问题有任何意义，不过我很快选了所有安杰尼尔先生要我决定的项目，只要在一个月内完工让我可以如期搬家，什么都可以！安杰尼尔先生接着带着我走过战场般的各个房间，边走边解释每个房间的橱柜在什么位置，交代我去灯饰店选吊灯然后他会去付钱。

难得见到这么果决有效率的印度人，信心再度往上提升。迅速讨论完毕后安杰尼尔先生说他还得赶到另一个正在装潢的公寓，留下我和一屋子的工人。

厨房流理台已经大致成型，就在我拿着傻瓜相机左照右照之际，几个工人盯着我交头接耳，我对他们笑了笑。不多时胆子大的要看相机里照了什么，胆子再大一点的就要我帮他们照张相。路帕克见状大声阻止，工人们伸伸舌头，继续工作。

隔了几天我在办事回家路上停在杜佳玛塔再度上楼视察，工人看到我全都开心地打招呼，只有几天工夫我发现大有进展，居然有一间浴室开始贴瓷砖了，从浴室窗户还可以远眺泰姬玛哈旅馆的大洋葱屋顶！龙心大悦的太太立刻打电话给在楼下等的尼尔生："叫卖茶的送茶上来！"

于是工人开开心心喝茶："台湾太太人真好！"送茶的小弟开开心心倒茶："明天这个时候还要在杜佳玛塔楼下等台湾太太，二十杯茶呀！"

我谨遵弗兰的指示，一一确认每个房间的开关位置，不会让它们躲在门后的角落。再三吩咐路帕克要他交代工人注意浴室地板，水千万要往低处流。还有很重要的，卷筒卫生纸的架子要在马桶旁边，不可以在莲蓬头下方。别忘了高度要适当，因为在弗兰家里有一个离地板只有十厘米。

路帕克是个有经验的工头，对我近乎神经质地再三确认虽然没敢露出不悦的神情，却偶尔还是要很客气地说："太太，您放心，我在安杰尼尔先生手下做事很久了，这些事我都知道，不会有问题的。"

一日，朋友凯伊和我一起去监工，看我带了好几袋饼干，下车前竟然还要交代尼尔生去找小弟送茶上楼，老孟买凯伊连连摇头："你已经在印度住三年了，还没搞清楚该怎么办事吗？不能对他们太好！"

我不甘示弱："是谁让佣人做面饼带回家的？"凯伊的厨子常常在做晚餐时顺便也做了自己家里要吃的面饼带回家，看似对佣人从不讲人情的凯伊，却总是睁一只眼闭一只眼。看她不说话我乘胜追击："还有是谁带佣人去看电影的？"有一回我们去看印度电影，凯伊带了女儿和佣人，进去之后才知没有英文字幕。整场下来最开心的是佣人，因为只有她完全知道在演什么。

台湾太太上楼就是印度工人的午茶时间，路帕克一声令下，十来个工人放下手边的工作，全都聚集到阳台坐在地上开始喝茶吃饼干。浑身脏兮兮的工人此时叽叽喳喳聊天说笑，把油腻腻的饼干浸到又甜又浓的奶茶里，好不快活。

凯伊逮到反击机会对我翻了翻白眼："你每天给他们买饼干喝茶吧，他们绝对不愿意这个活赶快结束，因为没有哪家的太太会像你一样。他们为了喝茶吃饼干一定会拖延工程。你慢慢等吧，你们永远也搬不进来了！"

我知道凯伊对印度凡事极尽嘲讽是一种防御，如果不这么做，是无法在孟买日复一日反复无常、毫无章法的逻辑中生存下去的。

就这样我每隔几天就给工人送茶送饼干，装潢工程进行十分顺利，一直到有一天我福至心灵，注意到已经完工只差油漆的衣橱深度看来不对。由于主要工程已经大致底定，路帕克每天早上出现一次接着就到下一个工地监工，到了下午我只能找来一个看似灵光的工人，用我最不喜欢的把别人当傻瓜的方式一个字一个字慢慢说："衣柜，太浅，衣服，不行。"

头上绑着条毛巾打赤脚的工人两眼茫然看着我比手画脚一阵子终于懂了，从墙上拿来一个还挂着件脏衣服的铁丝衣架，指指衣架再指指衣橱，我赶紧点点头。在工人把衣架往衣橱里一挂的同时，我担心的事瞬间成为铁的事实，衣橱果真太浅，衣架进去以后关不上门了！

我捶胸顿足后悔来不及：我可是一步一步按照弗兰的指示监工的啊，可是有谁会去检查衣橱的深度呢？罢了罢了，至少我证明了智者千虑必有一失、百密必有一疏是亘古不变的真理。

然后再以一贯的鸵鸟心态安慰自己，还好同属我们房东的九楼已经装潢完毕，一对德国夫妇要等到大楼一切就绪才要搬进来，所以至少我们不会有楼上装修的噪音，天花板不会因为楼上施工而像弗兰家一样裂开一条缝，算是不幸中的大幸。

再过不久厨房的流理台和吊柜也全部完成了，一个工人整天坐在流理台下方装抽屉拉门。一日，我心血来潮观察了安杰尼尔先生引以为傲的神奇角落，这个角柜的设计是为了充分利用死角的空间，有一个带滚轮移动式的铁架，往外拉之后可以带出位于死角的另一个铁架。

我打开半掩的柜子门，正在装抽屉的工人一个箭步冲过来不让我动手，双方坚持一阵太太获胜，可是这个架子根本拉不出来啊！原来因为门把的关系，柜子门无法完全打开，导致应该拉出来的铁架无法拉出，结果就是角落的铁架还是留在死角，无法利用。

工人很惭愧地看着我，两人对看一阵无语，我能说什么呢？他反正听不懂，而且我很清楚做木头门的工人，做铁架的工人，装铁架的工人，他们很有可能互不认识，来自不同的店家。工人不让我看的原因很简单，过了今天，不会再见到这个太太，有问题也不是他的问题了。

三年前的我可能毫不犹豫立刻开口大骂，无论如何要工人把所有的衣橱和这个永远无法使用的神奇铁架全部重做，但是如今的我对凡事有了新的看法，是无可奈何也好，被现实打败也罢，退一步想衣服可以侧着挂，衣橱的门可以不必全关，神奇角落的铁架可以放些没用的东西。这些事在我的生活中，真的是非常微不足道的，我已经学得不会为这些事动肝火了。

我走出厨房看着已经铺好地板的客厅，两个工人正在装冷气。我清楚自己对人对事的标准三年来一直在降低，但这是印度，不到一个月的时间能有这样的成果，我是绝对不能也不会苛责的。

客厅里的几个工人对着我咧嘴笑，我报以微笑打电话交代尼尔生叫小弟送茶上楼，然后呢？回温德米尔打包准备搬家吧。

<table>
<tr><td colspan="2">01</td></tr>
<tr><td>02</td><td>03</td></tr>
</table>

01

印度的色彩。

02

卖花的女人。

03

敬神的花。

节庆游行队伍中快乐的女人。

大象逛大街。印度街头处处有惊喜。

节庆时贫民窟住民载歌载舞。

印度彩色节必须派上场的粉末。

一年一度的象神节。

贫民窟里的象神节。

克拉巴市场。

市场里的小贩。

每天有几百万人进出的孟买火车站。

火车站里的冷饮室。

2008年，听见恐怖攻击枪响四处逃窜的警察、记者和看热闹的民众。

走在伊丽莎白女王和菲利普亲王后面最左方的伊格保。

伊格保的送别晚餐。

晚餐后伊格保拿出他婚礼礼车的相片，再说个故事。

停车记

　　新屋签约二十五天后，我正在和搬家公司代表解释打包先后，安杰尼尔先生来电话了："乔伊斯，有空过来看看，我已经找清洁工打扫完毕，再看看有什么不妥的地方我们赶紧修改，马上可以搬家了！"

　　忙了几个星期下来，从找房子到决定到装修，知道要搬家却没真觉得要搬家，很难解释这种奇怪的感觉，也许是温德米尔住得太安稳吧？安杰尼尔先生几句话好似当头棒喝，让我不得不认清搬家这个事实。

　　送走搬家公司的代表我出发前往杜佳玛塔，衣橱的门还是关不上，神奇角落的铁架还是拉不出来，所有可触及的每个表面上还是厚厚一层灰，真的打扫完毕了吗？安杰尼尔先生保证他会找工人把神奇角落修好，至于衣橱，他一语带过："哈哈，这些工人真是的。"

　　安杰尼尔先生走了之后我独自一人开始计划全家重新打扫一遍需要多少时间，电话又来了，是第一家来估价搬家的公司代表拉吉："太太，您好，什么时候可以来打包呢？我先送几个纸箱到您府上，您可以先收拾个人的物品。"我很迟疑地问是什么人告诉他我要用他的公司的。

　　拉吉尴尬地干笑两声："太太，您当然是会用我们的服务的，所有孟买的外国人都是用我们，我们的工人迅速踏实，从来不会打破任何东西……"我很快打断他："你为什么认为我一定要用你呢？我已经找了别人，再见！"

两星期前朋友介绍的第一家搬家公司来温德米尔估价，英语流利一表人才的代表拉吉一进门立刻称赞温德米尔住户非富即贵，我们坐下来开始喝茶时，他拿出装订成册印刷精美的公司简介，上面有许许多多跨国企业主管搬家后对他们赞不绝口的颂词。我边看边想，这需要多少钱呢？

终于到了打开天窗说亮话的时刻了，拉吉宣布："四千美元。""这是印度，为什么用美金计价？""啊，您先生的公司总部肯定不在印度，用美金计价比较容易作业。"我喝完最后一口茶起身送客："如果决定用贵公司，我会给你打电话的。"

印度朋友介绍了另一家公司，代表巴士拉看过一眼，给了个卢比报价，低于美金一千元。搬家期间穿着制服的打包工人训练有素地装箱，早茶午茶点心一样没少，虽然午饭过后全要躺在冰凉的大理石地板上睡午觉，三天之内如期结束，只打破了一个古董时钟的玻璃盖。

最后一晚看着空荡荡的客厅，觉得十分伤感，离开温德米尔前往杜佳玛塔，是从穿着纱丽的印度进入换装成牛仔裤运动衫的印度，邻居从伊格保王子、吉米大爷、塔塔家族，摇身一变成为千禧年后快速累积财富的孟买新贵，他们会不会有二十世纪留下来的传统敦厚？

搬家后除了灰尘和噪音，一切还算顺利，我每天下午五点打电话到管理处提醒他们六点停工的时间快到了，六点半分贝提高再打一次，七点之后施工声音渐渐降低。

地下一层地上五层的室内停车场由于还没完工，我们只能把车停在大厅外，尼尔生从附近找来一个新的洗车工，他在尼尔生上班之前就洗车完毕离开，我们从没见过面。我有点怀念温德米尔的门房冈古。

杜佳玛塔施工的工人和板球俱乐部的服务生一样，全都成为我的好朋友，经常要来照相。尼尔生和凡吉娜似乎也很满意新环境，毕竟这种现代化的新大楼在寸土寸金的南孟买实属难得。

偶尔上楼和弗兰坐在她看得见阿拉伯海的阳台上喝杯印度啤酒，抱怨一下没有水的游泳池和没有器材的健身房，日子倒也不难过。但是一旦日子过得顺利，马上就会要有问题的，这是孟买不变的定律。

一天管理处来电话："史密斯太太，室内停车场已经完全装修完毕，您的公寓有两个停车位，一个在地下室，一个在二楼，从今天开始您必须停在室内。"

我告诉尼尔生，他皱起眉头："太太，这个停车场停车要搭电梯的，可是电梯只能进小车，我们的印度制吉普车进不去！"我大吃一惊，马上下楼到车子的电梯口一看：果真是设计给一般房车用的电梯，所以除了一楼停车场之外，我们的车哪里也不能停！

我拿起电话打给大楼管理处："我的车进不了电梯，你说怎么办？"电话那头传来十分疑惑的声音："太太,您的车是什么车？""我住在印度，我爱用印度货，我的车是百分之百印度制造，想要停在我住的印度大楼，进不了印度电梯……"电话那头急忙否认："不不不，太太，我们的车用电梯是质量最好的日本电梯！"

多说无益，我继续打电话给开发商，虽然明知电梯和我的衣橱一样是无法改变的铁的事实，还是很有责任感地认为我必须让他们知道这个错误！开发商秘书的答案令人气结："太太，杜佳玛塔的住户买的全都是进口跑车，所以我们没有顾虑到买大型印度车的住户。"

就这样对管理处主任、开发商秘书大声咆哮数日之后，我终于心甘情愿打电话给房东要他出面解决问题。梅尔先生要我别着急，他一定会找出个解决之道，我们这登不上大雅之堂的印度大笨车，就先停在目前空空如也的一楼停车场。

过了好一阵子停车的问题似乎消失了，我也一本印度大原则，问题没找上门，千万别想尝试解决，转过身眼不见为净，一直到尼尔生又来报告："太太，警卫说我们停车的位子是达斯瓦尼大爷的，他告诉警卫，谁也不许停在他的车位，要停得跟他租。"

"温德米尔的达斯瓦尼先生？""是的，太太，达斯瓦尼大爷在杜佳玛塔买了两个公寓，一个是一层的，另一个是跃层，总共六个停车位，现在正在装修准备租人。"这再度印证了达斯瓦尼先生孟买上流社会只有两百人的理论，我们搬家了还是他的邻居！

我很客气打了电话给达斯瓦尼先生告诉他停车的情况，他四两拨千斤："哈哈，你怎么得操心这种小事呢？让你的房东跟我谈！什么时候回来温德米尔，我们喝杯茶，我太太很想念你呢！"挂了电话我知道不必找梅尔先生，换车位不可能，要收租金的。

梅尔先生不久来电话："乔伊斯，我看楼下的车位还是别停吧，你们有没有第二辆车啊？如果你们有一辆比较精巧的车就没问题了。""唉，梅尔先生，我家只有两个人，怎么会有两辆车呢？"一出口马上发现我这句话在印度是可笑的，为什么没有？温德米尔五楼的单身先生有四辆车呢！梅尔先生也叹了一口气："我再想想办法吧。"

我建议梅尔先生去和大楼管理处商量，用我们的室内停车格两格换户外客用停车格一格，梅尔先生十分为难："我可不愿意把我的车位给别人用。"事实证明，大楼管理处本着印度精神，规则既定无法修改，怎么也不愿占这一个停车格换两个的便宜。

折腾了好几个星期，尼尔生说达斯瓦尼先生对警卫下了最后通牒："即使六个车位在接下来半年都会是空的，我也不准任何车子停在我的车位上！"我可以理解达斯瓦尼先生的立场，他与我的房东素昧平生，一样是钱淹脚目的有钱人，凭什么让我的房东因为我而占他便宜？

只好再找梅尔先生，这会儿他真的有解决之道了："乔伊斯，我左思右想，这应该是最好的办法，我给你们买辆可以进电梯的小车！"

我的手机差点从手中滑落：我以为过了三年，印度的任何事都不会再令我惊讶了！梅尔先生解释，大楼要他交二十五万卢比买个一楼的停车位，但是梅尔先生在杜佳玛塔有两层楼四个车位，怎么也不愿再买一个车位，所以他唯一可以想到的办法就是买辆小车给我们。

我告诉菲尔这个匪夷所思的提议那天，他可能也在办公室里遇上了好几件天方夜谭般的事，十分沮丧地告诉我："也许我们应该离开印度了，这儿的人全疯了。"

我们终究没有让梅尔先生买车，他也很尽责地对管理处软硬兼施，最后梅尔先生以每个月五千卢比的价格，租下大厅外树下我们原来停车的客用停车位，算是解决了这个拖了两个月的停车问题。

是不是就这样天下太平了呢？

一天，尼尔生一大早打电话上楼："太太，不好了，树掉到车子上了！"我刚起床混混沌沌一头雾水："什么意思？""太太，快点下楼！"我迅速更衣下楼，步出大厅先看见一地的树枝，接着是我们被一根粗树干击中、挡风玻璃碎了的车！

大楼管理处送来水果一篮加上鲜花一束，负责所有的赔偿，尼尔生很有效率地修好了车，可怜的大树被剪了个小平头。而我呢？我郑重发誓，真的一丁点的气也没有，开始满心期待下次的孟买大惊奇！

换锁记

一日，凡吉娜来上班时没有自己开门进来，却是按门铃，门一开她就气急败坏对我说了一串印度话，几乎要哭了。

我赶紧打电话给尼尔生，一问之下原来凡吉娜把家里的钥匙丢了。如果还住在温德米尔，可能再打个钥匙给她就算了，不过杜佳玛塔目前仍是龙蛇杂处的工地状态，我也尚未摸清楚三天两头就换的警卫底细，如果钥匙掉在工地，或是给凡吉娜在贫民窟的邻居偷走，那就麻烦了，于是决定换锁。

才提及要换锁，尼尔生摇头晃脑："太太，我知道，我带您去买锁！"可想而知，华格纳先生在多年前的某一天，发现家里或是办公室要换锁。于是我们穿过大街小巷，最后停在一条车水马龙的街上，尼尔生指着对街一家小小的锁店："太太，就这里，您下车去买，有问题就打电话给我。"此时后面已经有一排车不耐烦地按喇叭，甚至有人探出头来破口大骂了。我赶紧下车："不会有问题的，你快把车开走。"

小店里坐着一个看似老板的中年人和一个女孩，应该是店员，两人正在喝茶。老板很亲切地介绍了几种不同款的门锁，冗长的介绍之后，老板大力推荐计算机锁。我左看右看看不出计算机在哪里，眉心点了朱砂痣的老板说："太太，这个钥匙是用计算机打的，不能随便复制，最安全了。"反正价钱全都差不多，于是顺老板的意，买了里面没有计算机的计算机锁。

回家后菲尔三两下把新锁换上，觉得安心许多。四把钥匙给了房东一把，凡吉娜一把，我们两人各一把。我想了想，决定多打两把钥匙，给尼尔生一把，万一家里有事我们不在孟买，他可以来帮忙处理。

于是我要尼尔生到锁店去配新钥匙，特地把新锁的收据交给尼尔生以资证明。尼尔生出发不久后来电话了："太太，他们说我不能配钥匙。"我要他把电话交给老板，说话的是女店员："太太，绝对不行的，司机是不能随便配钥匙的。"我花了九牛二虎之力还是无法说服她尼尔生的确是我派去的。罢了，只好让尼尔生回来。

第二天亲自上门，女店员正在打电话看也不看我一眼，老板不在。我敲敲她的桌子，她抬起头微微摇头晃脑，继续在电话上有说有笑几分钟才挂电话。我说明来意，出示收据，她倒也没有意见："太太，师傅不在，您改天再来吧。"只能怪自己到现在还没学乖没有先打电话："好，他什么时候会在？""明天。""明天什么时候？""明天下午。"

隔天早上先打了电话："我今天下午来配钥匙。""没问题，太太！"下午抵达店门口，是一个男店员："师傅不在。"我没好气说早上我明明打了电话来确定，得到店员摇头晃脑一口白牙的笑容："太太，您明天再来吧。"

隔了几天再出门前我打了电话："我要配钥匙，配钥匙的师傅在吗？""在。""我半个小时以后到，你要他千万等我！""没问题，太太！"

接着我和尼尔生飞车赶往锁店，在对街我已经有不祥的预兆，店里看来只有一个人。果不其然，师傅又不在，我提高嗓门对着前次见过的男店员说："是你接的电话，是你说我可以来的，配钥匙师傅呢？"男店员不好意思地搔搔头："他在路上了，五分钟就到。"

五分钟五分钟，在印度什么事都是五分钟！我烦躁地在店里等，愈来愈热了，过了二十分钟还是不见师傅的踪影，多说无益，只能气呼呼地走了。店员再三保证隔天师傅一定会在。

第二天出发前确认，到了店里，师傅果真在，霎时觉得自己应该是祖上积德，才有这么好的运气！师傅两三下打好了两把所谓的计算机钥匙交给我，可是即使是肉眼我也看得出新钥匙和原来的钥匙齿距略有差别："这不对，你看！"师傅摇头晃脑指着他的机器："没问题的，太太，绝对没问题！"边说边把一块脏兮兮的布小心翼翼地盖在看来不像有计算机的机器上。

我绝望地想：他是怎么也不会再把机器打开的。回到家把新钥匙插进钥匙孔，果真开不了！当天菲尔回到家中听我连珠炮似的抱怨钥匙，一言不发泡了杯英式红茶坐下："你想知道今天我遇到了什么事吗？"英国人高兴时喝杯茶，不高兴也得喝杯茶。今天一回家就要喝茶，肯定不顺心！

原来今天办公室来了一批记者专用的进口桌子，可以依个人习惯调整高度以免整天打字造成职业伤害，来组装的人员怎么说也不肯为每个记者个别调整高度，坚持这批桌子的高度已经定好，不能随便调整。菲尔喝完茶："我花了一个多小时说服组装人员，最后他们终于愿意调整。不要再说钥匙了，我们不需要多余的。"

我于是不再继续，从冰箱拿出两瓶啤酒，两人坐在阳台上看着远处即将落到阿拉伯海的美丽夕阳，耳边是乌鸦在附近大楼盘旋时发出的凄惨叫声，想着我的芝麻蒜皮家事和他与印度人工作上的万般困难：已经过了三年了，怎么还老是觉得每天都在打毫无胜算的仗？

不屈不挠的台湾人隔了几天提起精神，又到锁店去了！这回是在和老板通过电话，约定时间之后。

看店的女店员一见到我马上拿起电话，一串印度话听来是在向老板报告。我拉长一张脸："老板呢？他和我约了时间，他告诉我师傅也会在，师傅呢？"女店员十分害怕地说："老板在家里，师傅出去了，老板说请您等师傅在的时候再来。"虽然不是女店员的错，我提高嗓门要她马上打电话给老板："告诉他是他要我这个时间来的，为什么他在家里？为什么师傅不在？"

女店员很害怕，再拿起电话之际，师傅回来了。他摇头晃脑露出一口白牙："没问题，太太，现在就帮您调整，没问题！"女店员如释重负放下电话。我仔仔细细比对新钥匙，这回实在看不出不同，只能拿了钥匙回家。

结果呢？回到杜佳玛塔还是开不了门！我血压上升，心跳加速，转身立刻再驱车前往锁店，女店员眨着大眼睛看着我，所谓的计算机配锁器上已经盖上脏兮兮的布，师傅已经不见踪影。我冷冷地对女店员说："打电话给老板。"她迟疑了一下："老板在家里。"我提高声音："你知道为了这两把钥匙我来了几次？你认为我就住在隔壁吗？"两三个路人慢慢聚集在锁店的门口，好奇地看着这个发飙的台湾人。

女店员只得拿起电话，接通老板后交给我："太太，告诉我，又有什么问题？"我买锁以来的怒气一拥而上，对着电话把老板骂了一顿："师傅呢？我要他现在就帮我调整钥匙！"老板在电话那头干笑了几声："哈哈，太太，师傅在忙呢，您改天再来吧。"

我泼妇骂街般地失去控制，非得老板给我一个交代。此时老板丢下一句："太太，明天再来，再见！"啪的一声把电话挂了！我不可置信地看着电话，此时已经有六七个路人挤在门口观望了。我要女店员再打电话给老板时，她是怎么也不愿意了："太太，您明天再来吧。"

气坏了的台湾人心想：你不打电话没关系，我有我的办法！我看着电话座机，迅雷不及掩耳拿起话筒按下重拨键。女店员张大眼睛，这下轮到她不可置信了。

　　电话那头是老板的声音。我缓缓一个字一个字说道："师傅在哪里？"老板没料到是我，沉默了几秒钟："太太，请您一定要理解，师傅去上计算机配锁课了。"计算机配锁课？这真是我来印度以后听过最可笑的理由！却也不得不佩服老板信口开河的能力。

　　我告诉老板今天我不打算回家了，就在他店里赖着，一直到师傅回来为止。挂了电话不久电话又响了。女店员叽里呱啦说了一阵，挂了电话后转向我："太太，您别生气了，老板说您先回家，他现在就派师傅到您府上当场为您调整钥匙，这样您就不必跑来跑去了。"我答她我等师傅回来，搭我的车一起回家去。女店员着急了："太太，师傅在外面，直接去您家里，您千万别在店里等。"

　　我点点头："好。"女店员看我还是按兵不动："太太，您回家等吧，师傅马上到您家里去。"我再答她好，仍然纹丝不动。她又急了："太太，怎么回事呢？"我缓缓地说："你知道我住哪里吗？老板知道我住哪里吗？师傅知道我住哪里吗？"她恍然大悟："不知道呢，太太。"我静静写下地址后才回家，却不期待任何人会出现。

　　但这是印度了，一定是要人出乎意料的。就在回家后半个小时，锁店竟然派了两个小弟来按门铃！说他们是小弟是因为年纪的确看来很轻，穿着阿飞花衬衫夹脚拖鞋，大半个后脚跟踩在地上，两手空空没有带任何工具。

　　我看着他们有点迷糊了。"太太，您有问题的钥匙呢？"我像是吃了迷幻药似的把钥匙交给他们。其中一人从牛仔裤的后口袋里掏出一把扁平的锉刀，两人就这么坐在门口地上有说有笑，一点一点用锉刀磨起钥匙来。其实只有一人在修，另一人应该是结伴而来的朋友。再半个小时，水也喝了茶也喝了，两把新钥匙在磨刀霍霍下，终于可以开门了。

　　于是尼尔生有一把钥匙，办公室里有一把备用钥匙，换计算机锁一事，就此落幕。至于华格纳先生是不是和我有一样的遭遇，有什么关系呢？看着远处的夕阳，来杯热腾腾的奶茶，一切都没事的！

杜佳玛塔后传

话说搬进杜佳玛塔也已经几个月了，除了我们和赛门、弗兰两户人家，整栋大楼内部还是处于东敲西打、灰头土脸的装潢状态。

不同于温德米尔的是，二十四小时的警卫把他们的工作看得比什么都重要，连送水的小弟也得接受他们趾高气扬的盘查，不过如果是穿金戴银的印度人或是金发碧眼的外国人就不同了，可以长驱直入。尼尔生和凡吉娜规规矩矩附上证件照片向大楼管理处注册登记，领了大楼出入证后随身带着。

我开始怀念温德米尔。虽然阶级的观念根深蒂固，伊格保要我别老是和下人混在一起，但是他待家里的仆人以礼，从未大声叱喝。房东塔塔家虽然惩罚逾期不归的冈古，还是养活他一家人。吉米大爷总是笑嘻嘻亲手递给司机警卫门房小费。偶尔尼尔生提及杜佳玛塔警卫的狗眼看人低，总是摇头。

温德米尔是旧印度的缩影，杜佳玛塔是新印度。

一日凡吉娜进门不是直接进厨房，而是立刻进入书房，我停下手边的工作跟她道早，先是担心："钥匙又丢了？"立刻觉得好笑，她不是自己开门进来了吗？凡吉娜眼眶泛红，吞吞吐吐说不出完整的一句话，我只听懂她提及警卫。遇到这种情形，自然是立刻打电话给在楼下的尼尔生了。

原来是因为杜佳玛塔最近多了几户人家，他们家里肯定金碧辉煌，于是要求警卫对于各住户的仆人再三检查，以防他们夹带雇主的细软出去。

尼尔生说上星期管理处宣布加强检查后，警卫开始检查出入大楼每个人的手提包，当然有钱的印度人和外国人则免。今天警卫要求凡吉娜把小钱包里的东西全部倒出来检查。凡吉娜把她手上一个脏兮兮手掌大的小布包给我看，里面有一张十卢比的纸钞、大楼出入证、手机，还有钥匙。警卫告诉凡吉娜，离开大楼时还要再检查，看看除了这四样东西以外，有没有从雇主家偷东西出来。凡吉娜觉得受了侮辱，决定向太太投诉。

"尼尔生，你也让他们检查吗？"尼尔生很得意答道："他们要检查我的背包，我说我很少进太太家，没有机会偷东西。他们还是要检查，我说可以，现在我的皮夹里有一百卢比，如果我下班时只剩五十卢比，你们要负责把少了的钱补齐，检查吧。"警卫于是放弃了。

我听了不禁莞尔，尼尔生果真见过世面，知道怎么对付他们，但是年轻的凡吉娜可不敢这么做。挂了电话我做了个手势让凡吉娜跟着我下楼到警卫处，在一旁聊天的警卫看见我立刻笔直站好举起右手行礼："太太早安！""早安，我有个问题。"在花园里看报纸的尼尔生也过来了，准备看好戏。

我指着凡吉娜："认识她吧？""是的，太太，她是您的仆人。""她有没有证件可以进出杜佳玛塔？""有的，太太，检查了，她有什么问题吗？""她没有问题。"我指着尼尔生："认识他吧？""认识，太太，他是您的司机。"我接着说："从今天开始，我不要你们检查尼尔生还有凡吉娜的任何东西。"

警卫十分为难，不知如何是好。我很清楚他们只是执行被交代的工作："打电话要大楼管理处的人下来。"不多时管理处的拉吉先生下来了，看见大厅里站了一群警卫、尼尔生、凡吉娜和我，以为发生什么大事了："史密斯太太，您好，怎么了？告诉我，立刻为您解决。""我要你告诉这些警卫从今天开始不要再检查尼尔生和凡吉娜的东西。"

拉吉先生十分惊讶地看着我："史密斯太太，这是应住户要求实施的，对您只有好处。""谢谢，不过这两个人我绝对信得过，以后要是我丢东西我自己负责。""可是太太，这是规定……"我打断他的话："这样吧，我写张保证书签名，保证我家里丢东西绝对不会找管理处，待会儿就让尼尔生送去管理处的办公室，可以吗？"

至此拉吉先生知道大势已去，只得由我："不必不必，太太您说了就算。"我不死心："拉吉先生，还是跟警卫说清楚不检查一事您是同意的，免得他们担心。"拉吉先生于是用印度话向警卫再宣布一回。尼尔生和凡吉娜很满意地在一旁低头微笑。

进大楼检查一事就此落幕，我发现三年后的自己已经愈来愈能应付这种欺善怕恶的情况了，不再是立刻提高嗓门。兵来将挡水来土掩，安步当车，凡事都是小事一桩。

不过在尼尔生汇报邻居的一举一动时，却还是要为印度有钱的程度大吃一惊。杜佳玛塔顶楼是三层的跃层，是印度首富安巴尼小姨子的，里面有自用的电梯。安巴尼小姨子家楼下的两层跃层是西门子买下给驻印度的德国主管的，里面从冰箱烤箱洗碗机到卫浴设备，全数欧洲进口，甚至油漆也得从德国进口，因为他们不相信印度的油漆。

我说这两家邻居我从来没遇见过，尼尔生一本正经："太太，那是因为他们还没搬进来。他们从我们搬进来以前就开始装潢了，我听说至少还要三个月才能完工。"我屈指一算，至少十个月了，肯定金碧辉煌！

又过了一阵子管理处来了一份邀请函，大楼里多数住户已经搬进来了，业主选好黄道吉日举行盛大酒会，不仅请来地方人士和官员，还佐以隆重的印度教仪式庆祝开楼大吉。

拉吉先生在请帖送达之后打电话来确认："史密斯太太，您和先生一定会出席吧？十四楼的赛门先生和太太也会来的。"我立刻答应了，怎会错过见识住宅大楼开张的好机会？至此我们已经搬进来大半年了。

接下来两个星期花园酒会准备事宜如火如荼地展开，成日蹲在大厅擦地板的两个女人这会儿擦地擦得更起劲了，仿佛家里办喜事一般。印度祭典一定要有的花花草草当然少不了，几个工人席地坐在停车场里开始编织起花串来，很有过节的气氛。

警卫也十分兴奋，不时对着来搭舞台的工人指挥东指挥西，穿着制服戴着帽子的他们此时是十分神气的，比搭建舞台穿着夹脚拖鞋的工人神气。工人累了在舞台上倒头就睡。

管理处派了人清洗大楼外墙，我坐在书房往外看，听着手机音乐的年轻人朝着我咧嘴微笑问好，他手上一块脏兮兮的布就擦到一个手臂可以触及的范围，留下对我而言不擦还比较好的痕迹，不过看他身上除了两条绳子之外什么也没有的设施，我只希望他尽快擦完，尽快安全着地。

酒会当天冠盖云集，花园里的树上挂满了一闪一闪的圣诞灯饰。我从楼上往下看，红地毯一路铺到大厅前的舞台，游泳池畔摆满了铺着白桌巾的圆桌，椅子穿了衣服打了蝴蝶结，几乎是结婚大典了。拉吉先生的电话到了："史密斯太太，您快点下来吧，您和先生的座位准备好了！"

下了楼，我们的座位在第一排赛门和弗兰的旁边，接着我们被一一介绍给所有的贵宾。弗兰低声告诉我："我们这几个外国人给足大楼面子了。"我看着周遭富丽堂皇的布置，穿金戴银的贵客，心想这杜佳玛塔，怎么住了这么多个月还觉得在做客？

第七部　孟买的普罗旺斯

普罗旺斯的安倍贺先生

搬到印度不久，我们在普罗旺斯风光明媚的古城果赫德山脚下、一个叫作勒图洪的村子里买了个小房子。位于半山腰的勒图洪有十来户人家，大半姓安倍贺。

由于我们是唯一的外国人家，邻居一开始只在窗户后观察我们，一直到发现我们每年两次从孟买到普罗旺斯度假，从整理花园到粉刷油漆凡事自己来，确定我们不是花钱请工人打点的土财主后，在经过我们的小花园时，很亲切地探头进来道日安。

我认为邻居开始对我们友善的原因是因为我，我这个东方脸孔肯定是村子里几百年以来第一个台湾人！

安倍贺先生就住在我们对面，初次见他是我们从印度海运家具到达当天，我忙里忙外，偶然瞥见这个老先生挂着拐杖站在他的门口盯着我们。接收了货柜后，菲尔隔天赶回孟买工作，留下我和一屋子的家具。

我在凌晨四点开车送菲尔到马赛机场回印度，再摸黑开一个小时的车回勒图洪。普罗旺斯乡间小路上没有人烟，可能在人来人往的孟买住久了，我开着开着心里竟然有点害怕。孟买人口超过两千万，我们村子所属的果赫德人口只有两千多。

好不容易回到家停妥车，天色渐亮，我站在房子外往下看，清晨的雾气从如诗如画的卢贝昂山谷缓缓上升，还有一个热气球！我大口呼吸着在孟买绝对没有的新鲜空气，五脏六腑都要被初春冰凉的空气洗得一干二净了。猛一抬头，对街的安倍贺先生就站在他的窗口看我，我赶紧向他招手道日安，他开了窗户说了一长串法语。我无奈地看着他：我的法语只有日安、你好、我很好、谢谢、再见！

隔天，朋友帮我订了壁炉用的木柴，法国工人把一车的木柴倒在车库前就扬长而去，留下我独自一人欲哭无泪。戴上手套，慢慢把小山似的木柴一次两根抱进车库里，此时十分怀念印度，要是在温德米尔，只要请每个司机警卫喝杯茶，这堆木柴几分钟之内就会火速进入车库。

几个小时之后总算结束了木头搬运工的任务，才上楼坐在客厅里喘一口气，窗边的铃铛响了，我探头往楼下看，是安倍贺先生不停地拉着铃铛的铁链！多半可怜我一介弱女子居然得做这么粗重的工作，他手上拿了一小盒樱桃，招手要我下楼。下了楼他又是一连串法语，我只能大概猜测这樱桃来自他女儿家的果园，其他一概不知。无计可施只能打电话给朋友求救，让朋友和安倍贺先生沟通。

原来安倍贺先生要请我下午六点半到他家喝一杯餐前酒，这是法国人最喜欢的了，晚餐前和朋友来一杯，然后各自回家吃饭，倒也不失为一种省麻烦的习俗。我很害怕地告诉朋友万万不可，安倍贺先生看来连一个英文字也不会，而我的法文不过数十字。

朋友告诉我非去不可，因为法国人在不熟的情况下不轻易请人到家里，这可是莫大的荣幸！更重要的是，安倍贺先生是村子里的长老，拥有村子里大半的房子，两个儿子分别经营我们隔壁的水电行和葡萄酒园，属于几个女儿的房子则是长期租人。

挂了电话，我硬着头皮用我仅有的法语向安倍贺先生说："好的，谢谢，今晚，六点半。"安倍贺先生很满意地纠正了我的发音："今晚，六点半！"整个下午我坐立不安，我不否认和老先生有缘，例如温德米尔的伊格保和吉米，可是他们说一口流利的英语，安倍贺先生可是标准的法国南部人，一个英文字也不会！

当天我依约过街按门铃，安倍贺先生从窗户口向下望，作势要我直接进门，原来他家大门从不上锁，方便拜访他的亲朋好友直接出入。客厅是标准的乡村布置，偌大的壁炉，格子花纹的桌布。安倍贺先生很高兴地拥抱我亲吻脸颊，在普罗旺斯是要亲三下的，我很庆幸自己这点风俗民情还是懂一点，然后是安倍贺太太，再来三下。接着我们三人坐在电视机前一起看他们还没看完的益智游戏节目。

这可说是我经历过最奇特的经验之一了，由于老人家年纪大了耳力不好，电视的音量震天作响，说的当然是法语，我完全不明白到底他们在问什么答什么的法语。安倍贺先生和太太聚精会神地盯着电视，时而大笑，时而扼腕，夹杂着电视如雷贯耳的笑声和掌声，我仿佛到了另一个星球。

我偷偷望着窗外一望无际毫无遮挡的卢贝昂山谷间的平原，这个房子肯定是位于全普罗旺斯最好的位置了，而我坐在阴暗的客厅里和两个不认识的法国老人一起看益智游戏！

安倍贺先生眼睛没有离开电视屏幕，起身从酒柜里拿出一瓶茴香酒和两个杯子，安倍贺太太眼睛也没有离开电视，拿来一瓶水和一杯果汁放在桌上。我再度庆幸有这么点常识，酒精浓度百分之四十五的茴香酒不是每个人都喜欢，却是普罗旺斯的传统，加上五倍的水稀释后，原来像是绍兴酒的透明颜色马上变得浑浊，是当地人的最爱。

安倍贺先生看着我，指着茴香酒，我竖起大拇指："好！"从此安倍贺先生成为我在伊格保和吉米之后的第三个老男友！许多人不喜欢茴香酒的味道，我却很喜欢，其实就是八角口味，加上水和冰块，的确是极佳的夏日冷饮。朋友事后告诉我，因为喜欢不是太多外国人认同的茴香酒，我立刻在安倍贺先生的心目中加了分！

终于益智节目结束了，安倍贺先生倒了第二杯茴香酒，问我要不要到阳台上坐坐。当然要！我们三人坐在阳台上，眼前是一望无际的卢贝昂平原，夕阳里阵阵若有似无的薰衣草香气，这就是普罗旺斯迷人之处吧。

左手边的安倍贺先生嘀嘀咕咕跟我说法语，右手边的安倍贺太太忙着用法语翻译安倍贺先生的问题，我忙着用中文和英语猜他们究竟想说什么。

半个小时下来，我想我弄懂了一些事。安倍贺先生一家世居勒图洪，几百年前他的房子原来是卖猪肉的，我们的房子则是卖鸡肉的，供货给果赫德山城里的王公贵族。他的儿子，也就是紧邻我们的尚保罗经营普罗旺斯最贵的水电行，尚保罗有游泳池的房子宛如城堡，是我们这个小房子的五六倍之大。尚保罗养了两头驴子，偶尔在我们花园的墙上探头问好。另一个儿子则在村子里经营南法流行的精致葡萄酒庄。

安倍贺先生给我看一张挂在墙上的全家福照片，相框下头写着一九九八，他说是他和太太结婚六十周年纪念，我大约懂得怎么用法语数数，但还是不能完全确定，安倍贺太太拿来纸笔，我们三人如释重负。安倍贺先生今年八十八，太太八十六，孩子正准备在他们结婚七十年纪念时盛大庆祝！

我们三人就这样鸡同鸭讲在阳台上坐了半个小时，我喝了三杯茴香酒后才摇摇晃晃过街回家，临走前安倍贺先生指着茴香酒问我好不好。我再度竖起大拇指，此时近乎零的法语在酒精的作用下派上用场："太好了！"安倍贺先生很开心地笑了："明天，晚上，六点半？"

加尔各答的沙发

买了普罗旺斯的房子之后，我们开始考虑家具，很快就决定了：回印度买！

很多人问我，是不是因为便宜？我倒也没有仔细算过，因为印度物价一定是比较低，但是还要加上运费，这种连一个盘子都得用五张纸包起来的国际搬家也是所费不赀。主要原因是如果在法国买的话，法语近乎零的我连路都找不着，没有选择，只能把普罗旺斯的房子变成宜家家具的样品屋。

在孟买，我有尼尔生载我到处看，买了不喜欢再回去换。当时还住在温德米尔，反正大得离谱，于是我清出一间客房，专门堆放要运到普罗旺斯的家具，接着就开始接下来几个月的选购家具大作战！

一日，我一大早出发前往北孟买的久吉旭瓦丽保护区，因为当地有好些可以追溯到公元六世纪时就存在的古老洞穴，地名还是个印度女神的名字。但是政府经费捉襟见肘，于是这些在大多数国家一定会被视为珍宝，甚至还有些印度神像在里头的洞穴，如今却被贫民窟包围，当地住民的污水排泄物肆无忌惮到处流窜，严重威胁到这些历史遗迹政府也视而不见。

久吉旭瓦丽有一条街上卖的全是不知道打哪里来的旧家具，不过我这样说旧家具行的老板是要抗议的："太太，不知道的是您，我们可是很清楚这些都是古董哪！"和南孟买贼市一样，做生意的多半是戴着顶小白帽的伊斯兰教徒，在尘土飞扬的午后百般无聊坐在门口喝茶聊天，店里一片昏暗，仿佛是废弃了的旧仓库。

一旦有客人上门，坐在破板凳上打盹的老板一跃而起，冲进店里噼里啪啦把电灯和电扇全都打开，于是屋里正在打盹的苍蝇蚊子也全被叫醒，赶忙前来欢迎，一窝蜂上前停在客人的手上腿上。

所有店家没有例外，布满灰尘的家具像座小山似的从地板堆到天花板，毫无次序逻辑可言，如果你看上的是在这座小山最底层的一个木头小盒子，那就是大工程了。老板大声吆喝叫来睡眼惺忪的小弟，把这个小盒子上头的东西一样一样搬到一旁，此时灰尘纷纷落下蟑螂四处逃窜。老板拿来一块脏兮兮的抹布，似乎想把这个小盒子擦出绚烂夺目的光彩，擦了几分钟也不见效之后，只好开始口沫横飞叙述不知是真是假的古董历史："您看看这古老的色泽，古董哪！"

我四处张望，瞥见一张坐在小山上头的单人沙发："老板，可以看那张沙发吗？""当然可以！"身手矫健的小弟赶忙爬上去把沙发搬了下来。虽然经验有限，不过经常在贼市出没的我，几十杯奶茶下来，倒也和卖旧货的老板学来一些看古董的粗浅知识。从木头材质雕工和椅子的样式看来，我认为八九不离十，这是件殖民时期来自英国的老东西。

我开口问："这是英国来的吧？"老板十分兴奋："太太，您真识货，这是加尔各答来的。"我再问："什么人家里搬来的？"老板简直要语无伦次了："太太，您住孟买吧？否则您就是古董商！"我给他说得飘飘然起来："所以到底从哪儿搬来的？""太太，不瞒您说，我也不知道是什么人家里搬出来的，我反正从加尔各答进了一卡车的家具，全都是从前殖民时期英国人家里的。"

位于印度东北方的加尔各答在英国殖民时期一直是首都，到一九一一年首都才迁移至新德里，可想而知这个城市充满了英式建筑，是殖民时期政治文化的中心，当时的英国人也从家乡运来许多欧式家具，建立了这个相当欧化的城市。

沙发的木头脚上堆满了灰，连浅蓝色的沙发布上也看得出灰，我很快想象修整后的沙发：嗯，就是它！"多少钱？"老板脸上堆满了笑，开了个天价。我摇摇头："你只有一张呢，什么人会买一张椅子？要一对才行。"老板搔搔脑袋很为难地说："太太，这不是从工厂出来的啊，不能您要几张就有几张。我把木头的部分整理好上蜡，您回去换个沙发布，跟新的一样！"

这时小弟在一旁急着跟老板说话，老板往他的头上狠狠就是一记，不让他插嘴，继续向我推销："太太，您是识货才会看上这张椅子的，您说得是，原来是有一对，不过可能我哥哥卖了一张，只剩一张就算您便宜点吧。"小弟还是急着想说话，老板终于是让他开口了："大爷，另一张沙发在那儿。"不远处另一张沙发很委屈地挤在另一堆小山似的家具中向我们招手！老板很满意地笑了："您看看，这天气把我给热坏了，我就记得我们有一对！"

我借口得回去跟付钱的先生报告，价钱没谈拢老板倒是让我照了相："太太，这个价钱绝对公道，是从英国运到加尔各答再运到孟买的啊，您先生一定会喜欢的！"我觉得好笑：多半是个帕西族家庭从英国人手中接收了这对沙发，再卖给旧货商的，说了一大堆！

菲尔对这种老式的沙发兴趣缺缺，认为是他曾祖母才会看上的家具，不过我认为这对欧式沙发在普罗旺斯的客厅里是再合适不过了。印度朋友听我描述时皱起眉头："为什么要买人家用过的旧东西呢？"

过了一星期我全身喷满防蚊液，再度前往久吉旭瓦丽，这会儿这两张旧沙发已经擦得干干净净，木头上全上了蜡，端坐在一旁等着我这傻傻的外国人上门买旧货了。

经过冗长的家世背景调查加上价格辩论，老板同时忘情地诉说其他我没兴趣的破烂家具历史，其间小弟送上可乐一瓶，喝完再喷一回防蚊液，继续再战。几个小时之后谈妥双方可以接受的价钱，再花一个小时交涉究竟送货的车资谁付，一直到天都快黑了，我和老板总算皆大欢喜地握手交换电话，我答应老板日后会带外国朋友来光顾。

菲尔下班回家看见两张即使没有灰尘还是脏兮兮的沙发，叹了一口气："不要再问我喜不喜欢这沙发，我的答案是不会改变的，不喜欢！"不过我一点也不在乎，隔天我到批发市场选了两张牛皮，打电话叫了裁缝，几天工夫，两张全新的欧式牛皮沙发大功告成，在漂洋过海从英国途经加尔各答和孟买数十年后，准备回欧洲住到普罗旺斯去了！

没问题，太太！

在孟买办事最常听到的一句话是："没问题，太太！"

不管这件事是易如反掌还是比登天还难，在询问三秒钟过后，面前的这个人没有例外毫不犹豫、咧开嘴露出一口白牙冲着你笑，摇头晃脑地说："没问题，太太！"

当然有些事想也不用想的确办得到，不过在印度，更多是办不到的事，这三秒钟是用来打草稿，很快编出一套说法的。倒也不见得是要存心骗人，但总是有可能待会儿会想出解决之道，不能把话说死，对吧？于是就先答应，皆大欢喜，以后的事，喝杯奶茶后再说！

被这句"太太，没问题！"气得七孔生烟的例子不计其数，但是当它应用于一件连自己都无法确定，最后竟然完美达成的事时，内心的狂喜，绝对不是笔墨可以形容的。

有时为了自己这么容易满足感到沮丧，但这是印度啊，每件事都是个大工程！

话说普罗旺斯房子里的沙发已经找到了，我左思右想，决定开始定做其他家具。一日在一位苏格兰朋友的家吃饭，看见两张椅子和一张双人床，心想多半是欧洲带过来的，她却说是孟买一个前卫设计师手工制作的，绝无仅有。

我一餐饭吃下来坐立不安，最后终于鼓起勇气厚着脸皮："可以让我照个相，再找几个工人依样画葫芦吗？"朋友大笑："当然可以，我们住在亚洲，一点也不在乎知识产权！"于是我欢欢喜喜，毫无道德地把这些昂贵的铁制椅子和床左照右照，菲尔一看大势已去，只能在一旁莫可奈何地叹气摇头。

对孟买了如指掌的尼尔生告诉我，北孟买有一条街上聚集了专门定做铁制家具的店，于是我把样品相片洗出来之后就往北孟买出发了！

我在苍蝇满天飞的家具街上下车，开始一家一家进去询问，因为时间还早，老板还没到店员也不在乎，对我爱理不理，有一家甚至一听我开口说英语就连忙摇手。这条街上多半没有来过外国人，更不要说是个印度少见的东亚脸孔。不多时我身后已经跟了几个在路上闲逛的赤脚小孩，在我进入店家时就站在门外盯着我看。

我走着走着，一个年轻人远远叫着："太太，太太，这里！"一走近他用十分蹩脚的英语介绍自己："我的名字是阿夏瑞夫，我做家具，好家具！"我笑了，他也笑了，我们就在人行道上比手画脚起来。

我拿出相片，阿夏瑞夫看了一眼三秒决定："没问题，太太！"这句话好像任何印度人都会说："真的吗？我要看看你做过的家具。"他很疑惑地看着我，我当下断定他会说的英语只有："没问题，太太！"

我开始往店里走，至少他是目前为止最积极的一个售货员。在堆满展示家具的店里坐定之后，阿夏瑞夫大声吆喝一个趴在地上擦地的小弟。小弟光着脚很快跑了出去，再进来时手上多了一瓶可乐。嗯，这个小伙子大概是小老板！

冗长的鸡同鸭讲之后，一个会说英语的中年人出现了，是阿夏瑞夫的叔父，原来阿夏瑞夫刚刚接手父亲的家具事业，叔父偶尔来帮忙。这下子容易多了，我们马上谈好价钱获得共识：两张椅子各来一张，待太太视察满意之后再做四张，外加餐桌双人床！

一个星期后我再度前往北孟买，还没有上色的椅子已经具雏形，和照片上出自名家之手的昂贵椅子一模一样！我十分满意，再定更多椅子、餐桌、边桌加上大床一张！从此之后我每星期到北孟买检视家具的进度，总是带了些印度点心给焊接工人，接受阿夏瑞夫用印度话对我展开的身家调查。

阿夏瑞夫的英语渐渐从"没问题，太太！"增加至"再多定做几样吧"。而完全不懂英语的焊接工人也开始在我每说一句话后，大声回答："没问题，太太！"

就在大多数家具即将完成之前一天，我再度前往检查进度，阿夏瑞夫很神秘地不让我进入就在店面附近的工厂，我站在路旁一头雾水，小弟搬出一张餐桌椅。"不是我定的啊！"阿夏瑞夫的叔父也来了："太太，阿夏瑞夫说您第一次来店里的时候看了我们的目录，说这张椅子好看，阿夏瑞夫特地做了一张送给您，不要钱的！"

我一下子说不出话来，为什么要对我这么好啊？这就是我最爱的印度了，经常就要有件事出其不意从角落跳到我的面前，让我心惊胆战措手不及！正在焊接的工人也停下来看我一脸惊喜，全都笑了。我不停道谢。阿夏瑞夫反而不好意思，搔着脑袋不断说："没问题，太太！"

送家具时雨季已经开始，平日一个小时的车程送货车花了两个多小时才到。抵达温德米尔天色已黑，工人把家具搬上楼之后全都跟落汤鸡一样。我赶紧开始煮印度奶茶，拿出些小饼干，这群湿答答的工人就围坐在即将前往普罗旺斯的餐桌椅旁，张大眼睛不停打量这个可能是他们这辈子进过最大的大房子：这个奇怪的台湾太太居然自己煮茶，这个奇怪的英国大爷居然伺候工人喝茶！

　　阿夏瑞夫很钦佩地说："太太，茶，很好！大爷，很好！"至此我已经和阿夏瑞夫是莫逆之交，他虽不懂英语却完全知道我的祖宗八代，我虽不懂印度话却能八九不离十揣摩他的心意。他的意思是："会煮印度奶茶的太太，了不起！帮印度工人端茶的英国大爷，更了不起！"

　　我们就这样喝茶吃饼干，阿夏瑞夫开始用印度话调查菲尔的祖宗八代，工人七嘴八舌加入他们的问题，我和菲尔用英语回答我们认为他们想要的答案，霎时温德米尔人声鼎沸，热闹非凡。

　　就这样没有交集地聊了一阵天之后，阿夏瑞夫很抱歉地说他们得走了，雨势愈来愈大，我猜他们得花三个小时才能回到北孟买。我和菲尔送他们到楼下，除了说谢谢我不知道怎么能表达我心里的感觉，不只是他们做出了我要的椅子，更是那张我在翻阅家具目录时无意识说好看的那张椅子！

　　阿夏瑞夫又是不好意思地搔着脑袋，摇头晃脑说："没问题，太太！"

贼市里的四柱床

　　我一边打蚊子，一边歪着头看地上两根用麻绳绑在一起的木棍："这是什么？"戴着伊斯兰教小白帽的阿布杜坐在门口的板凳上专心玩着手机上的游戏，很快抬头看了一眼又回到手机画面上："床。"

　　我试着拿起来，好重！"是什么床只有两根木棍？"这会儿他连头也不抬了："四柱床。"我叹了一口气："你可不可以把这个床的其他部分，如果你有的话，也拿出来我看看？"阿布杜过了几分钟才慢慢起身往里走去，眼睛还是没有离开手机。

　　自从在眼不离手机的阿布杜店里买了一个咖啡桌之后，我每次到贼市一定登门造访。虽然左看右看什么也没再买过，阿布杜倒也不在意，看到我进门稍稍点头问好，连起身也不必了："太太，您自己慢慢看。"

　　话说这个咖啡桌，桌面是一片传统印度门窗上拆下来的雕花通风板做成的，阿布杜很有眼光地挑了一块简单的蓝白相间瓷砖置于其中，上面摆张玻璃，虽说新加上的四条腿不太牢靠摇摇晃晃，但是随意漆成灰白色后，竟然也有那么几分普罗旺斯颓废乡村风，买了！

　　不多时阿布杜一边讲电话，一边拖着一块破破烂烂的床头板回来了，他砰的一声把床头板往这两根木头前的墙上一靠，用眼睛示意我自己看，又回到他的板凳上继续有说有笑。我左看右看，在尚未看出个所以然之前已经被蚊子大军打败，防蚊液也已用尽，只得赶紧照了张相，比个手势告诉阿布杜留着这个他所谓的床，下次再来。

才走到门口，阿布杜讲完电话，心血来潮追了出来："太太，太太，等等！"我停下脚步："今天不买，要走了。"阿布杜摇头晃脑露出一口白牙："太太，我是要告诉您，您刚看的这是个老东西。"我开始和他斗嘴："当然是个老东西，谁都看得出来，连床脚在哪儿都不知道，难不成是工厂刚出来的？"阿布杜无可奈何叹了口气："进来吧，我告诉您！"于是我又跟着进店里了。

我喜欢贼市，因为大家争先恐后告诉你各式各样古董废物垃圾的历史，是真是假不知道，但是他们一本正经把任何东西都说得有头有脚的认真态度，总是有办法让我这个傻傻的台湾人心甘情愿把钱掏出来。

根据阿布杜的说法，这个四柱床来自葡萄牙殖民时期的果阿省，床尾板、床架、床脚和四柱中的另两根柱子在仓库里，但是没有床板，也没有架在四根柱子上的那四根木条。这么大的床，不会是一般人家的，肯定是有钱人家的，更有可能是葡萄牙来的，因为外国人长得比较高大，阿布杜如是说。

我对四柱床并无研究，左耳进右耳出。但是就在耳际传来清真寺扩音器开始祷告的声音时，忽然灵光一现，尼尔生曾经说过，伊斯兰教徒在每年为期一个月的斋戒月期间是绝对不会说谎的，许多人喜欢在这个时候跟他们做生意。

现在正是斋戒月！

怎奈蚊子实在是太多了，再不走肯定会登革热上身，于是我很快交代阿布杜留着这两根麻绳绑着的棍子和破床头板，改天再来！

回家后立刻上网找找葡萄牙的四柱床是怎么回事，很快就找到好些照片，人家的古董床古色古香，阿布杜的只有两根木棍和一张破床头板！

不过再仔细一看，不仅床头板的雕工和其中一张照片上的古董有那么几分神似，照片里的柱子和地上那两根木棍也有异曲同工之妙。

我兴高采烈把网上的古董照片和阿布杜的破烂木头拿给菲尔看，他维持一贯相信印度古董的原则："不会有人这么无聊去造假，你要是愿意监工修床可以，我可没时间三天两头去和你那些贼市朋友哈啦！"就这样，大事一件拍板定案！

接下来的周末我们前往贼市和阿布杜一边喝可乐赶苍蝇，一边展开冗长的谈判。最后双方达成互相都满意的价位，至于谈判的内容，就跟在印度买任何东西一样，虽然精彩有余，却已经不足挂齿了。

阿布杜兴高采烈从仓库找出四柱床的遗体展示在我们面前，菲尔维持一贯的礼貌，阿布杜却觉得英国大爷的微笑是莫大的鼓励，更兴奋了。接下来几个星期我经常就到阿布杜店里看看整修的进度，看着床渐渐有了雏形，不禁为自己的慧眼识英雄得意不已：这个床放在普罗旺斯，多拉风啊！

一日，我与阿布杜在门口闲聊，邻居店家过来了："太太，您好！""我很好啊，你有东西要卖我吗？"阿布杜和邻居扎伊尔德全都笑了起来。扎伊尔德一边笑一边搔着脑袋："是的，太太，您真聪明。我是有个箱子，很好的，看看吧？"根本无须说服，我跟着扎伊尔德进了他的店。

扎伊尔德滔滔不绝："您一定去过泰姬玛哈旅馆，那个所有外国人喜欢去的旅馆，您看看这个箱子，跟他们摆在大厅走廊里的一样，就是小一点，适合放在家里。跟阿布杜的四柱床放在一起，完美的组合！"不看则已，一看就爱上它了，真是个只应天上有的置物柜啊！我故作不在乎，拍了照谎称要回家问先生喜不喜欢再回来："你帮我留着吧？"扎伊尔德一脸笑容："没问题，太太！"

想当然耳，连只有两根棍子一块破床头板都可以买了，这个完整的箱子无须太多考虑，一个星期后谈妥价钱，完美贼市购物记再添一则。

事实证明，阿布杜言出必行，把这个四柱床整修得和我在照片上看的古董床相去不远，甚至连破床头板也恢复原状。而扎伊尔德的泰姬玛哈旅馆级大柜子摆在床尾，果真如他所说，真是完美的组合！

阿布杜看着龙心大悦的两个外国人，尤其是这个英国大爷，立刻再进谗言："大爷，我还有个好东西，现在就拿来给您看！"不等我们回答转身进了仓库，再出来时手上多了两个抽屉："大爷，看看这个，这是古吉拉特省来的书桌。"

我皱起眉头："什么呀，这是两个破抽屉！"阿布杜转身进仓库再出来，手上多了另外两个抽屉、两片木板："这是书桌的两侧，我待会去找桌面。"他口沫横飞比手画脚，"这里应该放两块瓷砖。"不管我们还没有反应过来，他在角落里翻呀翻，翻出了几块瓷砖，"这些是前一阵子我们在一个帕西族老太太家拿来的，老东西啊。"

我接过来一看，这几块瓷砖倒是真不错，颇有印度风味。菲尔在一旁对我眨眨眼。我明白他在说："死人家里拿出来的东西！"虽然无法想象这几个抽屉和两块木板可以变成一个书桌，但是对阿布杜的古董整修功夫至此已经深具信心：开始谈价钱吧！再过几个星期，书桌组装完成，和阿夏瑞夫送给的椅子正好一套。

如果说在孟买我最爱的地方是板球俱乐部、史特安德书店，我的印度朋友一定赞许有加，但是要是说贼市也是我的最爱呢？还是别告诉他们吧！

第八部　尾声

恐怖分子来了

那天是十一月二十六日，印度最盛大的节日灯节过后不久，街上还残余着欢乐气氛，晚上九点多，窗外忽然一声巨响。

菲尔皱起眉头走到阳台："怎么回事？"我关上电视倒了杯水："肯定是贫民窟里瓦斯桶爆炸，要不就是灯节没放完的鞭炮。"菲尔进屋拿起遥控器转到新闻台，一边拿起电话打给摄影记者，他们的消息通常最灵通。我翻了翻白眼："睡觉了！"

此时电视屏幕下方的跑马灯打出南孟买克拉巴大道上，孟买年轻人和外国观光客最爱的李奥波德酒吧外发生枪击，电话那头的记者正在前往克拉巴大道的路上。我心想可能是贩毒的黑道集团抢地盘，菲尔已经更衣准备出门，克拉巴大道离我们住的杜佳玛塔不过十来分钟脚程。

我继续看电视，渐渐发现情况不对了。先是酒吧外的枪击，接着孟买火车站也出现持枪者盲目扫射无辜的民众。我连忙打电话："你在哪里？你知道火车站出事了吗？"电话那头是前所未有的紧张口吻："我没事，我现在正往泰姬玛哈旅馆去，那里也出事了。"

平日熙来攘往的南孟买忽然诡异地安静了下来，也许是大家已经看了电视报道，没人在街上闲逛。菲尔在黑暗中慢慢前进，一方面担心跑步惹怒流浪狗，更重要的是不知道持枪者是不是躲在暗处，看见有人狂奔也许要开枪。

离开泰姬玛哈旅馆不远，同为外国游客聚集的五星级欧布洛伊旅馆也听见爆炸声，一个犹太教的聚会场所也被攻击了。这不是偶发事件，是针对孟买地标设计的一连串恐怖攻击。

事后才知道这个攻击计划先从酒吧和火车站下手，将警方的注意力引开，正当警方焦头烂额抢救死伤人员之际，恐怖分子从容进攻挟持两个孟买地标旅馆和一个犹太教聚会场所，展开接下来三天震惊国际的恐怖行动。

遭挟持的是我买面包的泰姬玛哈旅馆和吃周日早午餐的欧布洛伊旅馆，犹太教聚会场所就在我固定去的五金行隔壁。

我盯着电视，不知是心理作用还是真的听见远方传来若有似无的枪声，心中十分不安。这是我们在孟买的第四年，菲尔在南亚的工作告一段落，我们已经被告知一个月后前往北京，开始他在东亚的新职。

在印度的最后一个月，孟买恐怖攻击造成一百六十六人死亡。

凌晨两点菲尔来电话："我现在回家充电手机，也要把你的手机带出来。"记者职业病使然，我的手机早已充满了电。菲尔回到家，喝了杯茶，坐在沙发上闭眼等手机充电，不久再度出门。

电视不停回放维多利亚火车站里恐怖分子扫射后的画面，我的心直往下沉。这些无辜的通勤者，不像外国人或是其他有钱的印度人有车有司机，为了每天的生计搭大众交通出入又脏又乱的火车站，然后在一瞬间，血肉模糊，天人永隔。

菲尔经历过波斯湾战争和印度尼西亚暴动，加上搬到孟买之后负责的阿富汗和巴基斯坦，知道安全第一不会轻举妄动，我倒也不怎么担心。朦朦胧胧睡了一阵子天亮了，我站在阳台向下望，街上没有人车没有摊贩，犹如死城。印度朋友来电话："你有什么消息吗？孟买从来没有经历过这样的事！"

　　从不睡觉的孟买在恐怖攻击后终于停摆，不上班不上课股市休市，没人上街。几年前火车爆炸事件后孟买人不屈不挠的精神，在这一天完全不见了。

　　路透社记者在恐怖分子控制的三个地点和忙着救治伤者的医院之间来回奔波，轮流到附近的杜佳玛塔休息吃点东西。我看着电视，对印度政府的无能愤怒之至，政府迟迟未能派出特种部队反击恐怖分子，就连从首都派出的直升机都因为官僚而延迟了抵达孟买的时机。

　　第二天街上开始出现人车，进入第三天孟买又恢复正常。旅馆虽然还是被挟持，但情况已经控制住了。我准备了饮水荤素食物，和尼尔生前往泰姬玛哈旅馆外广场上的路透社据点。一路上车水马龙，大家都到广场上看热闹去了！

　　本地和外国媒体的采访车已经驻扎在广场数日，警方拉起一条绳子不准民众接近，离封锁线不远处还是听得见零星的子弹在旅馆内穿梭。看热闹的民众时而惊呼连连，时而掩头快跑，枪声一停又立刻聚集在封锁线前不肯离去。

　　什么国家会允许民众在恐怖分子挟持的地点外两百米看热闹？在印度，人命在很多时候让我觉得是不值钱的。

　　尼尔生十分兴奋成为路透社报道的其中一环，忙着帮我准备饮水食物，在办公室和广场之间载送记者，得空时就坐在忙着写稿的菲尔旁边看报纸。通讯社记者正在为媒体提供明日出版的新闻，尼尔生报纸上读的是昨天的新闻！

　　我在广场上看着不远处宫殿式屋顶着火的泰姬玛哈旅馆，微微觉得心痛。这个有百年历史的旅馆最令人津津乐道的传说之一，是因为殖民时代印度人不能进入附近一个只接待白人的高级旅馆，塔塔集团创始人一怒之下盖了这家美轮美奂的印度宫殿式建筑，是真是假不知道，但已经成为孟买人最骄傲的地标之一。

三天的恐怖行动在政府攻坚成功之后终于落幕，留给孟买的除了难以磨灭的恐惧和心理创伤，还有多处被烧毁的泰姬玛哈旅馆。虽然尚未完全修复完成，塔塔集团却在一个月之内部分重新开幕，对恐怖主义宣示孟买的无所畏惧。

开幕当天主角不是官商政要，而是在旅馆遭受攻击时，誓死协助当时四百多名旅客的员工。恐怖分子进入扫射时，这些员工知道如何最快让自己从紧急逃生口离开，却选择留下来协助住客，甚至形成人墙保护客人，最后造成三十一名员工罹难。

塔塔集团的企业文化，在恐怖事件发生之际之后表露无遗。数以百计的电子邮件开始出现，当时住在旅馆里的客人不可思议地描述员工如何保护客人，甚至挡去子弹。

塔塔集团总裁，也就是旧居温德米尔大楼房东塔塔先生的哥哥，在旅馆重新开幕时几度哽咽。旅馆完完全全属于员工，他说，如果员工愿意，可以离开孟买这个伤心地，毫无条件请调到印度各地的泰姬旅馆。令人惊讶的是没有员工请调，包括在事件中失去太太和两个儿子的总经理。

塔塔总裁亲自拜访恐怖事件中受影响的每一位员工，罹难员工的家属得到终身照应，包括子女不论在印度或是国外就学的所有费用。旅馆附近被波及的摊贩也得到塔塔家族的协助，买来新的手推车继续在旅馆外做小生意。

我读着这些报道，想起散财童子吉米大爷，想起在塔塔家工作了三代的温德米尔门房冈古，想起不辞路途遥远，从普兰普尔州找来仆人照顾他们在穷困家乡生计的伊格保王子，还有他看着司机拉维时的慈祥眼神……

这样敦厚令人心动的印度，我就要离开了。

先生，您的手肘长瘤了

我正在如火如荼为搬家打包，菲尔中午过后来电话："待会儿得去看医生，手肘关节肿起来了，大约一个乒乓球大小。"我感觉不对，他对看医生一事向来嗤之以鼻："我哥哥是里兹大学医学系主任，我知道医生一点用也没有！"

傍晚电话又来了："关节现在又红又肿，已经有一个网球这么大了。"当下已经来不及跟到医院，只能在家等他回来。结果医生说应该是菲尔在采访恐怖分子袭击时，在泰姬玛哈旅馆后面的暗巷里没日没夜待了几天，累了就靠在墙上，手肘摩擦了沾有脏东西的墙壁因而感染。

医生认为这脏东西很有可能是……老鼠尿！

抗生素吃了一个疗程，不但没有消肿反而更严重，再度前往医院时，医生一脸严肃表示感染严重，必须立刻开刀让脏东西流出来，不过不能在医院做，因为即使是小手术还是要经过各种手续，需要好几天才能动刀，这个情形最好马上开刀。

医生建议到医院对面的私人诊所："梅塔医生是我们医院的外科医生，同时也在对面开业，告诉他是我介绍的。"看医生也有老鼠会？出了医院我的反应是马上飞到最近的新加坡。菲尔认为没什么大不了，梅塔医生一定能搞定。

　　过马路进入一个住宅区，梅塔医生的诊所就在转角一楼。推门进去不大的等候室空无一人，各式各样的灯饰绕着印度众神闪闪发亮，薰香袅袅。再往里面走，简单的诊疗室里梅塔医生多半刚刚吃完下午点心，房间里弥漫着淡淡的咖喱味。

　　梅塔医生迅速检查后发言："先生，您心理准备好了吗？"我和菲尔对看一眼："准备什么？""准备好了现在马上开刀。"梅塔医生一副无所谓的表情答道。诊疗室虽然简单尚且称得上整齐干净，但是在这里动刀？菲尔不给我反应的机会马上回话："准备好了！"梅塔医生转向我："太太，麻烦您到外面等。"

　　我独自和穿戴一闪一闪灯饰的印度众神在等候室里，除了诊疗室偶尔传出手术用具的冰冷碰撞声，我大脑一片空白，完全听不见大楼外的车水马龙。万一出事了怎么办？我找出秘书的电话等着，一旦有事，马上买机票去新加坡。如今想来十分可笑，如果出了事，哪里还能搭飞机？

　　就这样过了约莫半个小时，诊疗室传来对话。我把耳朵靠在门上，听见梅塔医生询问恐怖分子袭击时的情形，菲尔大爷精神奕奕说故事般娓娓道来，顺便聊聊阿富汗。

　　不多时护士开门："太太，您可以进来了。"我往里探头，医生患者意犹未尽已经进入巴基斯坦。梅塔医生交代，关节插了一根管子让剩余的脏东西流出来，小心别乱动，一个星期之后复诊。

　　一直到上了车，脖子上吊着绷带的独臂刀王四两拨千斤："医生说我的手肘上长了一颗瘤，刚刚已经拿出来了，下礼拜换药时顺便看结果。"根据菲尔描述，梅塔医生若无其事说："哦，先生，您的手肘关节附近长了一颗瘤。"接着如同挖牡蛎一般取出肿瘤，放进小瓶子里在菲尔眼前晃了一下："我看这不是什么问题，不过化验一下总是好的。"

　　大吃一惊的我立刻写信给菲尔口中没用的医生哥哥，得到的答案是人体内的息肉肿瘤许多是良性的，一辈子没被发现也就和人体相安无事，只是一旦被感染很容易发炎肿大。对印度医生还算有信心的菲尔坚持等到报告出来再决定下一步。菲尔在伦敦的老板无可奈何，只得交代我情形一有不对，马上去新加坡。就这样等了一个星期，除了七上八下的心情，伤口看来愈合顺利。

再度来到梅塔医生的诊所，诊疗室里还是一股淡淡的咖喱味，我开始怀疑这是一种咖喱味的室内芳香剂。坐定之后梅塔医生寒暄几句立刻问了上回没问的几个恐怖分子问题。我盯着他不可置信，我们是来看结果换药，还是来聊天？

梅塔医生慢条斯理拿出检查报告："跟我预测的一样，这个瘤是良性的，没问题。"我松了一口气，心上千斤重担落地。梅塔医生一边换药一边继续："先生，您上次提到巴基斯坦，那里的情形如何？您有什么看法？"此时我已经不在意，随他和菲尔聊所有印度人都好奇的巴基斯坦。

不久，梅塔医生可能意识到该尽点医生的职责，话锋一转开始免费增长病患见闻："这个瘤，我说过绝大多数是良性的，不过也有例外。"他转向一旁站着的护士，"对吧？不久前那位太太，穆克吉太太？"护士点点头，"也是关节附近，我也以为没事，但是……"梅塔医生露出哀伤的神情，"我尽了全力，不过最后我们还是失去了她。"他看着护士，护士露出悲戚眼神相互呼应。

我瞪大眼睛看着独臂刀王不敢相信自己的耳朵，这是什么医生？先告诉你没事了，然后告诉你不久前有人因此过世？在梅塔医生几乎是荒谬剧的发言之后，随时随地可以自娱娱人的英国人忍俊不禁笑了出来，身经百战的我也摇头叹息。

所幸因为有下一位患者，梅塔医生没有时间详述穆克吉太太的丧礼，结束换药后宣布伤口复原顺利，再换一次药就好了。但也不忘临别一问："对了，您要搬到中国去，您对中国有什么看法？"

就这样我把检查报告交给在英国的医生哥哥确定没事，和梅塔医生再见一次面，再聊一回巴基斯坦，结束了手肘长瘤事件。就这样孟买在我们准备搬往北京之际，加码再送一回云霄飞车，下车后就要从有超过十亿人口的印度，前往全世界人口最多的中国去了。

再见了，我的孟买

开始跟孟买道别。

我告诉贼市卖神像的伊尔凡要走了，他哦了一声若有所思："中国有古董可以买吗？"我答他应该有，不过我对中国古董没兴趣。小弟买来可乐后伊尔凡说："这几年就是认识你们这几个外国人觉得有意思，真可惜要走了……"我喝了一口可乐："反正我也给你介绍了不少外国人，他们还会介绍别人。"伊尔凡笑了笑："不是，我是说，以后谁跟我聊世界局势？大部分人只来买东西，你们不一样。"

我喉头一紧说不上话。

几个比较熟的板球俱乐部领班知道我们要离开后，厨师小弟服务生轮番来质询："太太，怎么要走了？不喜欢印度吗？""很喜欢啊！"我说。"那就别走！"我解释了菲尔的工作性质，还是无法平息众怒："太太，中国有您喜欢的孟买小吃吗？""没有。""有板球俱乐部可以跑步吗？""呃，没有。"这会儿更理直气壮了："那么大爷要上哪儿跑步？您去告诉大爷的公司，印度比中国好，不去中国！"

原来我们计划在恐怖事件后前往伊格保王子半个世纪前掌管的普兰普尔邦做最后一次印度旅行，伊格保交代了当地官员，接机观光住在政府为他保留的王宫，怎料菲尔手肘感染，只得取消伊格保的精心安排。

　　我回到温德米尔和伊格保喝茶，天花板下的大吊扇还是没上油，照例发出单调的机械声，窗外芒果树上的蝉鸣，街上不间断的喇叭声依旧。我看着比四年前年迈许多的伊格保，心中许多不舍，这个带我进入印度历史的伊斯兰王子啊！

　　"你们多半很多欢送会要参加，"伊格保缓缓地说，"不过留一天到这儿来吃晚饭。"四年来我在伊格保家中喝茶无数，跟他进出孟买大大小小的俱乐部，他多次到我们家中晚餐我们却从未被回请。赶紧答他不要麻烦，走之前我和菲尔会一起来道别。不知是耳背没听见我说话还是沉浸在他自己的思维中，伊格保自顾自地继续："自从我太太去世以后，我从没在家里宴客过，这是第一次。你想邀请什么人？"

　　这孟买，怎么老是要让我说不出话来？

　　晚宴当天约莫十个客人满桌好菜，平日肩上披了条毛巾的男仆穿了衬衫西裤，我称赞好看，他却一溜烟躲进厨房，站在门口不好意思地扯着裤腰。行动缓慢的伊格保指定脖子上还吊着绷带的菲尔坐在他旁边，不时指挥仆人帮独臂刀王布菜。

　　接着尼尔生和凡吉娜陆陆续续把我们不带走的家具搬回家，烤箱冰箱瓦斯炉家庭用品，一车接着一车仿佛把四年载走，却又是一刀一刀把孟买刻在心上。

　　在朋友凯伊家最后一次中餐只有两人，厨子一样做了整桌的菜，以往我们吃饭绝不吃咖喱，这次是印度菜。两人言不及义，临别前我故作轻松："喂，我走了，在孟买遇上抓狂的事给我打电话，别自己生气。"凯伊推了我一把："我住在孟买十多年了，要你告诉我怎么对付印度？放心，我不会像乔安妮一样死在印度的，走了走了，以后不必再麻烦给你做午餐了！"

　　凯伊在我身后关上门那一刻，我的眼泪再也止不住了，这个陪伴我四年的朋友，我们一起经历的孟买喜怒哀乐，就要成为历史。

离开那天是午夜的飞机，熙来攘往的路上坑坑洞洞，行人摩托车三轮车横冲直撞喇叭声不断，人行道上睡着无家可归的人，车一停下乞丐立刻上前敲车窗。

四年前抵达孟买的夜晚是这样，四年后离开时还是一样。

三人一路无语直到靠近机场，尼尔生忽然开口："先生，太太，这四年我非常开心，我的太太和我的家人也都非常开心。"黑暗中菲尔紧紧握住我的手。我咬住嘴唇望着窗外不让眼泪掉下来。

再见了，我的孟买，谢谢你在我的生命中留下美好的一章。

后记

　　四年的孟买春秋就这么结束了，我和菲尔搬进北京雍和宫旁胡同里的四合院，展开和中国十三亿人口过招的三年。

　　离开一年多后，逢年过节还是给我们打电话的伊格保王子，以九十四岁高龄结束将近一世纪的历史见证。朋友凯伊终于搬离住了十多年又爱又恨的孟买回到家乡美国波特兰，但每过一段时间就要来信忆及孟买过往。爱尔卡和亚莎自然没了消息，我不曾试着打探但偶尔想起她们，心头还是要难免一紧。一日，福至心灵上网找吉米大爷，发现他也以九十四岁高龄过世了，帕西族内一片唏嘘。温德米尔的门房冈古，应该还在花园里洗车吧？而史特安德书店的史诺伊先生，已经从他算账的小书桌后退休了。

　　尼尔生在我们离开后为澳洲人家开车，总在我和菲尔生日、圣诞节、农历春节发来短信祝贺问候。因缘际会，尼尔生目前为住在孟买的台湾朋友开车，热情的老板带着他去星巴克喝咖啡，去高级餐厅吃大餐。

　　北京胡同三年亦是难得经验，但冥冥之中总觉有种莫名的引力，系着印度。就在去年中因为菲尔的工作，我们意外再度回到印度。南印的班加罗尔是印度的硅谷，多了几分高科技少了几分传统，孟买的王室名流不再，生活中有了新的尼尔生和新的亚莎，还是一样迷人又不可思议的印度。

　　每个人在生命的某个阶段，都有一部春秋正在上演，我现在的春秋，在班加罗尔。

乔伊斯

二〇一三年六月

于印度班加罗尔

（京）新登字 083 号

图书在版编目（CIP）数据

孟买春秋 / 乔伊斯著 .—北京：中国青年出版社，2015.11

ISBN 978-7-5153-3791-3

Ⅰ . ①孟… Ⅱ . ①乔… Ⅲ . ①孟买—概况Ⅳ . ① K935.1

中国版本图书馆 CIP 数据核字（2015）第 205298 号

北京市版权局著作权合同登记 图字：01-2015-3729 号
本书中文简体出版权由台湾木马文化事业股份有限公司授权，同意
经由中国青年出版社出版中文简体字版本，非经书面同意，不得以
任何形式任意重制、转载。

中国青年出版社 出版 发行

社址：北京东四 12 条 21 号 邮政编码：100708

网址：http://www.cyp.com.cn

责任编辑：刘霜 Liushuangcyp@163.com

编辑部电话：（010）57350508

发行部电话：（010）57350370

项目合作：版客 book@inbooker.com

北京科信印刷有限公司印刷 新华书店经销

880×1230 1/32 8.5 印张 16 插页 300 千字

2015 年 11 月北京第 1 版 2015 年 11 月第 1 次印刷

定价：35.00 元

本图书如有任何印装质量问题，请与出版部联系调换

联系电话：（010）57350370